HELGA KÖNIG

Hirsch, Gams & Co.

JAGDMOTIVE STICKEN, STRICKEN, HÄKELN, DRUCKEN UND MIT STRASS GESTALTEN

LEOPOLD STOCKER VERLAG
GRAZ - STUTTGART

Umschlaggestaltung: DSR – Werbeagentur Rypka, A-8143-Dobl/Graz
Titelbild Vorderseite: A Wild Emotion
Titelbilder Rückseite: Ralf Tornow, Digi-Art, Bad Aussee; Vorlage: Helga König.
Bildnachweis: Ralf Tornow, Digi-Art, Bad Aussee: S. 4, 7, 12, 13, 14, 15, 16 li., 17, 18, 19, 20, 21, 22, 23, 25, 28 oben, 29 oben, 30, 31, 36, 38 unten, 39, 40, 42, 44, 45 oben, 46, 47, 48, 49 oben, 50, 51.
Alle anderen Abbildungen sowie die Vorlagen stammen dankenswerterweise von der Autorin.

Bibliographische Information der Deutschen Nationalbibliothek
Die Deutsche Nationalbibliothek verzeichnet diese Publikation in der Deutschen Nationalbibliographie; detaillierte bibliographische Daten sind im Internet über http://dnb.d-nb.de abrufbar.

Hinweis:
Dieses Buch wurde auf chlorfrei gebleichtem Papier gedruckt. Die zum Schutz vor Verschmutzung verwendete Einschweißfolie ist aus Polyethylen chlor- und schwefelfrei hergestellt. Diese umweltfreundliche Folie verhält sich grundwasserneutral, ist voll recyclingfähig und verbrennt in Müllverbrennungsanlagen völlig ungiftig.

Auf Wunsch senden wir Ihnen gerne kostenlos unser Verlagsverzeichnis zu:
Leopold Stocker Verlag GmbH
Hofgasse 5 / Postfach 438
A-8011 Graz
Tel.: +43 (0)316/82 16 36
Fax: +43 (0)316/83 56 12
E-Mail: stocker-verlag@stocker-verlag.com
www.stocker-verlag.com

ISBN 978-3-7020-1934-1

Layout und Repro: Werbeagentur Rypka GmbH, 8143 Dobl/Graz

INHALT

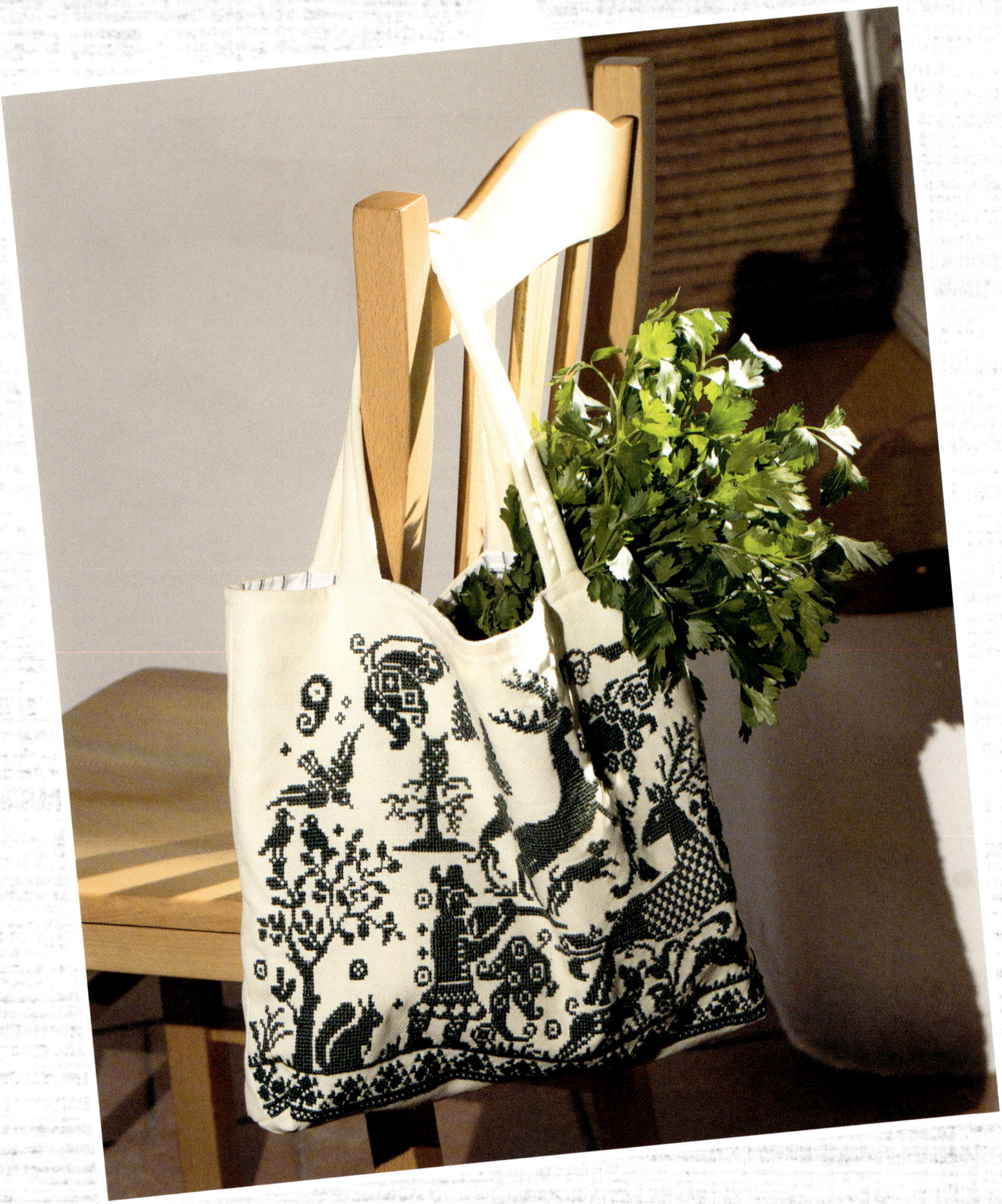

Vorwort

Seit geraumer Zeit erlebt die Wertschätzung der Tracht und alles damit Verbundene einen neuen Aufschwung. Nicht nur in der Mode, auch in der Gestaltung des Wohnbereichs hat die ländliche Tradition Einzug gehalten.
Die Motive der Vorlagen gehen auf eine lange Tradition zurück. So entdeckt man beim Durchblättern dieses Buches die Abbildung einer sehr idyllischen Szene eines Hirschen unter einem Baum auf einem Mustertuch aus dem Jahre 1844 und viele traditionelle Motive von Hirsch und Gams, welche zum Teil weit über 100 Jahre alt sind. Diese wurden bereits unzählige Male nachgestickt und zieren viele Stuben. Nichtsdestotrotz erfreuen sie sich großer Beliebtheit und so bin ich in alten und uralten Unterlagen auf die Suche nach diesen Schätzen gegangen.
Aber auch unsere Zeit hat sich dieser Motive angenommen, welche in ganz neuer Art Textilien verschönern. So entstand, dem jetzigen Zeitgeist angepasst, dieses Buch mit sehr vielen neu gezeichneten Mustern.

Haben Sie den Mut, aus den vielen verschiedenen Motiven Ihre eigene, individuelle Stickvorlage zusammenzustellen.

Viel Spaß beim Schmökern und Nacharbeiten

Ihre Helga König

Anleitung für Kreuzstich

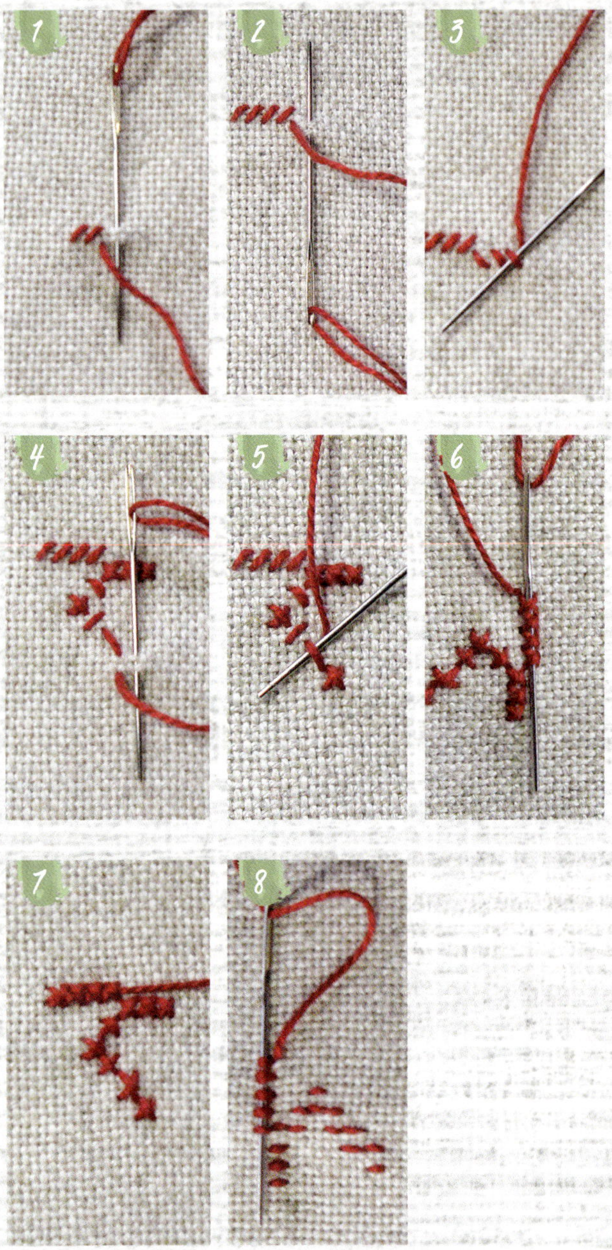

Bild 1: Der Kreuzstich besteht immer aus 2 Stichen: dem Unterstich (von rechts oben nach links unten) und dem Deckstich.

Normalerweise wird er über 2 Gewebefäden gearbeitet (bei Aida-Stoff über 1 Kästchen).
Man beginnt rechts unten mit dem Unterstich

Bild 2: Geht es in die nächste Reihe, arbeitet man auch mit dem Deckstich weiter.

Bild 3: Beim „Rückweg“ dann unter dem Deckstich durchsticken.

Bild 4: Je nach Muster ergibt es sich, dass einmal ein Kreuzchen fertig gemacht wird, einmal ein Deckstich und einmal ein Unterstich gestickt wird.

Bild 5: Am Rückweg die Nadel entsprechend über oder unter dem Faden führen.

Faden vernähen.

Bild 6, 7 und 8: Wenn die Kreuzchen deckend sind, wenn Sie also den Stoff unter dem Muster nicht mehr sehen, können Sie vorne vernähen (besonders bei Projekten, die eine schöne Rückseite brauchen, wie z. B. Vorhänge, Türschleifen usw.).
Oder Sie vernähen auf der Rückseite (über 4 bis 5 Stiche reicht).

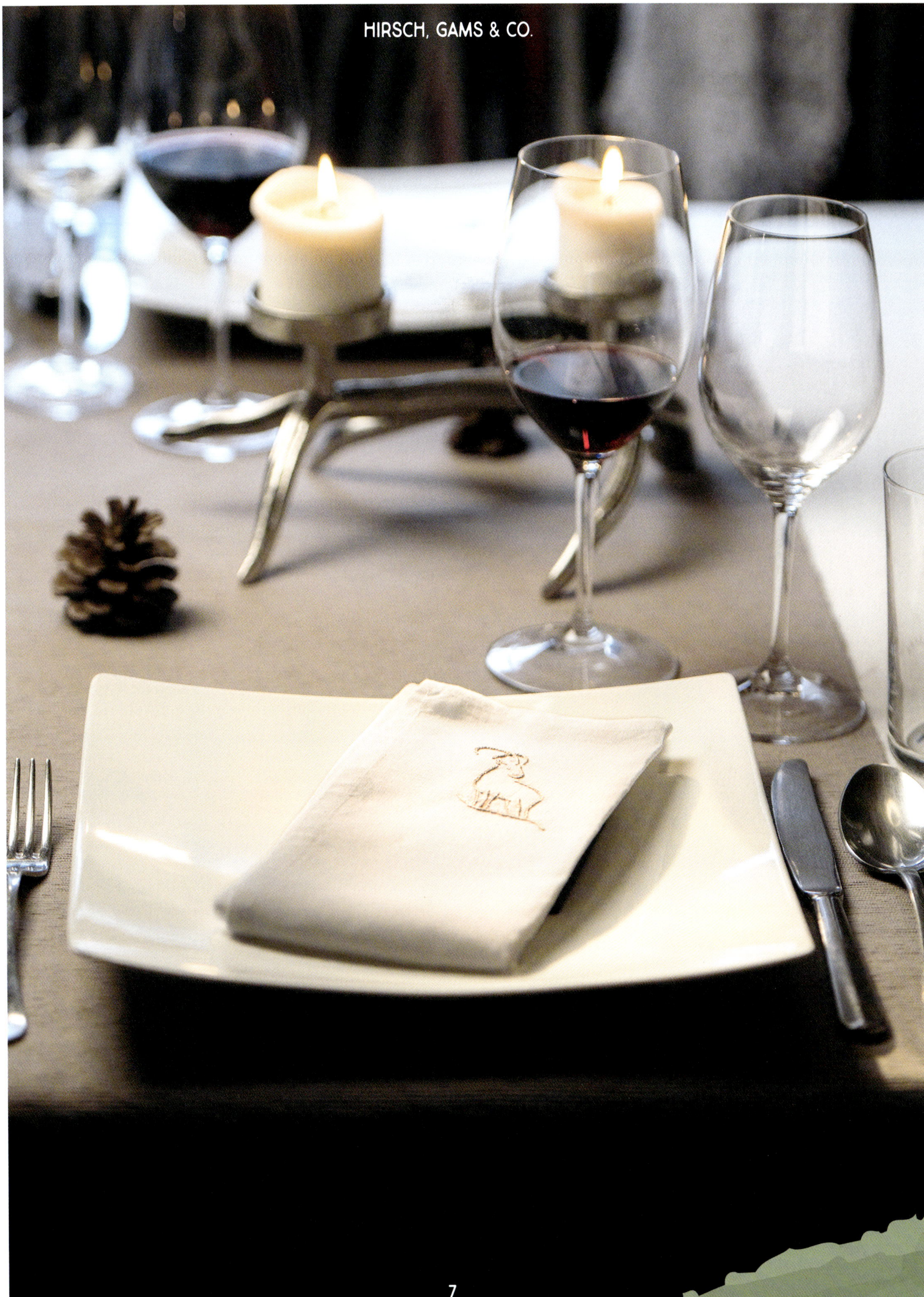

SO VERWENDEN SIE DIE VORLAGEN RICHTIG

Was mich an der „Volkskunst Handarbeit“ besonders fasziniert, ist, dass es zwar viele ähnliche Stücke gibt, aber so gut wie nie zwei gleiche, weil die Muster stets neu zusammengestellt werden, z. B. stammt der Hirsch von der einen Vorlage, der Vogel von einer anderen Vorlage und die Bordüre ist noch einmal aus einem anderen Muster.

Nur Mut! Stellen Sie Ihr Muster aus den verschiedensten Vorlagen selbst zusammen.

WIE GROSS WIRD IHR STICKPROJEKT

Die Stärke des Stickstoffs ist immer in Fäden angegeben. Z. B. bedeutet 8-fädig, dass auf 1 cm 8 Fäden verarbeitet sind.

Einige geben auch die Fäden per 10 cm an = 80-fädig.
Wenn Sie bei einem 8-fädigen Stoff über 2 Fäden sticken: 4 Kreuze = 1 cm, 40 Kreuze = 10 cm
Ein Muster über 140 x 110 Kästchen =
140 Kreuzerl : 4 Kreuzerl pro cm = 35 cm
110 Kreuzerl : 4 Kreuzerl pro cm = 27,5 cm
So ausgerechnet, ist das fertige Muster dann
35 cm x 27,5 cm groß.

Je nach Beschaffenheit Ihres Stoffes können Sie so vorab schon die Größe ausrechnen.

WIE BEGINNT MAN BEIM STICKEN

Nach dem Zuschnitt des Stoffes die Kanten endeln (zacken), damit der Stoff beim Sticken nicht ausfranst.

Nachdem Sie das Muster ausgesucht haben, markieren Sie auf der Vorlage die Mitte. Legen Sie den Stoff so auf (bei Kissen den Stoff einschlagen), wie das Projekt zum Schluss aussehen soll, und markieren Sie die genaue Platzierung des Motives. Markieren Sie mit Hilfe eines Fadens die Mitte am Stoff und beginnen dort, das Motiv zu sticken. *(Bild 1 und 2)*
So kann es zu keinen unliebsamen Überraschungen kommen, dass das Motiv letztendlich nicht dort ist, wo es sein soll.

Sehr hilfreich, gerade bei größeren Mustern, ist diese Magnettafel, welche Sie im Fachhandel unter diesem Begriff beziehen können. *(Bild 3 und 4)*

JAHRESZAHL UND MONOGRAMM

Vergessen Sie nicht, sich irgendwo in dem Stickprojekt zu „verewigen“, so kann man auch noch nach vielen Jahren – oder ein paar Generationen später – nachvollziehen, wann und wer dieses kleine oder größere Kunstwerk gemacht hat (siehe Vorlagen Mitteldecke S. 86 und Tischdecke S. 90).

SÄUME UND KANTEN

Ob Ajour oder einfach eingebogen, ob fertige Spitze oder selbst gehäkelt – Sie entscheiden nach Ihrer Verwendung und Ihrem Geschmack. Alles ist möglich und richtig.

KISSEN

Die Größe eines Kissens ergibt sich aus dem Muster und Ihren Anforderungen. Die Art der Ausarbeitung ist abhängig von Ihren Nähkenntnissen. Sie können ein Kissen ganz einfach zusammennähen oder aufwändig mit verschiedenen Stoffen, Borten und Spitzen kombinieren.

Ob Sie einen Zippverschluss oder Knöpfe verwenden, ist alleine Ihre Entscheidung. Es gibt einen kleinen Trick, damit Ihre Stickerei schöner zur Geltung kommt: Unterlegen Sie die Stickerei mit einem aufbügelbaren Volumenvlies. Dadurch wird die Stofffläche sehr weich. *(Bild 5 und 6)*

Tipp: Im Internet gibt es dazu unzählige Filme. Einfach Ihre Frage eingeben, wie z. B. „Kissen nähen“, und verschiedene Videos dazu ansehen.

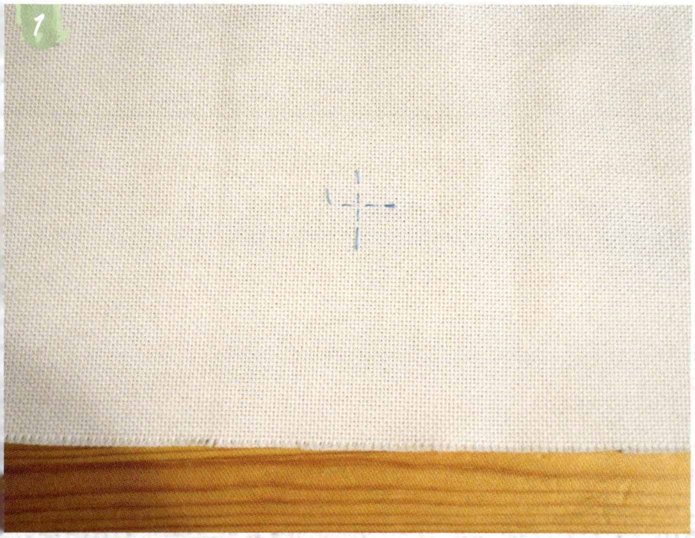
1

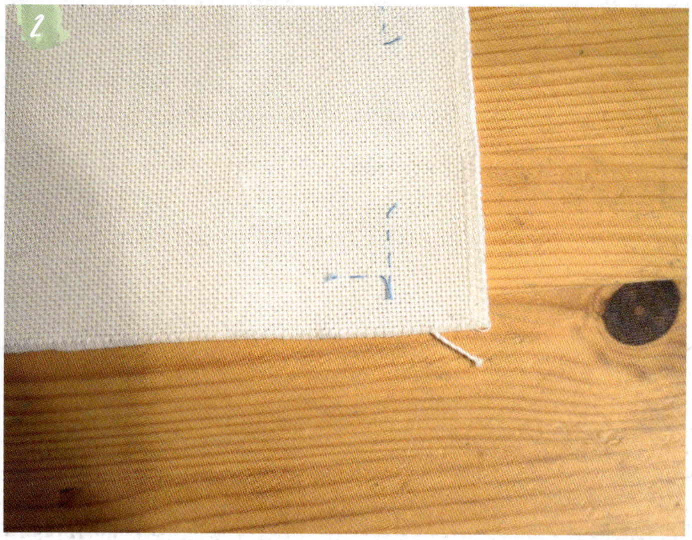
2

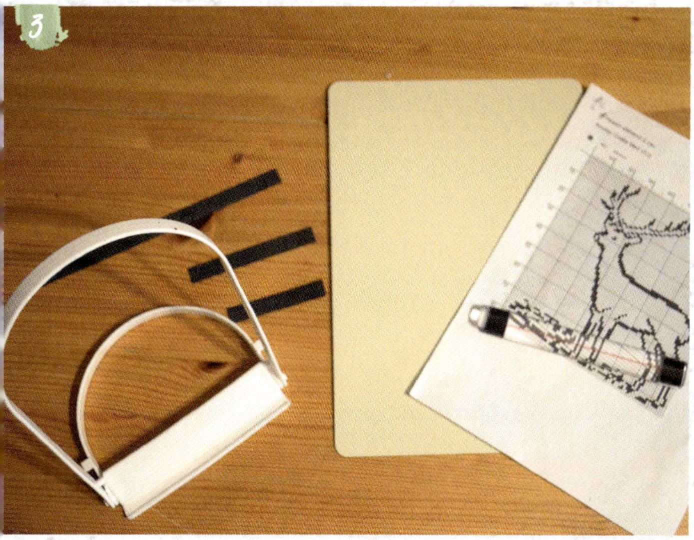
3

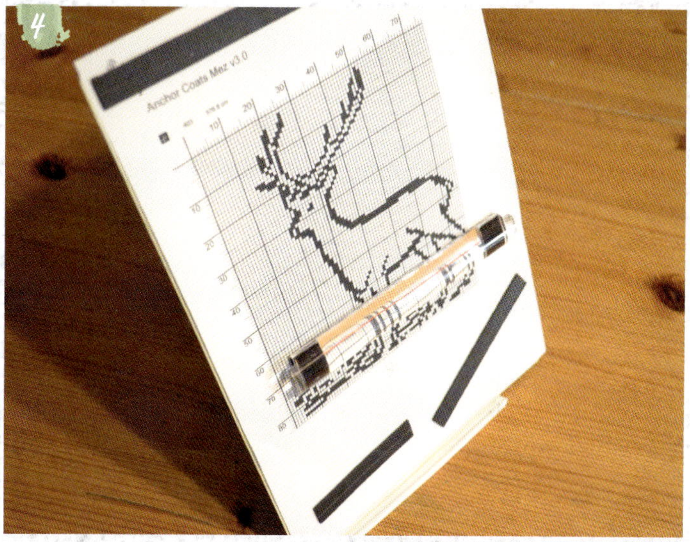
4

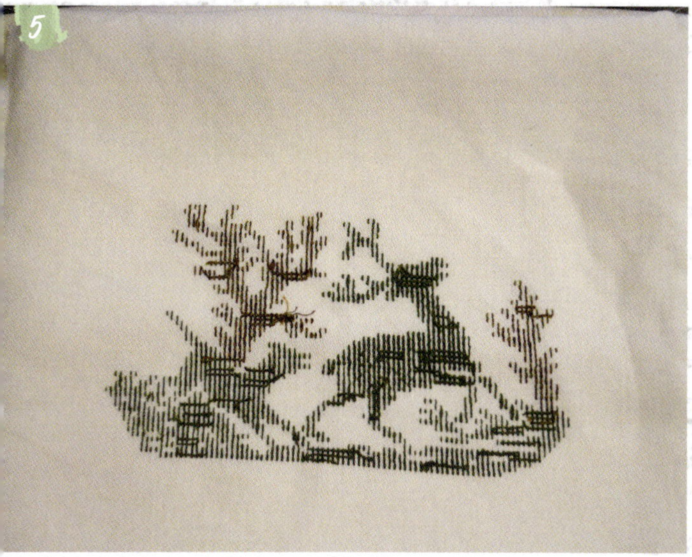
5

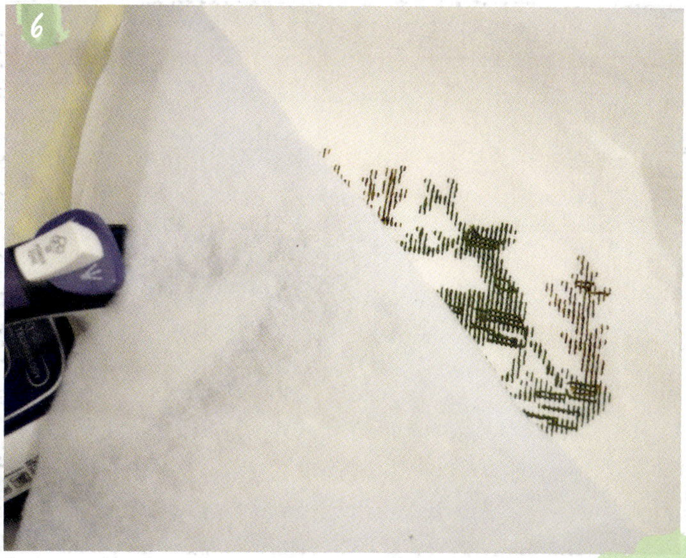
6

Welches Garn zu welchem Stoff …

PERLGARN NR. 5, PERLGARN NR. 8, MOULINÉ

Mouliné oder Sticktwist ist ein teilbarer Stickfaden – je nach Stärke des Stoffes können Sie den Faden dicker oder dünner verwenden. Moulinégarn besteht aus 6 Fäden und wird je nach Stärke des Stoffes 1–6-fädig verarbeitet.
Perlgarn ist in drei verschiedenen Stärken erhältlich: Nr. 8 = fein, Nr. 5 = mittel, Nr. 3 = dick.
Da das früher gerne verwendete Schlinggarn nur mehr in wenigen Farben erhältlich ist und in nächster Zeit gänzlich aufgelassen wird, habe ich es hier im Buch nicht mehr verwendet.
Der Garnverbrauch kann von Stickerin zu Stickerin sehr unterschiedlich sein. Es hängt auch davon ab, mit wie vielen Fäden Sie sticken. Der angegebene Verbrauch ist als ungefähr anzusehen und kann von der angegebenen Menge nach oben oder nach unten abweichen.
Immer wieder wird auch bei besonders großen Stickprojekten Häkelgarn verwendet – Vorsicht! Nicht jedes Häkelgarn eignet sich dazu, weil es sich beim Sticken aufdreht, was dann sehr mühsam sein kann. Auch das Farbangebot beim Häkelgarn hält sich eher in Grenzen.

Die Stärke der Stoffe wird in Gewebefäden pro 1 cm oder 10 cm gemessen.
Z. B.: 8 Fäden per cm = 8-fädig oder 80-fädig per 10 cm.

Tipp: Machen Sie vor Beginn der Arbeit mit ein paar Stichen eine kleine Stickprobe, um zu überprüfen, ob das Stickergebnis mit Ihren Vorstellungen übereinstimmt.

Das Angebot an Stickstoffen ist sehr umfangreich. Hier finden Sie die gängigsten Stoffarten mit den dazupassenden Stickgarnen:

BAUMWOLL-STICKSTOFF (OFT MIT MODAL GEMISCHT, DANN IST DER STOFF PFLEGELEICHTER)

Sehr gleichmäßiger Schuss- und Kettfaden = leicht zu besticken.

Baumwolle 120-fädig › Mouliné 2-fädig *(Bild 1)*
Baumwolle 110-fädig › Mouliné 2-fädig *(Bild 2)*
Baumwolle 100-fädig › Mouliné 3-fädig *(Bild 3)*
Baumwolle 100-fädig › Perlgarn Nr. 8 *(Bild 4)*
Baumwolle 80-fädig › Mouliné 4-fädig *(Bild 5)*
Baumwolle 80-fädig › Perlgarn Nr. 8 *(Bild 6)*
Baumwolle 80-fädig › Perlgarn Nr. 5 *(Bild 7)*

LEINEN

Hat einen leicht unregelmäßigen Faden und erfordert daher etwas Geschick beim Sticken.
Feinleinen 120-fädig › Mouliné 2-fädig *(Bild 8)*
Strickleinen 11-fädig › Mouliné 2-fädig *(Bild 9)*
Leinen, natur, 100-fädig › Mouliné 2-fädig *(Bild 10)*
Leinen, natur, 100-fädig › Perlgarn Nr. 8 *(Bild 11)*

FLOCKENBAST (MISCHUNG AUS BAUMWOLLE/LEINEN/VISKOSE)

Eher gleichmäßiges, festes Gewebe
Flockenbast 70-fädig › Mouliné 6-fädig *(Bild 12)*
Flockenbast 70-fädig › Perlgarn Nr. 5 *(Bild 13)*

AIDA

Mehrfädiger, eher steifer Kästchenstoff
Aida 71-Kästchen › Mouliné 2-fädig *(Bild 14)*
Aida 54-Kästchen › Mouliné 3-fädig *(Bild 15)*
Aida 54-Kästchen › Perlgarn Nr. 8 *(Bild 16)*
Stickleinen, unregelmäßig, 9-fädig › Mouliné 3-fädig *(Bild 17)*
Stickleinen, unregelmäßig, 9-fädig › Perlgarn Nr. 8 *(Bild 18)*

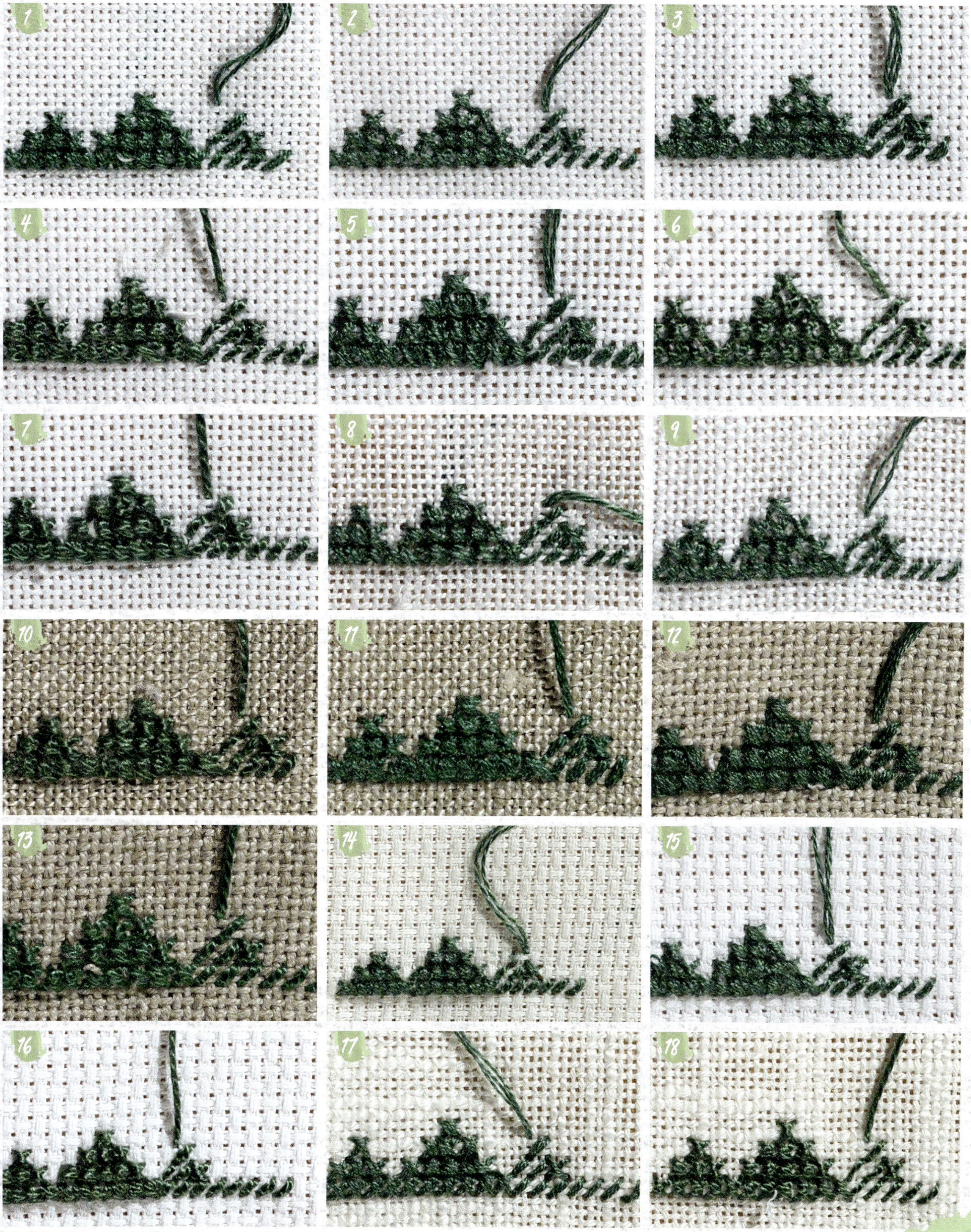
1
2
3
4
5
6
7
8
9
10
11
12
13
14
15
16
17
18

Kissen Kreuzstich

Kissen gehören zu den beliebtesten Handarbeitsprojekten und zieren unzählige Wohnräume. Ob in weißem Leinen oder im „Retro"-Flockenbast ist ganz den eigenen Vorlieben geschuldet.

SPRINGENDES HIRSCHLEIN

VORLAGE S. 73 links unten
Baumwollleinen, 11-fädig, gestickt über 3 Fäden,
fertige Größe: 48 cm x 48 cm
Stoffzuschnitt: 30 cm x 30 cm Stickleinen,
50 cm x 100 cm Dekorstoff
Verschiedene Borten und Spitzenreste
3 Stren Stickgarn (Mouliné), braun

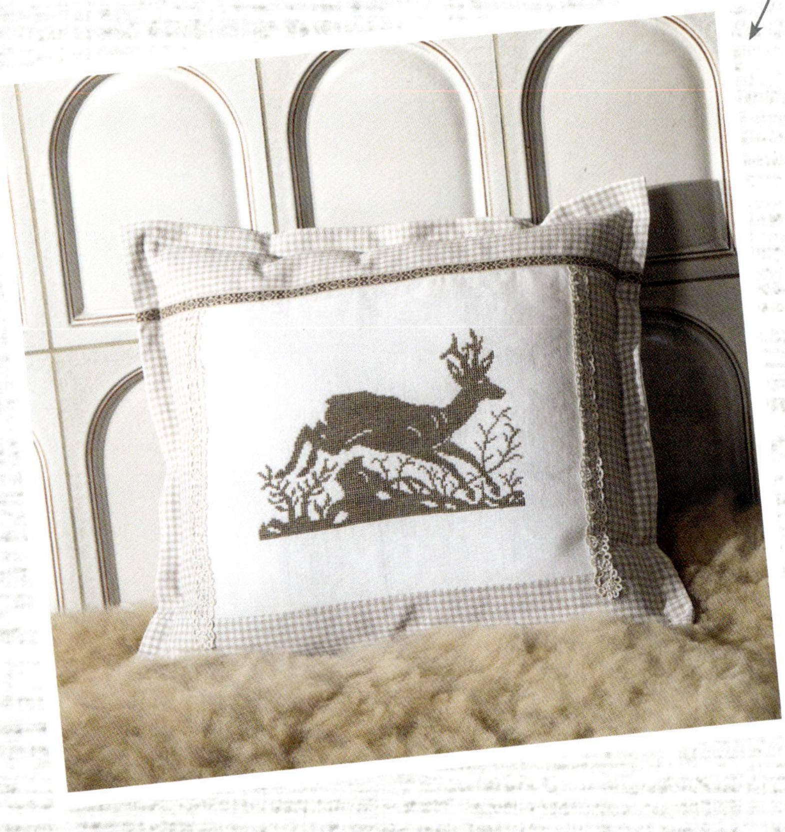

AUERHAHN

VORLAGE S. 72 oben
Baumwollleinen, 11-fädig,
gestickt über 3 Fäden,
fertige Größe: 40 cm x 40 cm
Stoffzuschnitt: 45 cm x 90 cm
3 Stren Stickgarn (Mouliné),
grün

STEHENDER HIRSCH, GRÜN

VORLAGE S. 77 links unten
Baumwollleinen, 11-fädig,
gestickt über 3 Fäden,
fertige Größe: 40 cm x 40 cm
Stoffzuschnitt: 45 cm x 90 cm
3 Stren Stickgarn (Mouliné),
grün

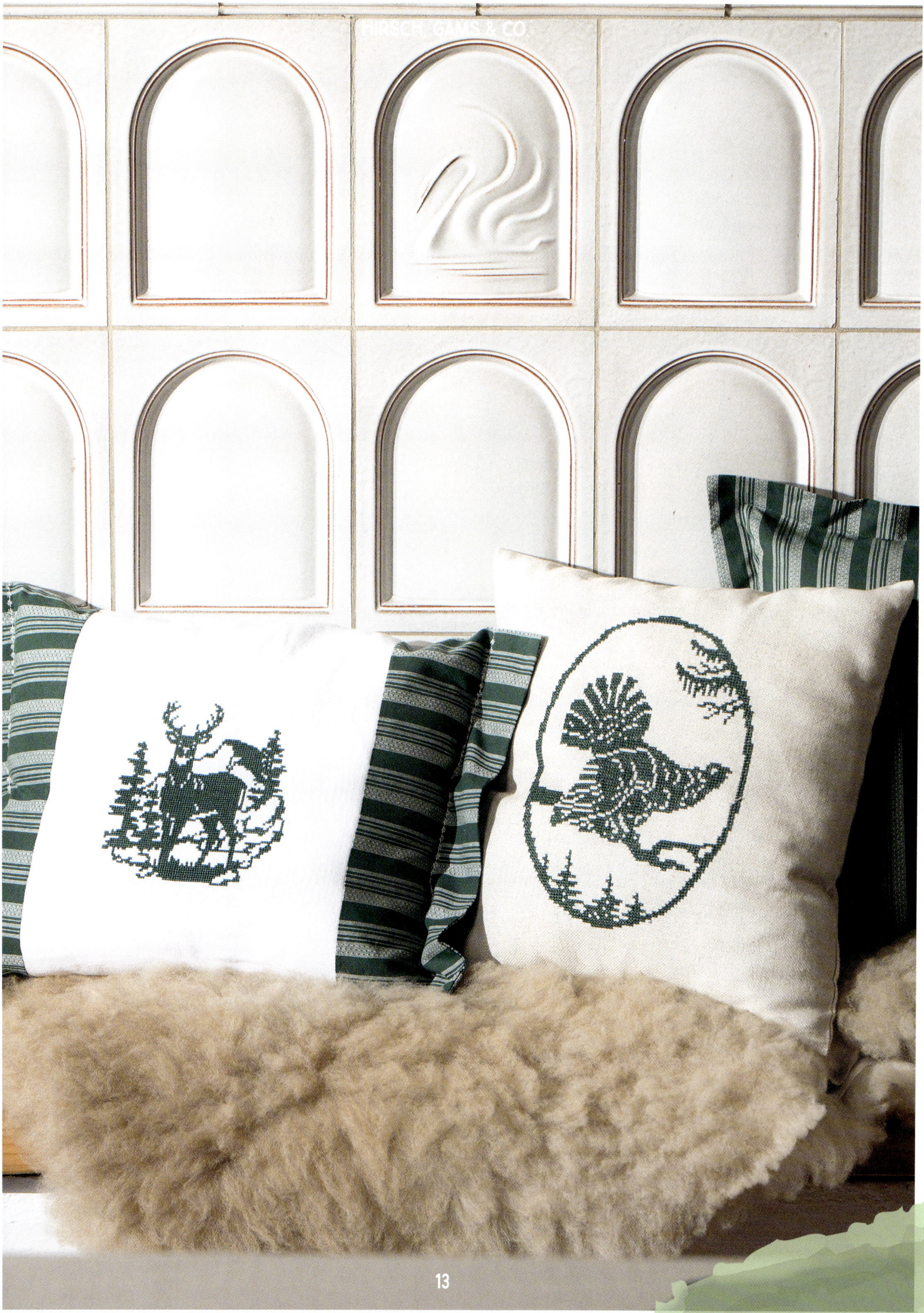

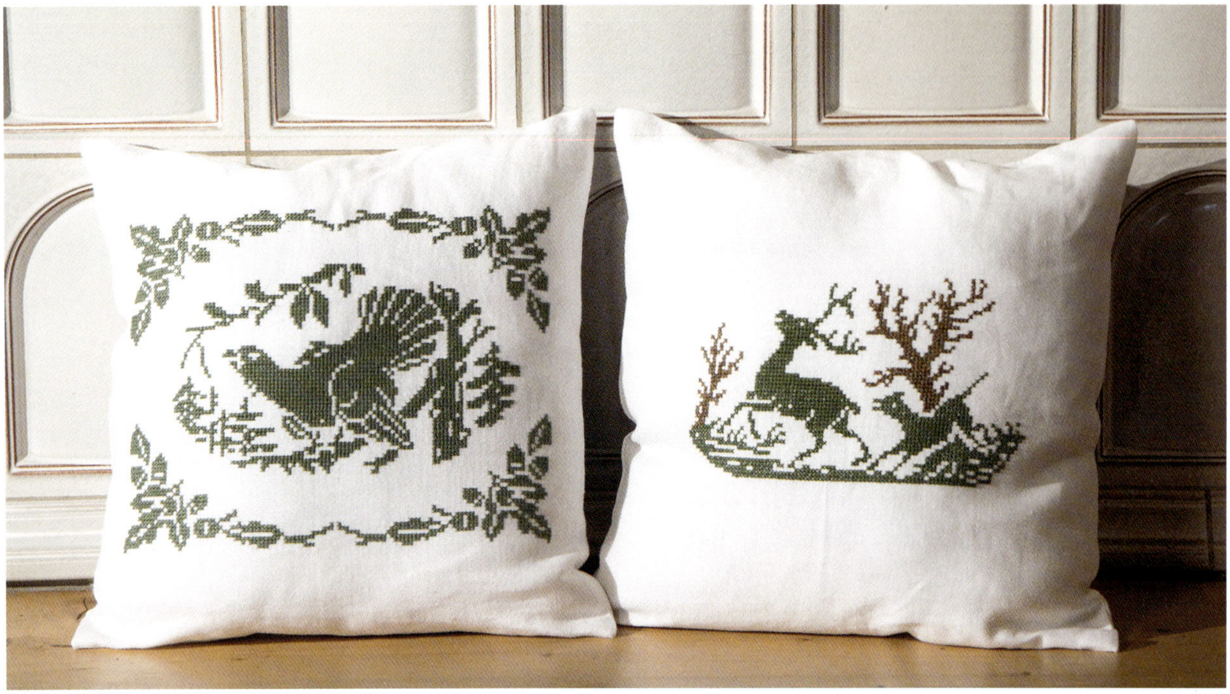

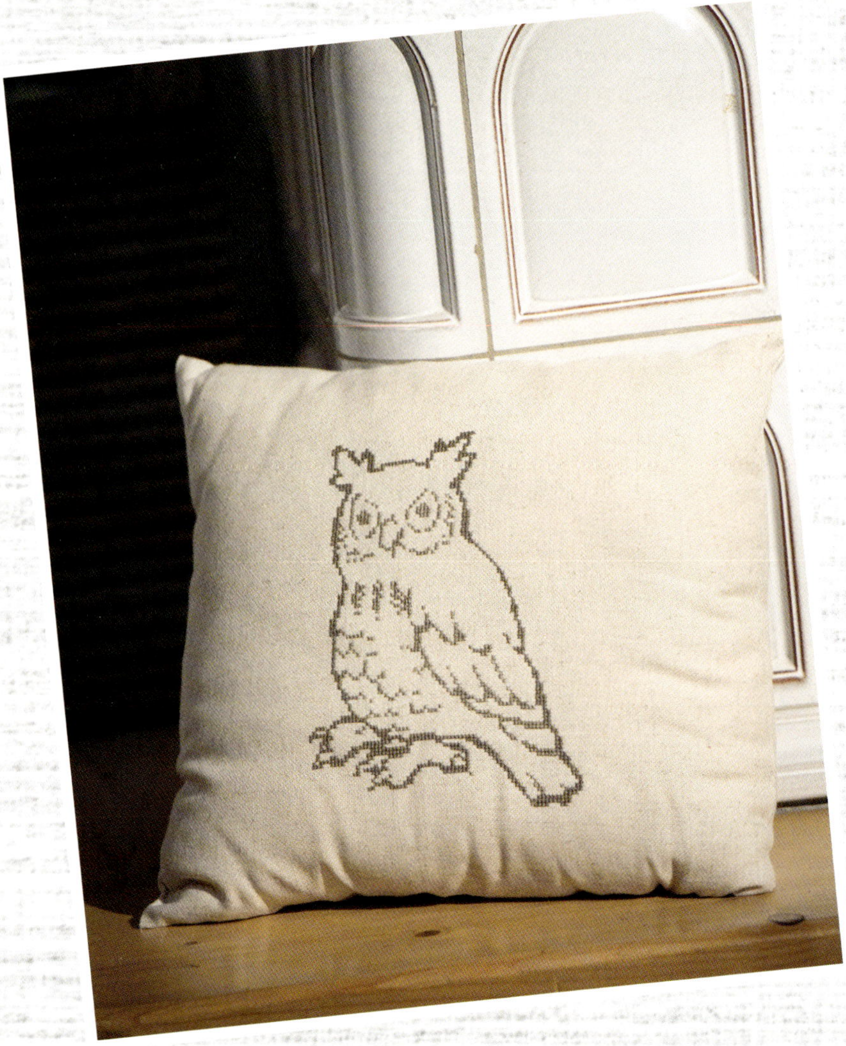

AUERHAHN

VORLAGE S. 72 unten
Flockenbast, 8-fädig
Stoffzuschnitt: 45 cm x 90 cm
4 Stren Stickgarn (Mouliné),
3 Fäden

JAGDSZENE

VORLAGE S. 74 rechts unten
Baumwollleinen, 11-fädig,
gestickt über 3 Fäden,
fertige Größe: 40 cm x 40 cm
Stoffzuschnitt: 45 cm x 90 cm
3 Stren Stickgarn (Mouliné), grün,
und brauner Reste für den Baum

EULE

VORLAGE S. 66 oben
Flockenbast, 8 fädig
Stoffzuschnitt: 45 cm x 90 cm
4 Stren Stickgarn (Mouliné),
3 Fäden

GRÜNES KISSEN MIT HIRSCHKOPF

VORLAGE S. 55 oben
Baumwollleinen, fertige Größe: 35 cm x 38 cm
Stoffzuschnitt: 75 cm x 40 cm
1 Reißverschluss, 30 cm
1 Stren Mouliné Stickgarn

HELLES KISSEN MIT HIRSCHKOPF

VORLAGE S. 55 oben
Stickstoff, Stoffzuschnitt: 30 cm x 30 cm,
fertige Größe: 40 cm x 40 cm
Dekorstoff mit Hirschmotiv: 45 cm x 90 cm
1 Reißverschluss, 35 cm
1 Stren Mouliné Stickgarn

Den fertig bestickten Stickstoff an allen Seiten 1,5 cm einbiegen und so auf den Dekorstoff aufnähen, dass das Motiv mittig auf der Vorderseite platziert ist. Mit der Nähmaschine entlang der Kante annähen. Danach das Kissen fertignähen.

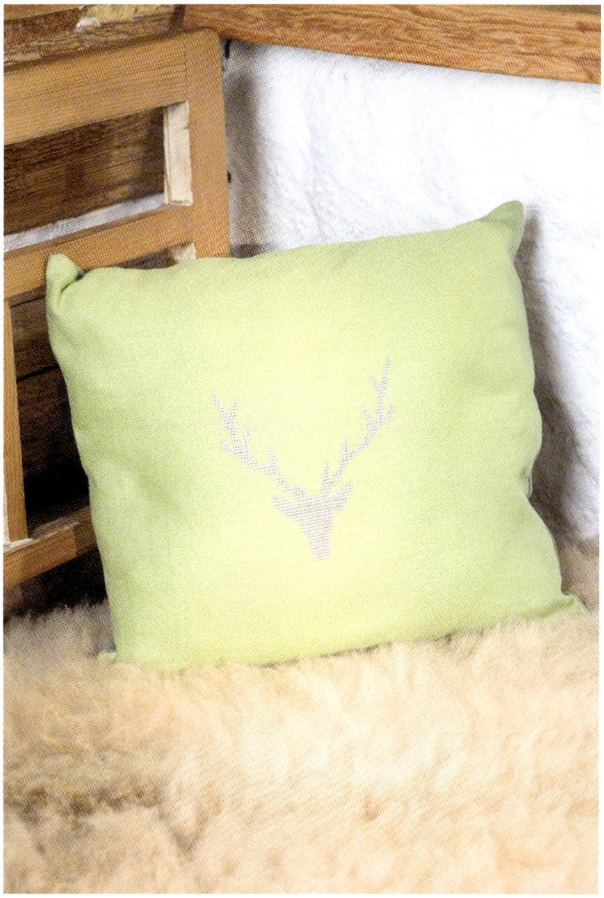

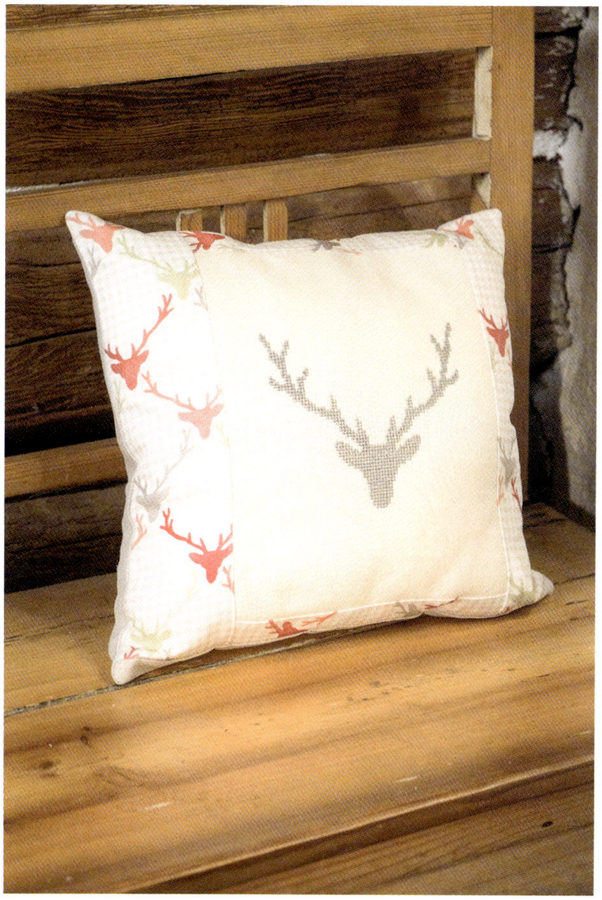

Diese beiden Kissen sind mit dem gleichen Motiv bestickt.

Kissen mit Kranz und Monogramm

Ein Kissen mit Monogramm ist ein besonders Zeichen für die Individualität Ihrer Handarbeit. Monogramme können Sie auch für kleinere Projekte, wie zum Beispiel Lavendelsäckchen, verwenden.

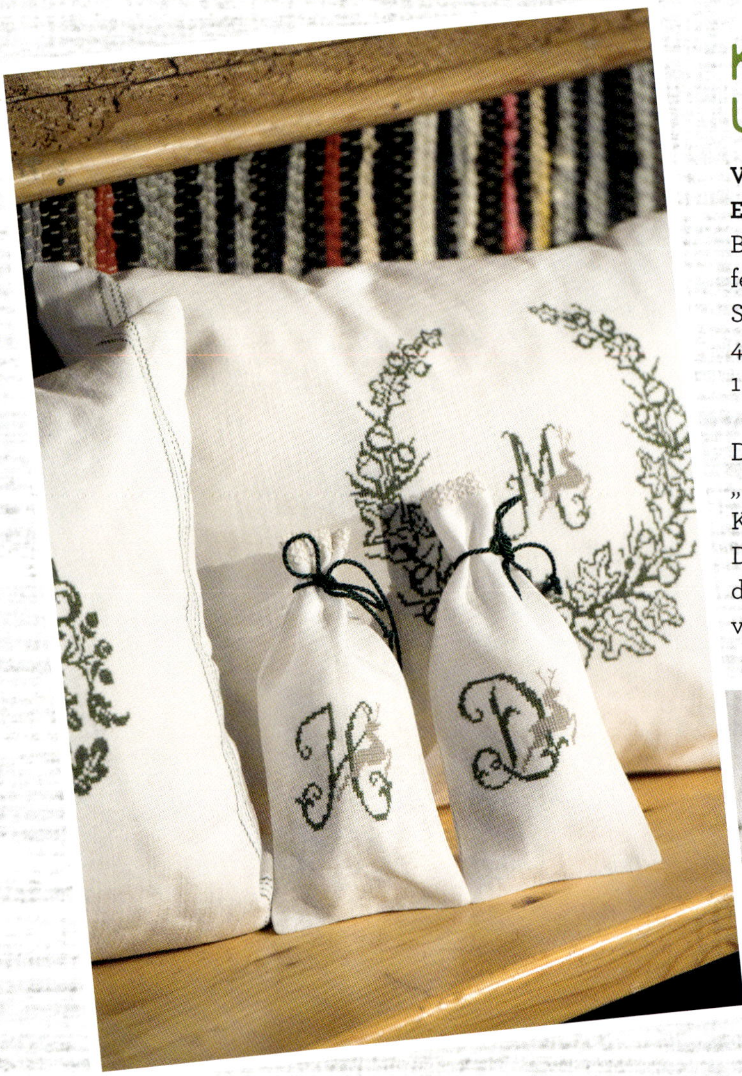

KISSEN MIT MONOGRAMM UND „WEBFÄDEN“

VORLAGEN S. 82 und S. 83 unten und ENTSPRECHENDER BUCHSTABE S. 85

Baumwollleinen, 11-fädig,
fertige Größe: 50 cm x 40 cm
Stoffzuschnitt: 55 cm x 90 cm
4 Stren Stickgarn (Mouliné), grün
1 Reißverschluss, 35 cm

Die seitlich eingezogenen Streifen sind einem „Mangeltuch“ nachempfunden, das seitlich bunte Kettfäden eingewebt hat.
Dazu mit 1 oder 2 Fäden des Stickgarns über 2 Fäden des Stoffes auf- und abstechen. Dies mehrere Male in verschiedenen Abständen wiederholen.

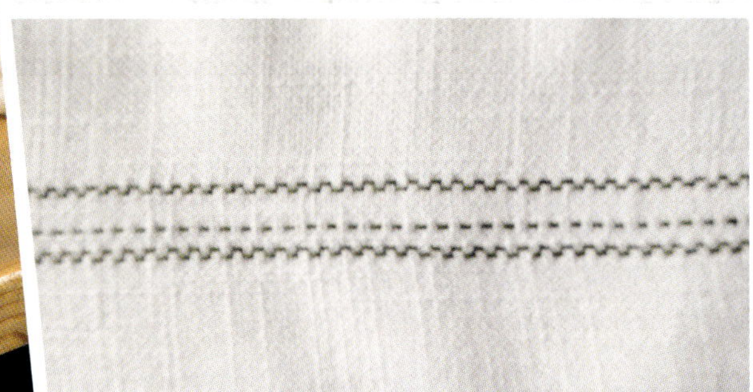

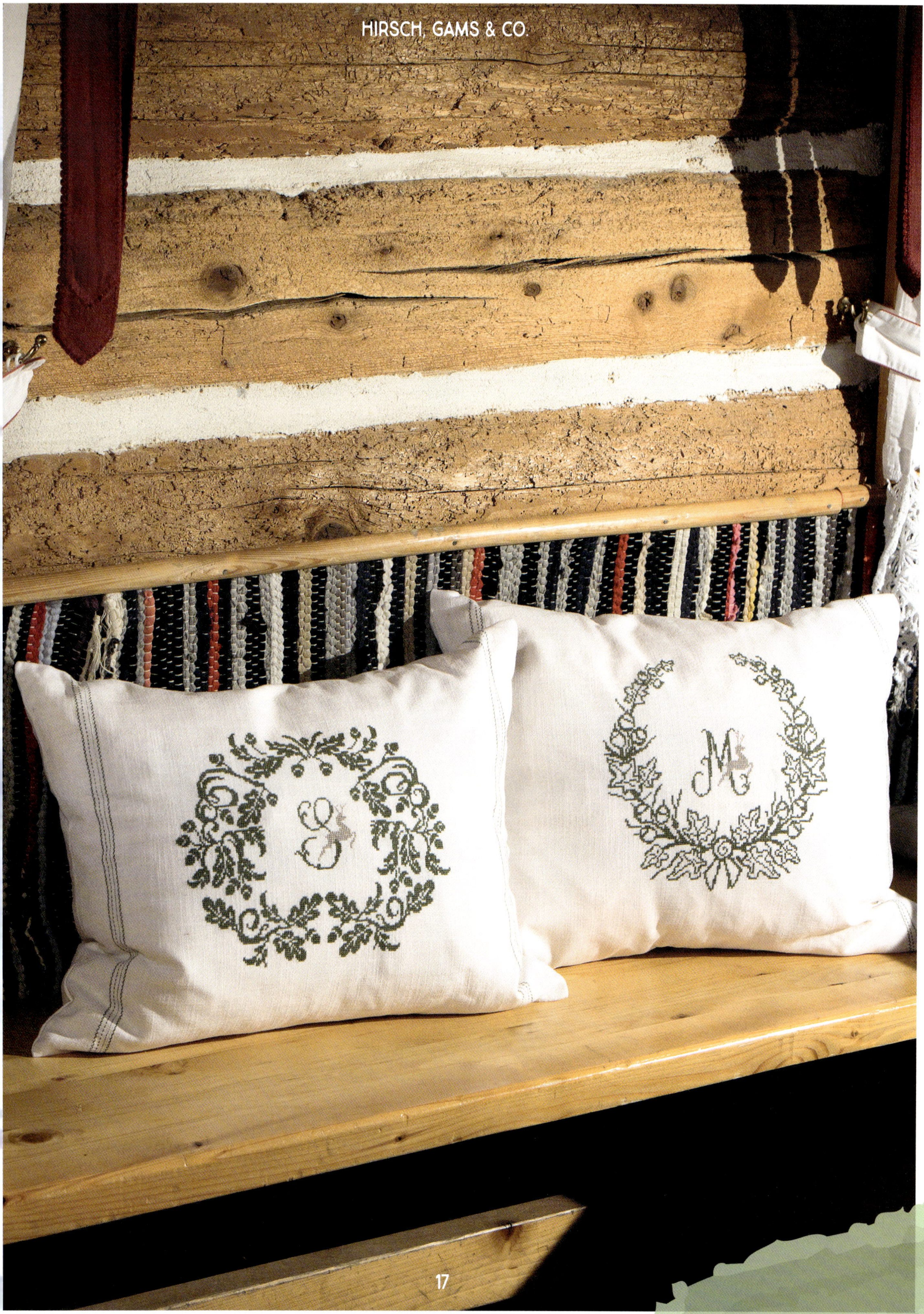

Einkaufstaschen

Ob im traditionellen Muster oder doch mit einer einfachen Gams: Eine bestickte Einkaufstasche zieht mit Sicherheit die Blicke auf sich.

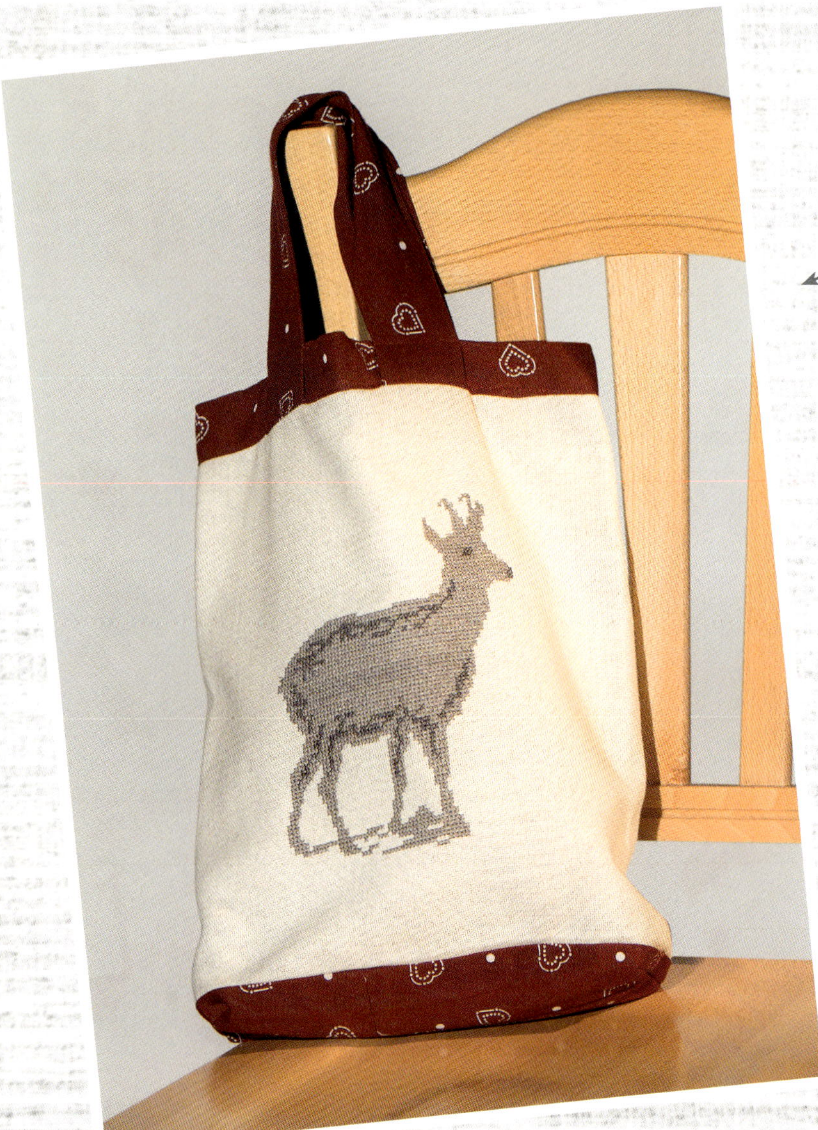

Die Gams wurde zur Gänze mit einer Farbe gestickt.
Die Schattierung wurde mit einem Faden von dunklerer Farbe darüber gestickt.

TASCHE MIT GAMS

VORLAGE S. 62 rechts unten
Flockenbast, 8-fädig,
fertige Größe: 35 cm x 40 cm
Stoffzuschnitt: ca. 35 cm x 70 cm
Dekorstoff: 40 cm x 100 cm
Stickgarn (Mouliné), 3 Fäden
Schattierung: Rest Stickgarn (Mouliné), 1 Faden

EINKAUFSTASCHE, TRADITIONELL

VORLAGE S. 81 oben
Stickstoffe, 8-fädig,
fertige Größe: 46 cm x 38 cm
Stoffzuschnitt: ca. 50 cm x 85 cm
Stickgarn (Mouliné), 4 Fäden

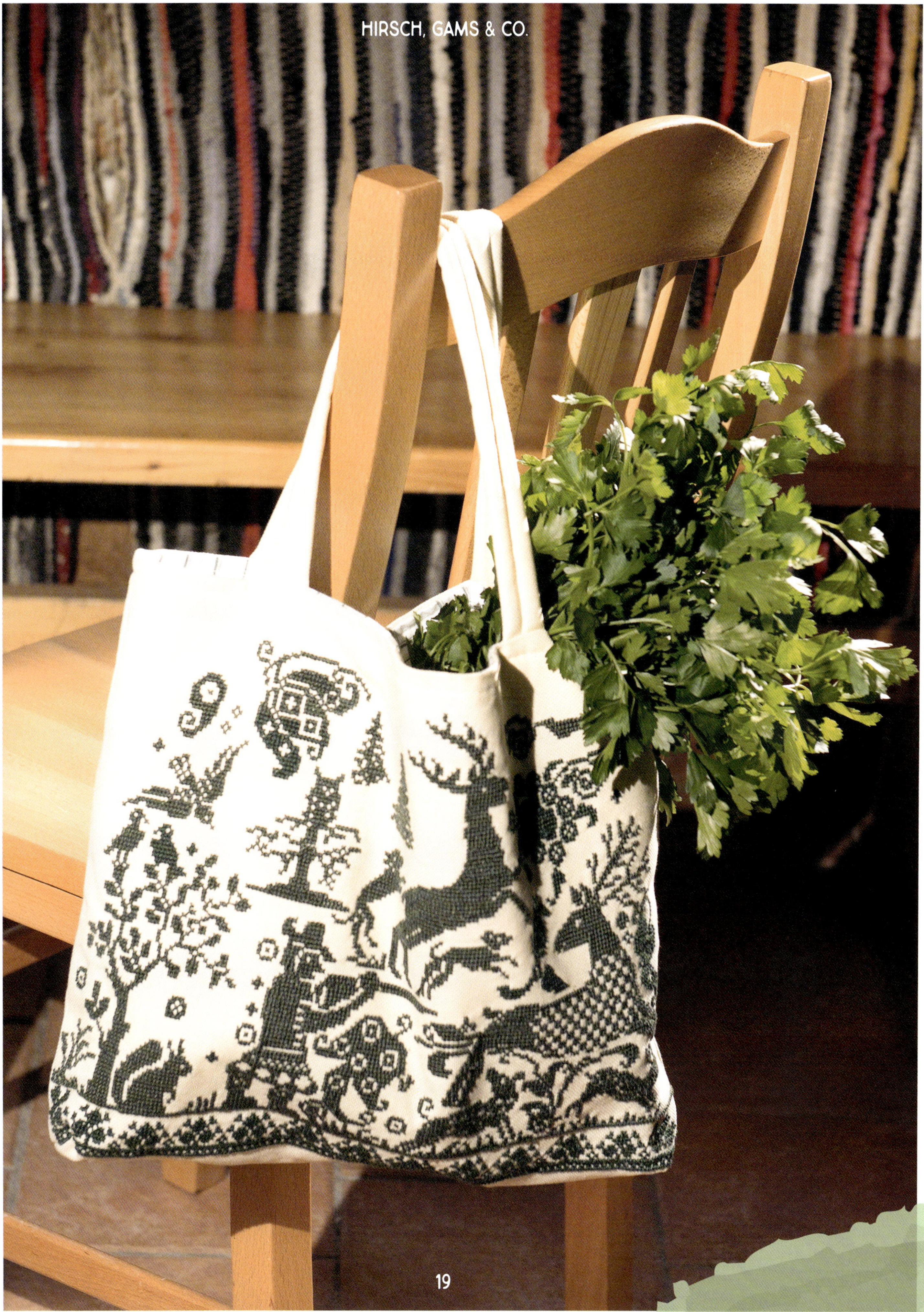

Tischdecken und Tischläufer

Eine schöne Tischdecke ist immer eine Zierde für jeden Raum. Hier bestimmt Ihr Arbeitseifer die Größe der Tischdecke und das Motiv.

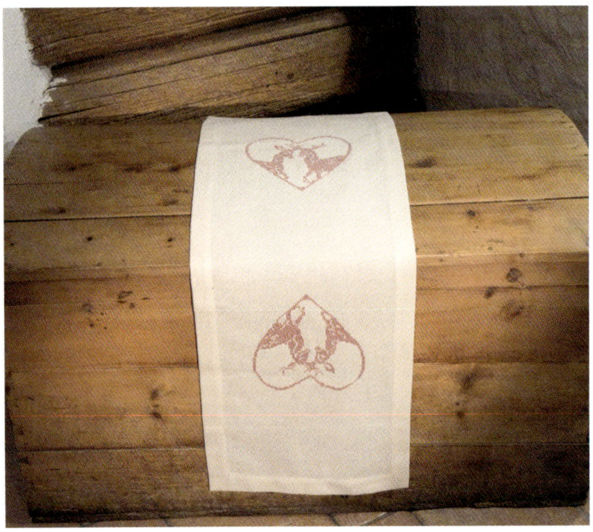

Wichtig dabei ist in jedem Fall eine genaue Planung des Projektes.
Auszählen und Markieren sind das Um und Auf für eine genaue Platzierung auf dem noch unbestickten Stoff. Nur so können Sie das Motiv nach Ihren Wünschen arrangieren.

TISCHLÄUFER MIT HERZEN

VORLAGE S. 63 links unten
Stickleinen, 8-fädig, gestickt über 2 Fäden,
fertige Größe: 35 cm x 100 cm
Stoffzuschnitt: 45 cm x 110 cm Stickleinen
3 Stren Stickgarn (Mouliné)

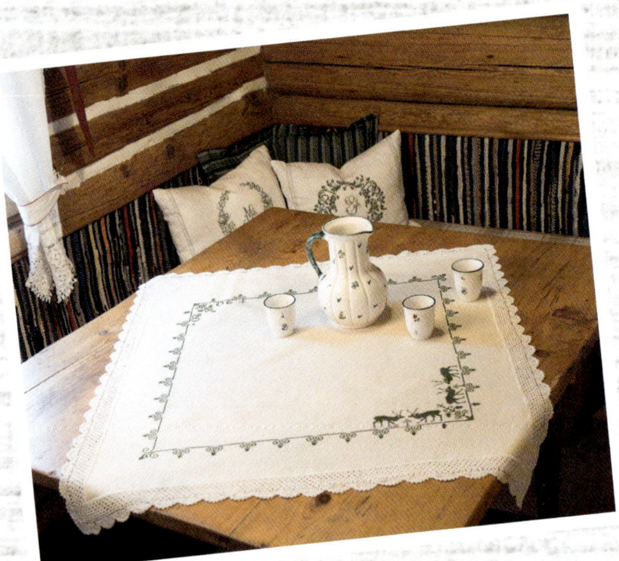

MITTELDECKE, ALTROSA

VORLAGEN S. 88 und 89 oben
Stickleinen, 8-fädig, gestickt über 2 Fäden,
fertige Größe: 80 cm x 80 cm
Stoffzuschnitt: 90 cm x 90 cm Stickleinen
ca. 20 Stren Stickgarn (Mouliné)

MITTELDECKE, GRÜN

VORLAGEN S. 86 unten und 87
Stickleinen, 8-fädig, gestickt über 2 Fäden,
fertige Größe: 80 cm x 80 cm
Stoffzuschnitt: 90 cm x 90 cm Stickleinen
ca. 6 Stren Stickgarn (Mouliné)

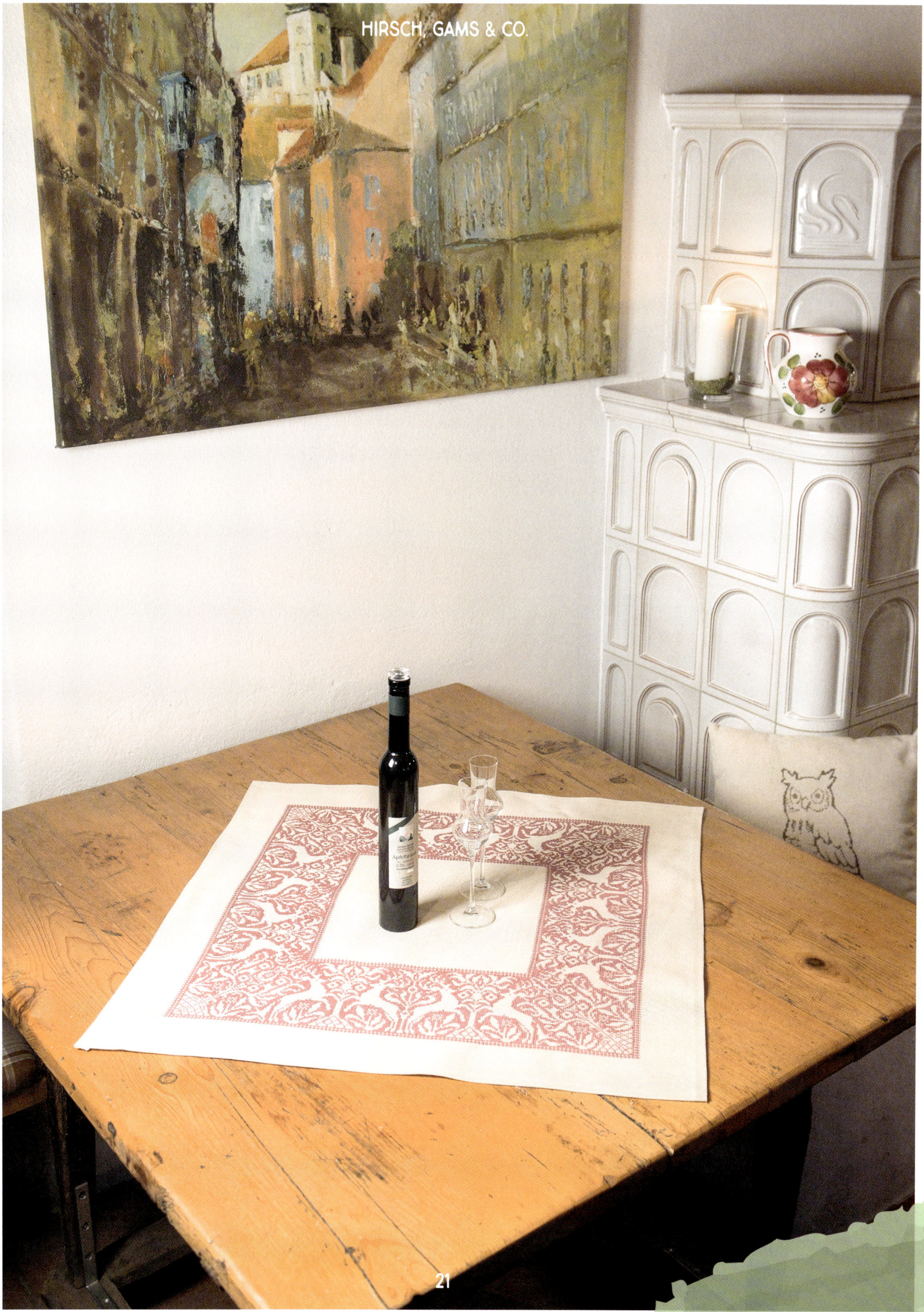

Grüne Tischdecke, gehäkelt

Alle Kreuzstichvorlagen sind auch bestens für Filethäkelei geeignet. Liegt die grüne Tischdecke auf einem hellen Untergrund oder auf eine Glasplatte, so sieht man das Muster besonders gut.

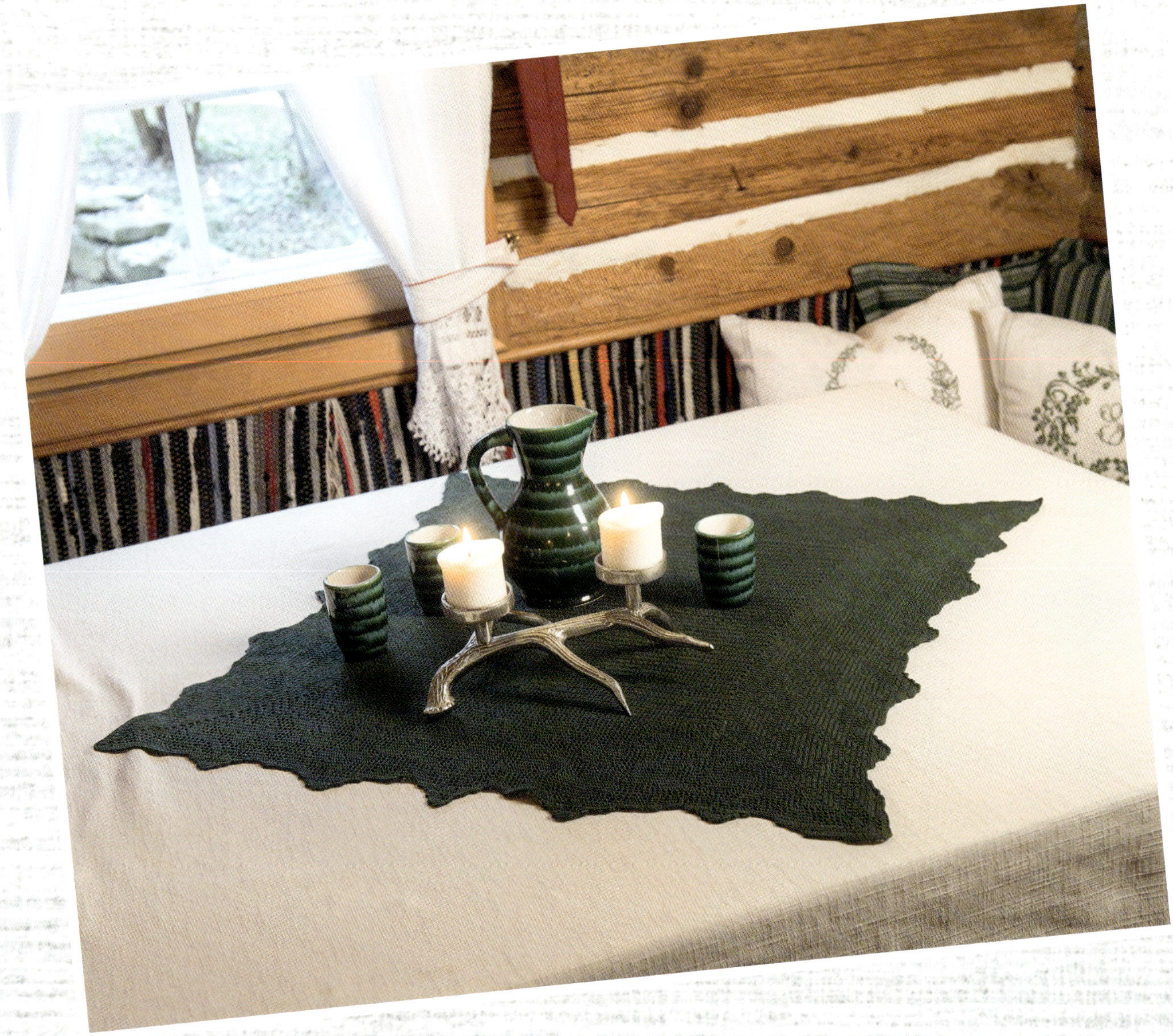

Wichtig dabei ist, **dass die gehäkelten Kästchen quadratisch sind.**
Machen Sie unbedingt vor Beginn der Arbeit eine kleine Häkelprobe. Probieren Sie so lange mit Fadenstärke, Nadelstäke oder der Anzahl der Luftmaschen, bis die Kästchen quadratisch sind.

VORLAGEN S. 24 und 90 links oben (GANZE TISCHDECKE)
300 g Häkelgarn Nr. 10, 280 m/50 g
Häkelnadel Nr. 1,5

AUFGRUND MEINER MASCHENPROBE HABE ICH DIESE TISCHDECKE MIT FOLGENDEM MUSTER GEHÄKELT

Leeres Kästchen: 1 Stäbchen, 1 Luftmasche, 1 Stäbchen
Volles Kästchen: 3 Stäbchen
Reihenanfang: 3 Luftmaschen ersetzen das 1. Stäbchen

270 + 3 Wendeluftmaschen (das sind 90 Kästchen) anschlagen und sofort mit dem Muster beginnen. Zuerst den inneren Teil (Vorlage B) in Reihen häkeln. Danach die Spitze (Vorlage C) in Runden häkeln. Dabei habe ich vor einer Ecke mit der Runde begonnen. **Die 1. Runde der Spitze muss exakt die gleiche Kästchenanzahl wie auf der Vorlage aufweisen.** In dieser Runde darf man ein wenig „schummeln". Wenn die Tischdecke gewaschen und gebügelt ist, verschwinden diese kleinen Ungenauigkeiten.

Die kleinen Zacken am Abschluss der Spitze häkeln Sie wie folgt: Bei der letzten durchgehenden Runde die Zacken in Reihen häkeln. An der Spitze angelangt, häkeln Sie entlang der Zacken mit Kettenmaschen wieder zurück in die letzte Runde. So Zacke für Zacke bis zum Ende der Runde häkeln. Alle Fäden gut vernähen.

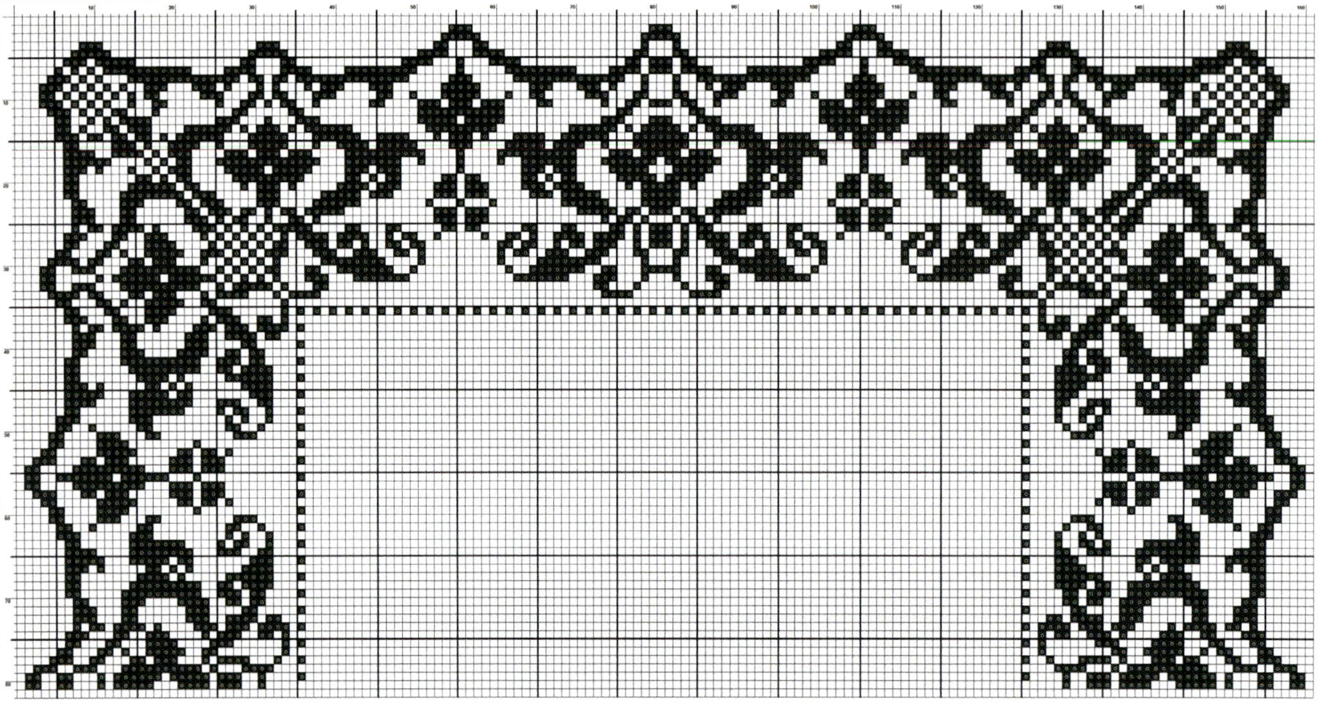

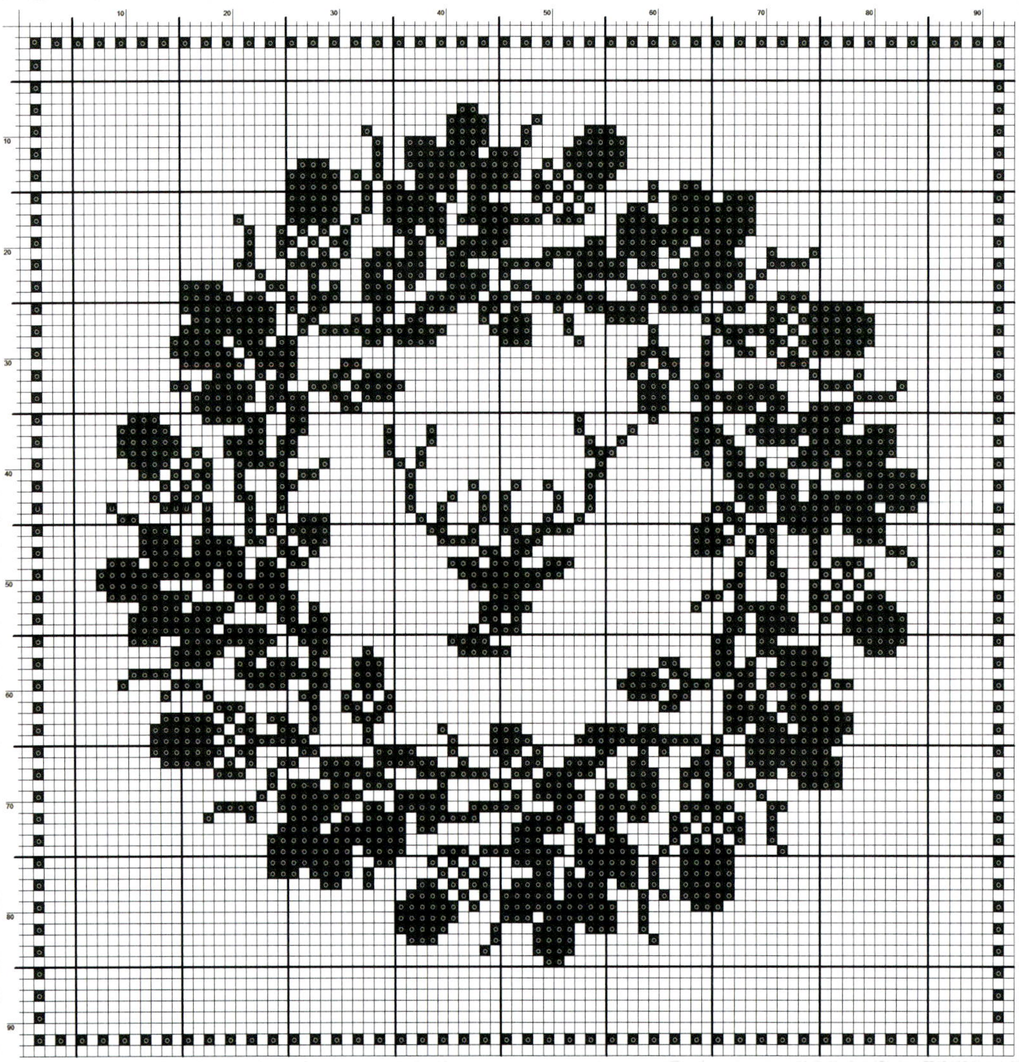

Aus Platzgründen befindet sich die Vorlage für die ganze Tischdecke auf S. 90 links oben.

Teppich

Ob es ein kleiner Vorleger oder ein größerer Teppich wird, hängt von Ihrem Arbeitseifer ab. Mit Sicherheit ist dieses Unikat ein Blickfang in ihrer Wohnung.

MATERIAL

VORLAGE S. 27

Aidastoff, 33 Kästchen auf 10 cm,
oder ein ähnlicher Stoff
½ Stich (Gobelinstich): (Socken-)Wolle 120 m/50 g
oder ähnliche Wolle
Kreuzstich: (Socken-)Wolle 200 m/50 g
In der Größe des Teppichs fester, rauer Stoff für die Rückseite (eventuell Jeansstoff)
Doppelseitiges Klebevlieseline in der Größe des Stoffes

Bei der Auswahl des Materials ist zu bedenken, dass alle verwendeten Materialien gut waschbar sein sollen. Bei diesem Teppich werden die 4 roten Herzen in Kreuzstich gestickt, da dies vom Motiv her einfacher ist. Alles andere wird im ½ Kreuzstich, auch Gobelinstich genannt, gestickt. Wie man hier sieht, kann man bei ein und demselben Projekt verschiedene Stiche verwenden.

Für die richtige Farbzusammenstellung sticken Sie zuerst eine kleine Probe, um zu sehen, ob die Farben so wirken, wie Sie es sich vorstellen.

Arbeitsschritte der Reihe nach:
Zuerst wird die Mittellinie gestickt.
Danach der gesamte Rand.
Anschließend die beiden Gämsen sowie die Herzen.
Weiters wird das Karo gestickt und zum Schluss alle freien Felder.

FERTIGSTELLUNG DES TEPPICHS

Alle Fäden auf der Rückseite vernähen.

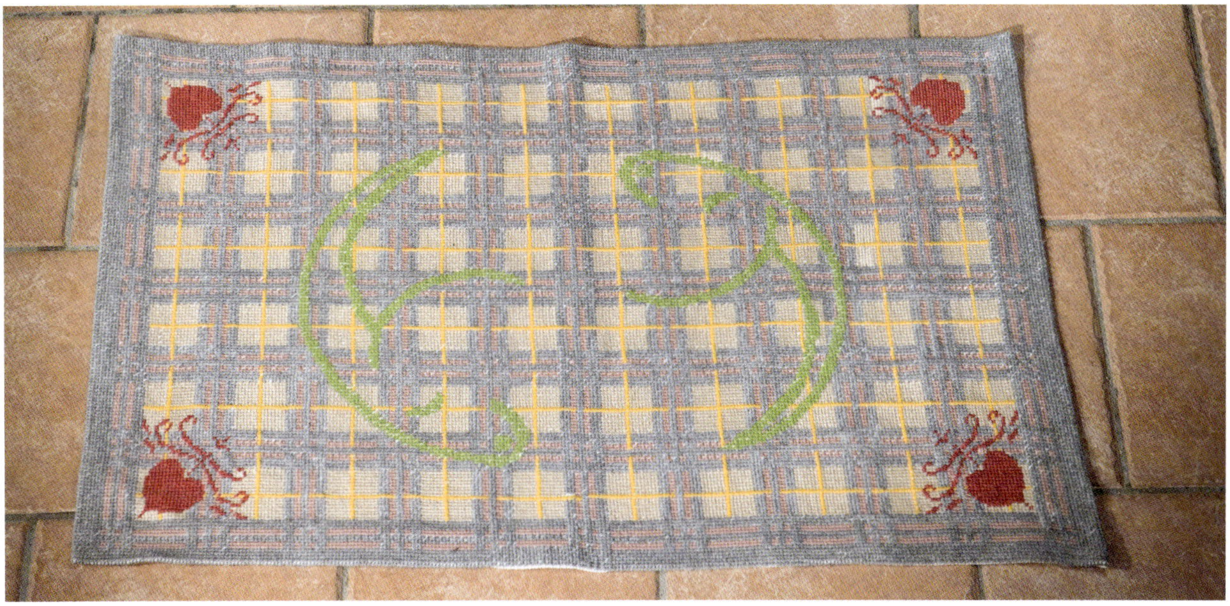

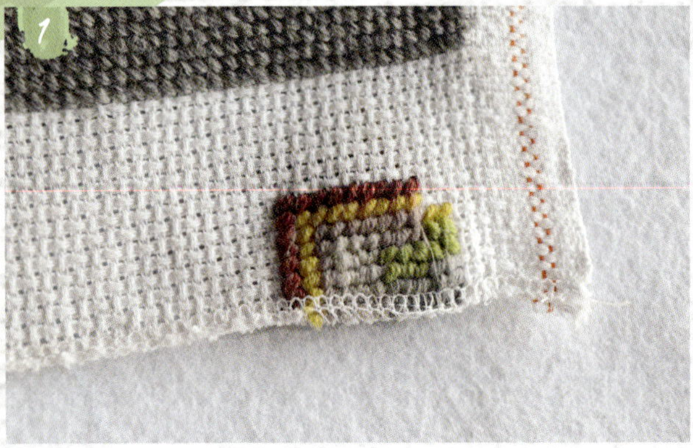
Stickprobe mit allen Farben

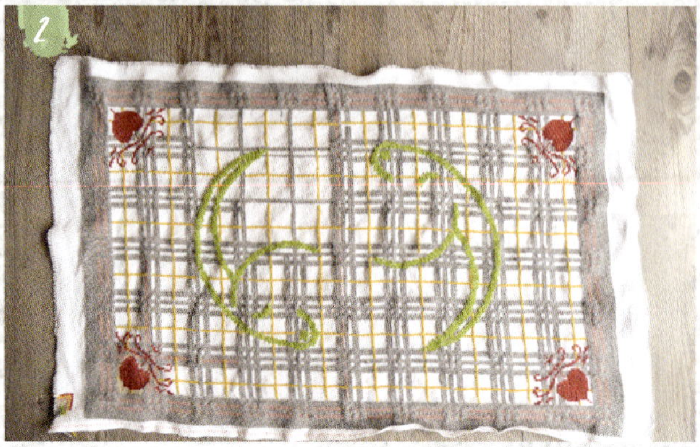
Das Muster wird immer sichtbarer.

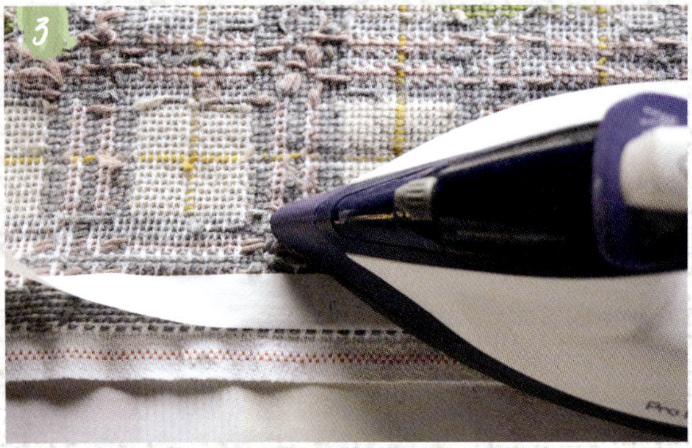
Ein bügelbares Doppelklebeband rundherum am bestickten Rand aufbügeln.

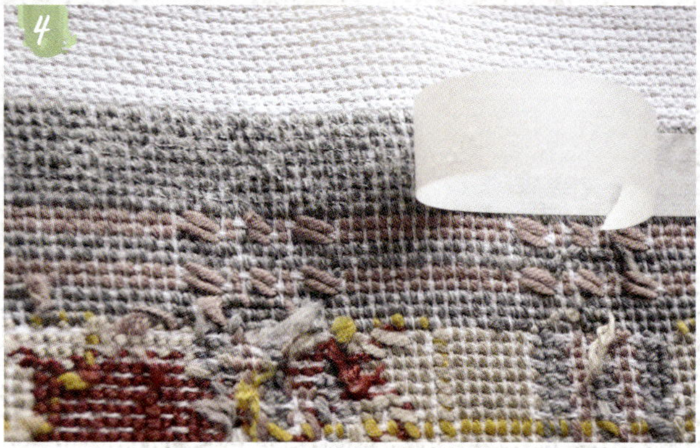
Den Papierstreifen vom Klebeband abziehen.

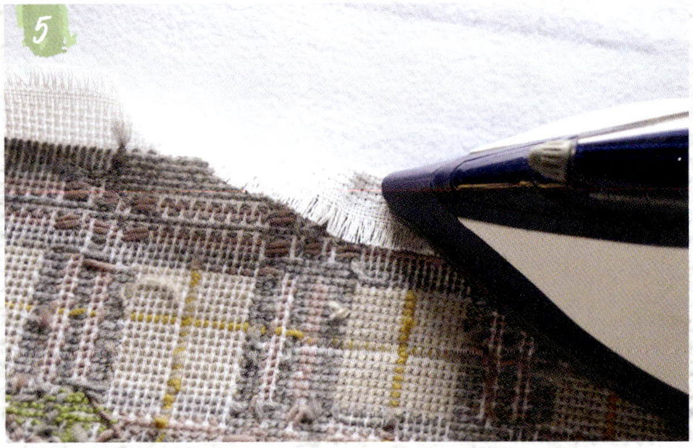
Den nicht bestickten Rand nach innen biegen und fest niederbügeln.

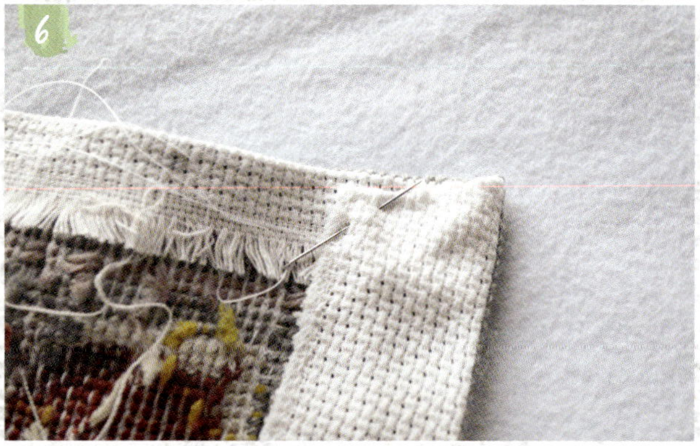
Die Ecken ein wenig ausschneiden und von Hand niedernähen.

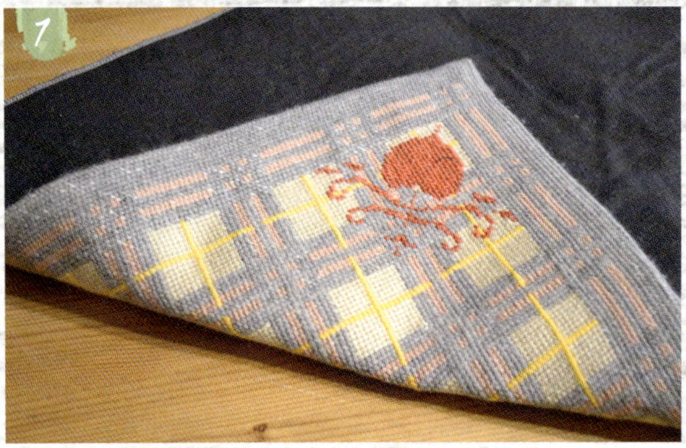

Nun auf die gesamte Rückseite die doppelseitige Klebevlieseline aufbügeln, das Papier abziehen, den mit der Nähmaschine an allen 4 Seiten gezackten, rauhen Stoff darauflegen und festbügeln, sodass er überall klebt.

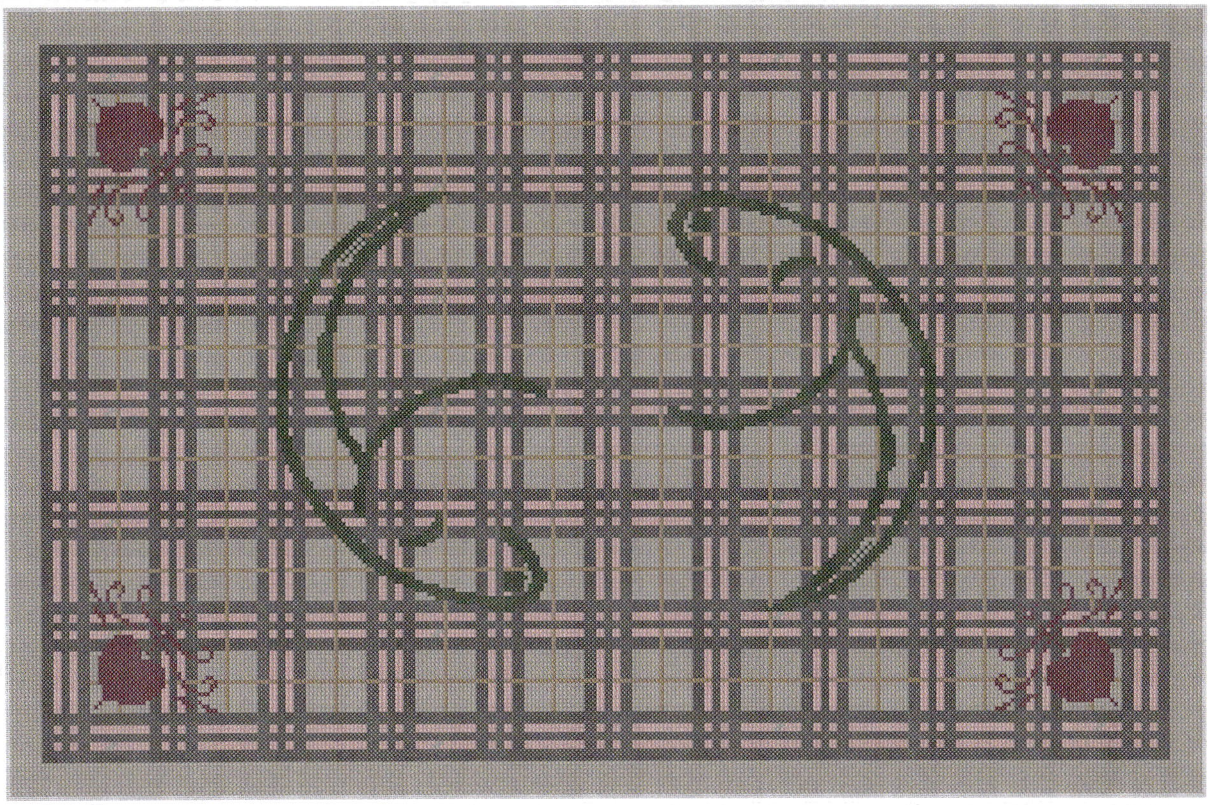

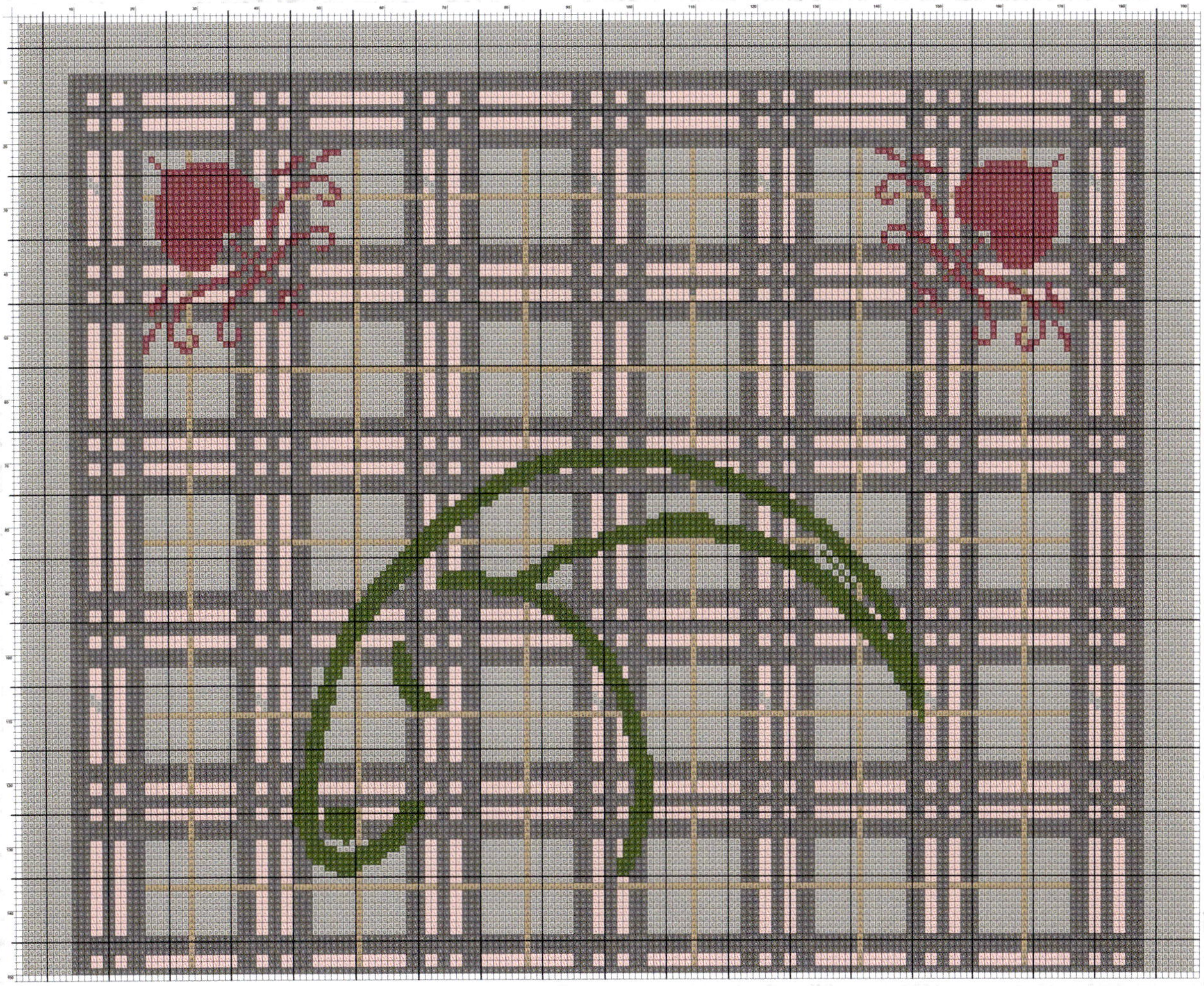

Was man sonst noch mit den Vorlagen machen kann …

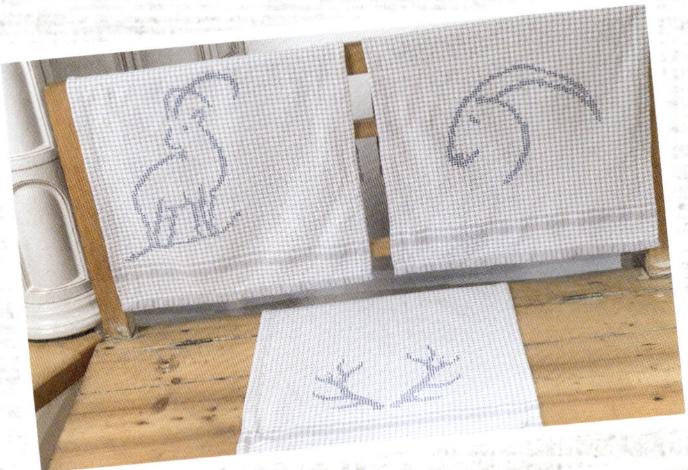

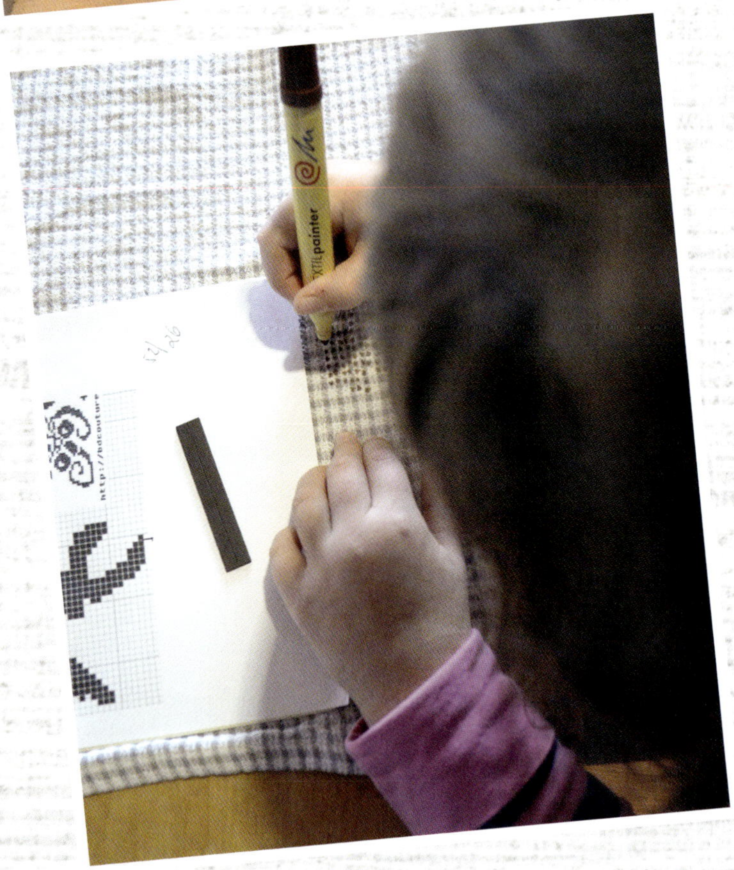

MIT PÜNKTCHEN MALEN

Man nehme einen karierten Stoff und einen Textilstift …

Auf karierte Geschirrtücher haben wir hier an Hand der Vorlage das Motiv nachgezeichnet.

Die gewünschte Größe des Motivs am Geschirrtuch markieren. Die Kästchen abzählen und anhand dieser Zahl ein in der Größe passendes Motiv aussuchen.

Den gewaschenen Stoff (Geschirrtuch) gut bügeln und mit dem Textilstift in jedes Kästchen (der Vorlage entsprechend) einen Punkt setzen.

Kinder sollten die Pünktchen zuerst mit Bleistift vorzeichnen, da der Textilstift nicht auswaschbar ist.

VORLAGEN:
STEINBOCK S. 57 links oben,
GEWEIH S. 57 links Mitte,
STEINBOCK STEHEND S. 95
(bei den kleinen Vorlagen)

Ebenso ist diese Technik auch bei anderen Projekten anwendbar:
KISSEN: VORLAGE S. 62 links oben

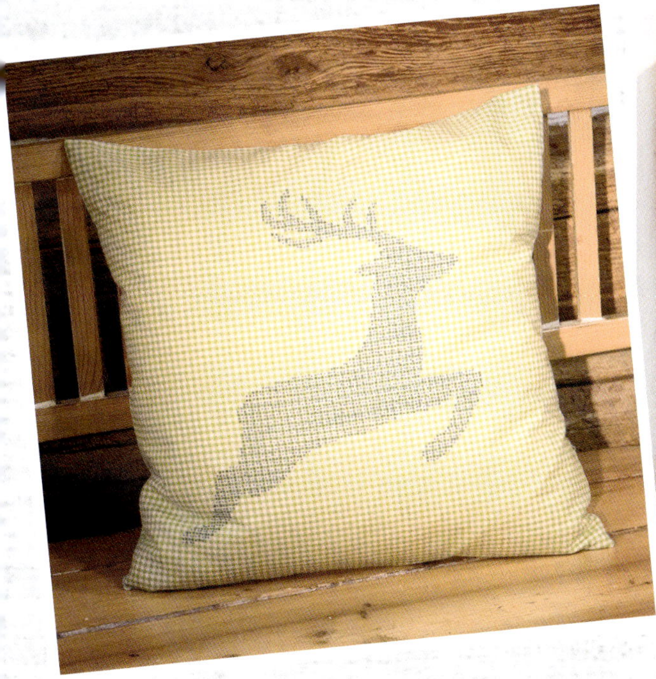

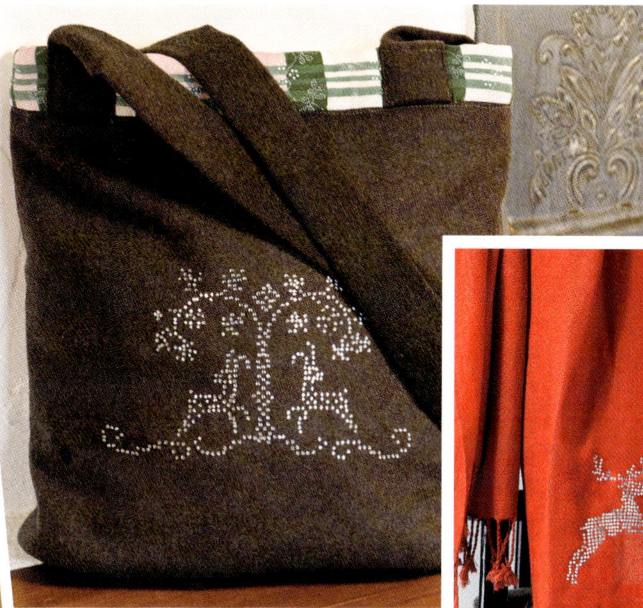

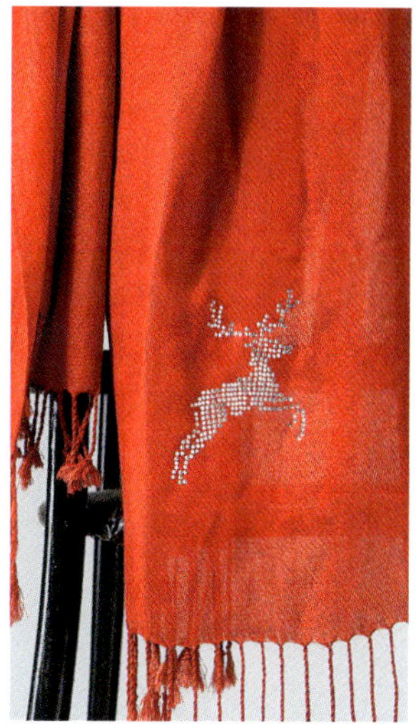

ARBEITEN MIT STRASS-STEINEN

VORLAGEN S. 94

Strass-Steine sind heute ein fixer Bestandteil in der dekorativen textilen Gestaltung.
Die Kreativbranche hat dem Rechnung getragen und tolle, innovative Produkte auf den Markt gebracht, damit auch Einsteiger in diese Technik das eine oder andere Kunstwerk gestalten können.
Neben vielen anderen Möglichkeiten, damit zu arbeiten, können Sie auch ein Kreuzstichmuster als Vorlage verwenden – eigentlich ganz einfach: Jedes Kreuzchen ist ein Strasssteinchen.
Für diese Technik eignen sich auch übriggebliebene Steinchen vom Diamond Painting sehr gut.

AUFBÜGELBARE STRASS-STEINE

Diese Steine gibt es in unterschiedlichen Größen (bei der Tasche sind 2 mm große Steine verwendet worden, beim Schal 3 mm große) und haben auf der Unterseite eine Klebefläche, die den Stein im erwärmten Zustand beim Bügeln auf den Stoff klebt.

ARBEITEN MIT DEM APPLIKATOR

Der Applikator für das Arbeiten mit Strass ist ein Stab, der elektrisch erhitzt wird und auf den man verschieden große Spitzen aufschrauben kann, je nach Größe der Steine. Im heißen Zustand nimmt man damit den Stein auf und setzt ihn sofort auf die gedachte Stelle.

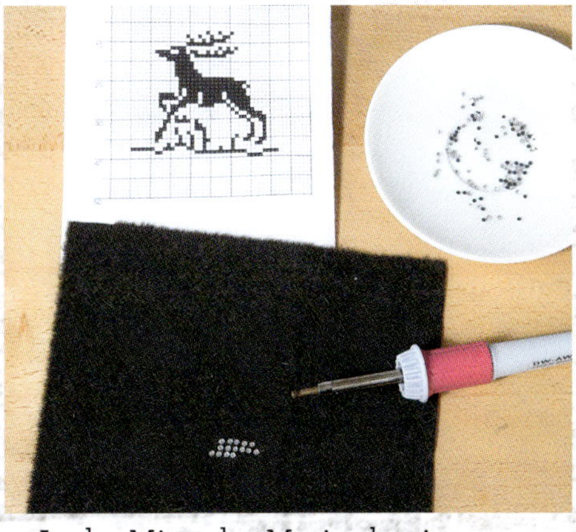

In der Mitte des Motivs beginnen, …

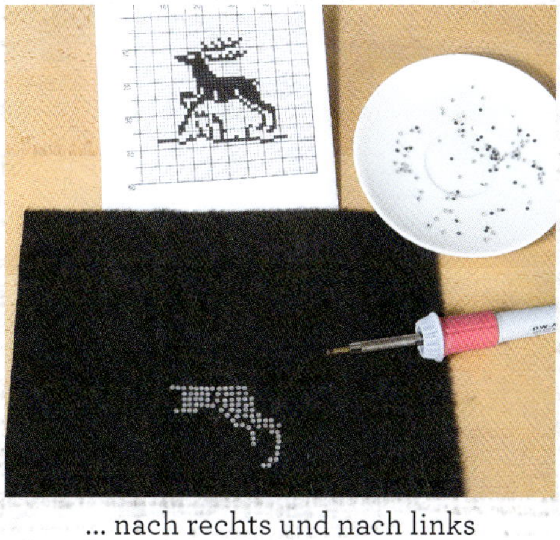

… nach rechts und nach links weiterarbeiten …

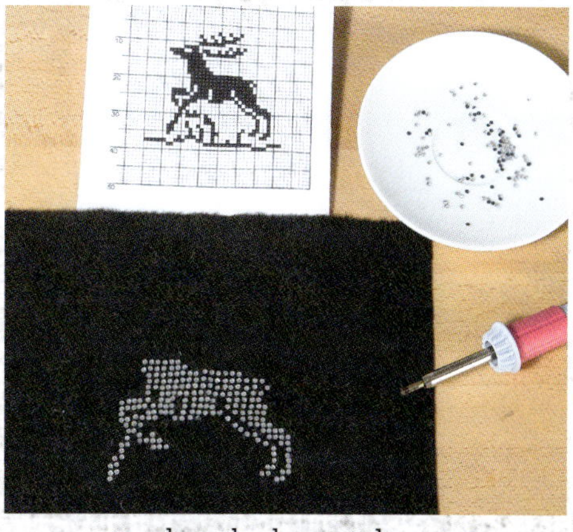

… und nach oben und unten.

Geschirrtücher, gestrickt

Mit einer selbstgemachten Banderole sind die Geschirrtücher ein besonders nettes Geschenk. Die Geschirrtücher müssen aus reiner Baumwolle gestrickt werden.

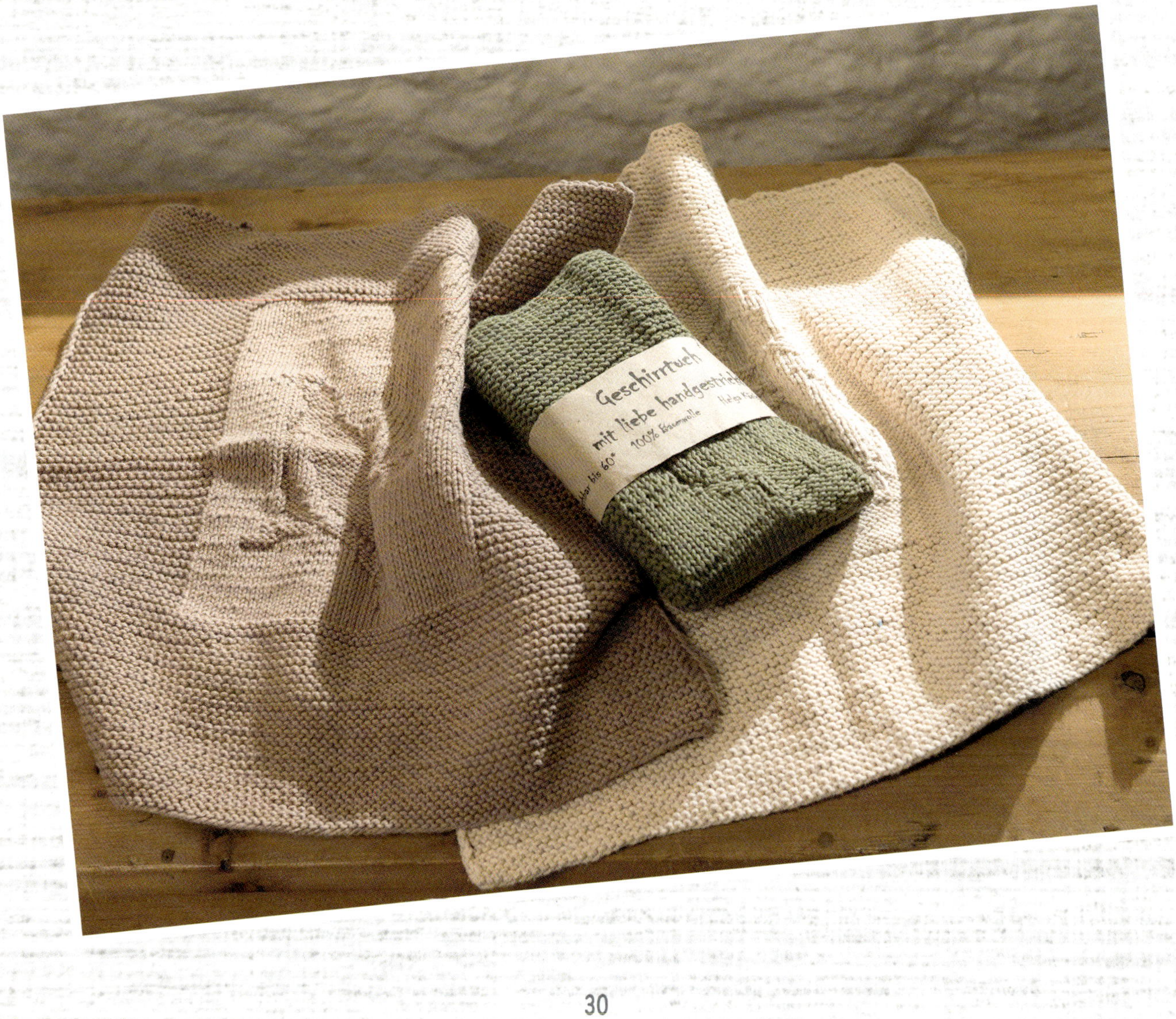

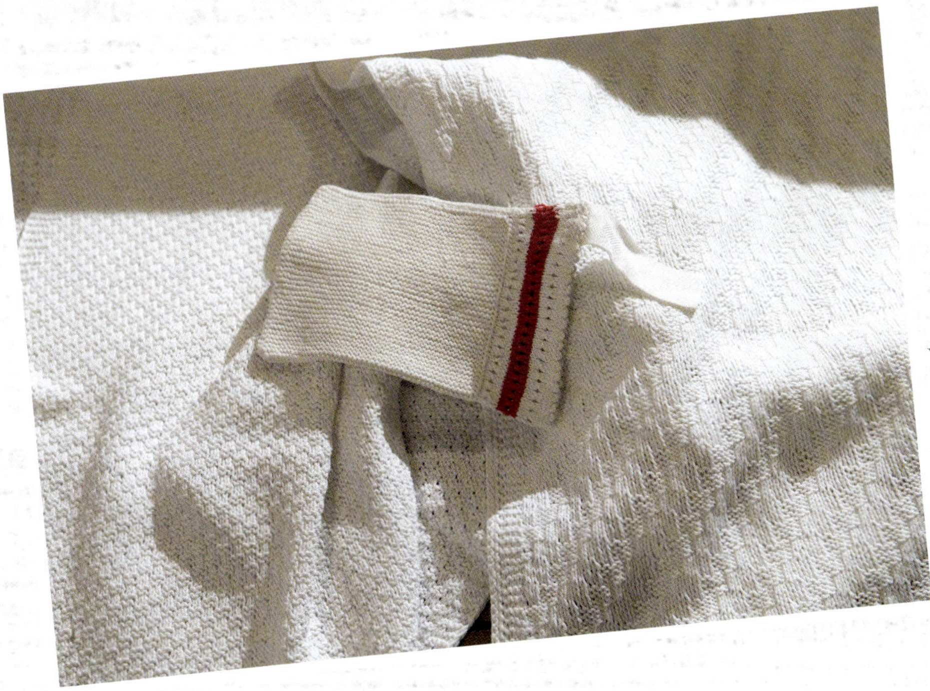

Ich habe diese Handtücher als Inspiration für neue Geschirrtücher genommen.

ALTE HANDTÜCHER
Vor der Erfindung von Frottee wurden für die Aussteuer der Braut Handtücher gestrickt. Die oben abgebildeten Handtücher sind aus Familienbesitz und wurden um 1900 gestrickt.

GESCHIRRTUCH – SEHR EINFACH!

VORLAGEN
SPRINGENDER HIRSCH S. 33 rechts oben
VOGEL S. 34 rechts oben
EICHKÄTZCHEN S. 34 links unten
Geschirrtuch, Größe: ca. 38 cm x 38 cm
ca. 100 g 100-%-Baumwolle, nicht merzerisiert, 120 m/50 g, eher locker versponnen
2 lange Stricknadeln, Nr. 2–2,5
1 spitze Nadel mit großem Öhr zum Vernähen der Fäden

90 Maschen anschlagen und 50 Reihen „riegerlglatt" stricken (alle Reihen rechts).
Danach 30 Maschen riegerlglatt, 30 Maschen im Muster und wieder 30 Maschen riegerlglatt weiterstricken. Nach 50 Reihen nochmals wie zu Beginn 50 Reihen in Riegerlglatt stricken. Alle Maschen locker abketten, mit dem Faden noch eine kleine Schlaufe mit ca. 15 Luftmaschen häkeln, den Faden abschneiden und alle Fäden vernähen.

Kopiervorlage für die Banderole

Geschirrtuch

mit Liebe handgestrickt

waschbar bis 60 °C 100 % Baumwolle

Strickmuster

Da eine gestrickte Masche meist breiter als höher ist, muss die Vorlage dementsprechend „adaptiert“ werden. Speziell bei figürlichen Darstellungen ist dies wichtig, da sonst die Proportionen des Motives unschön sind.

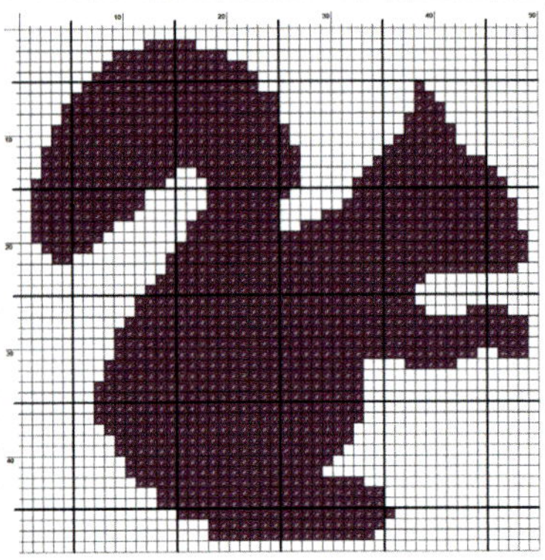

Originale Stickvorlage

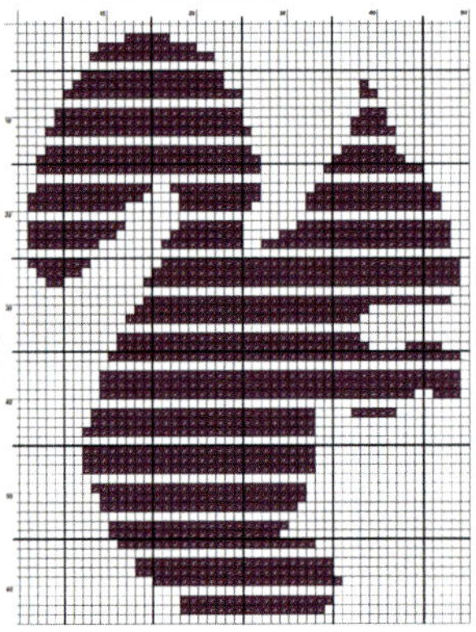

Mit Leerzeilen

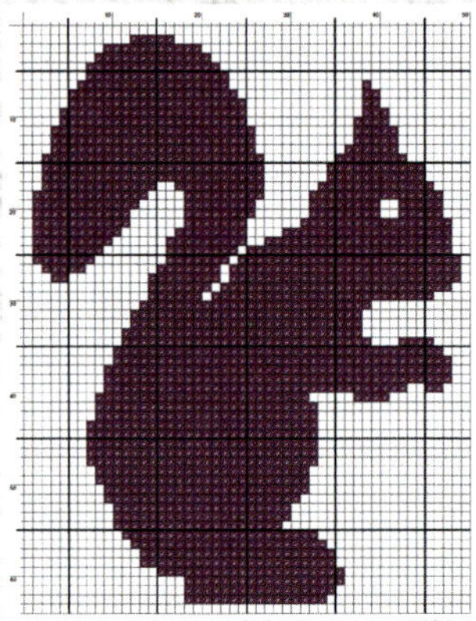

Fertige Strickvorlage

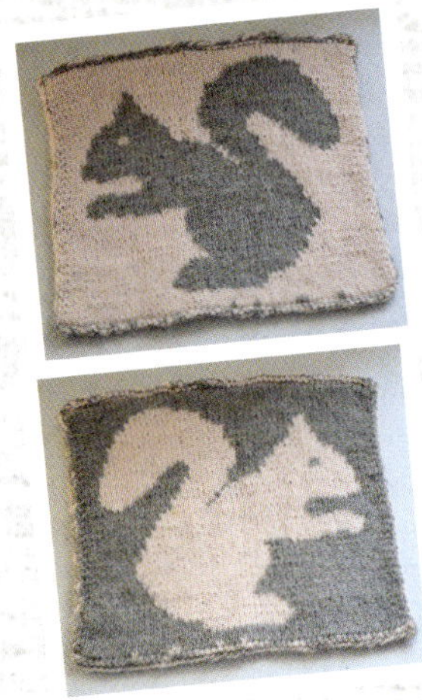

Als Faustregel gilt, dass nach jeder dritten Musterreihe eine Reihe eingefügt und die Vorlage nach Augenmaß verbunden wird.
So können Sie auch andere Kreuzstichvorlagen für ihr Strickprojekt adaptieren.
Im Folgenden habe ich zu jeder Vorlage ein Muster in der Technik Doubleface gestrickt. So sehen Sie auch die unterschiedliche Wirkung von Dunkel auf Hell und umgekehrt. Vielleicht hilft es Ihnen bei der Farbauswahl für Ihr Projekt.

Die abgebildeten Vorlagen können für alle Stricktechniken, wie zum Beispiel Norweger, Fair Isle, Doubleface usw. verwendet werden.
Zu allen Strickvarianten gibt es im Internet unzählige Videos, die die einzelnen Techniken ausführlich und sehr anschaulich erklären.

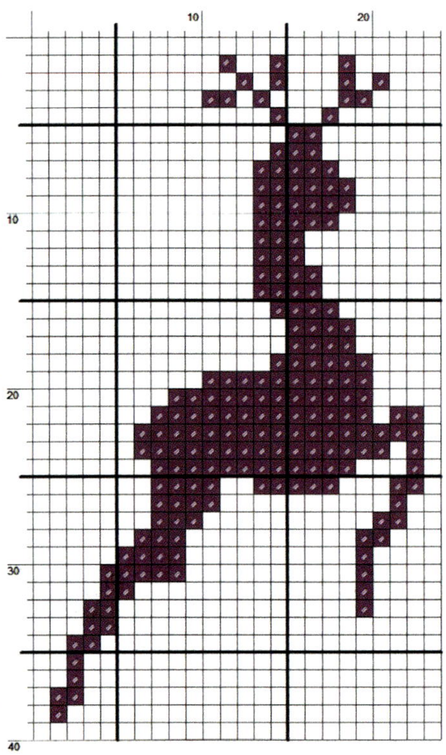

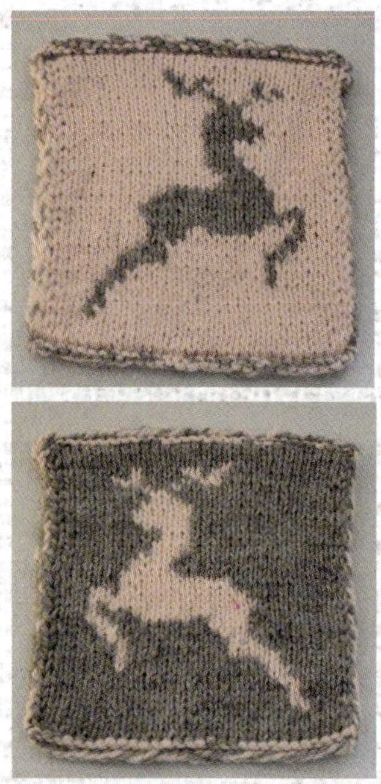

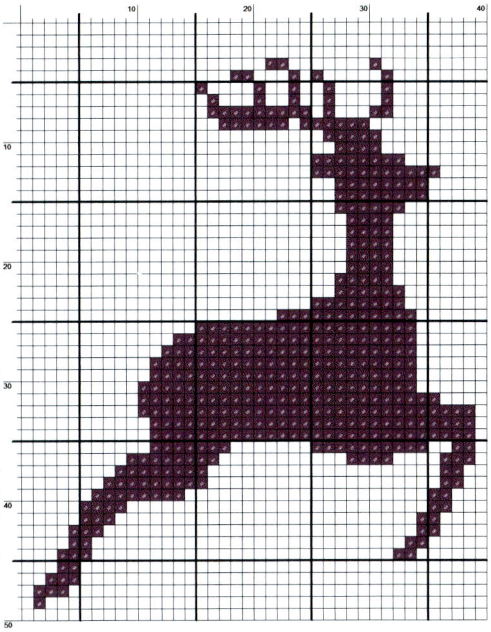

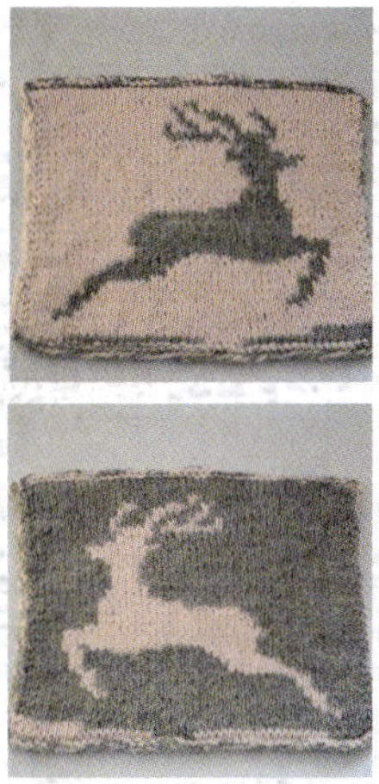

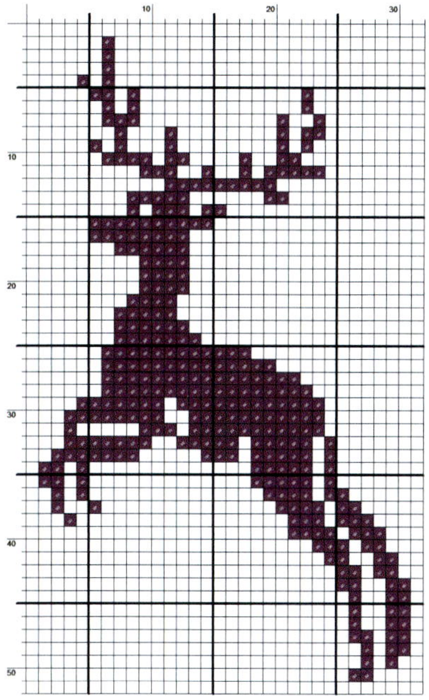

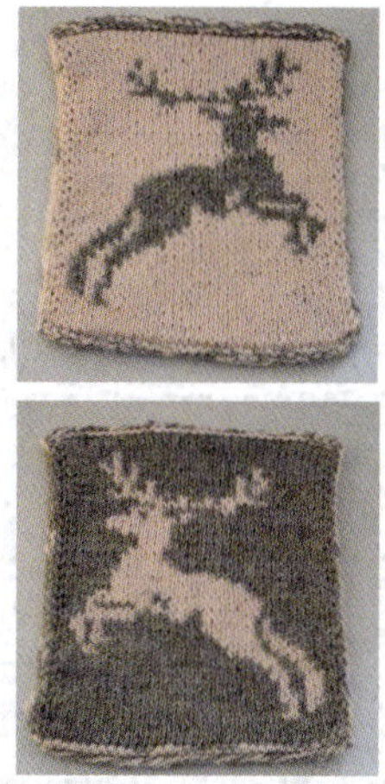

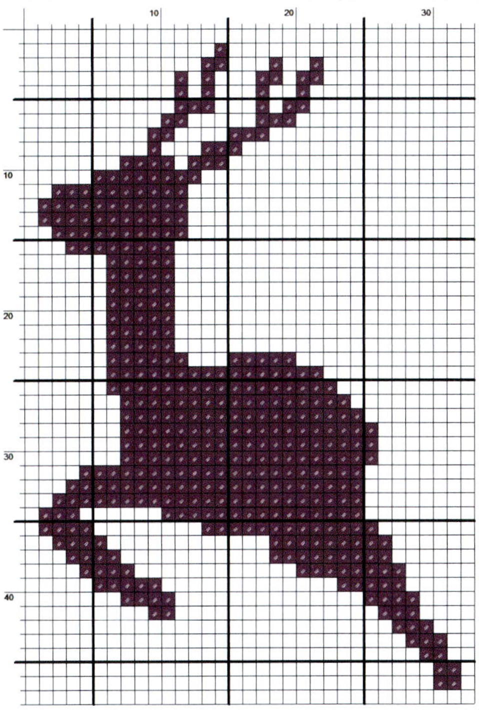

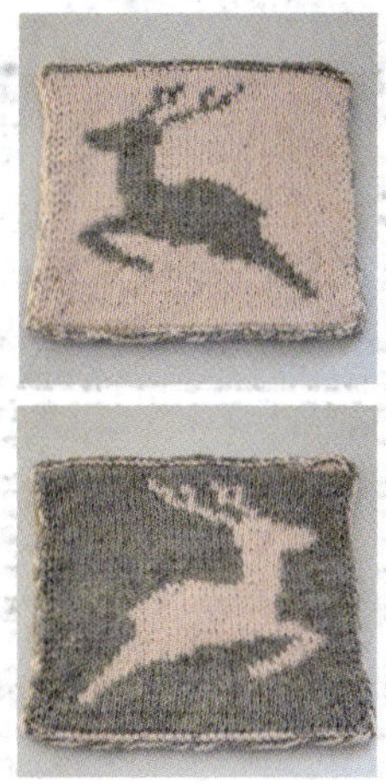

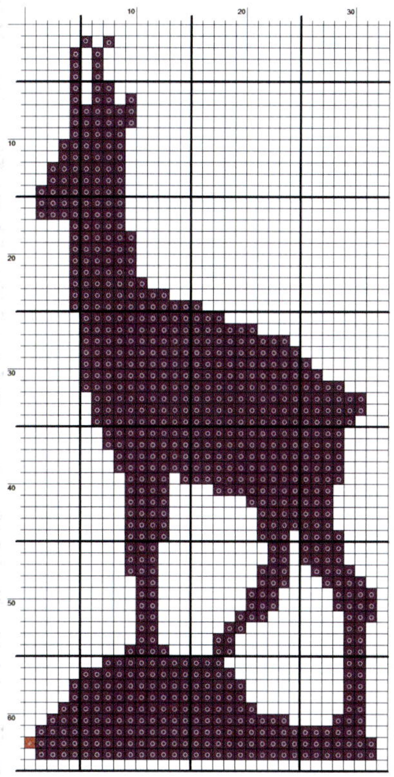

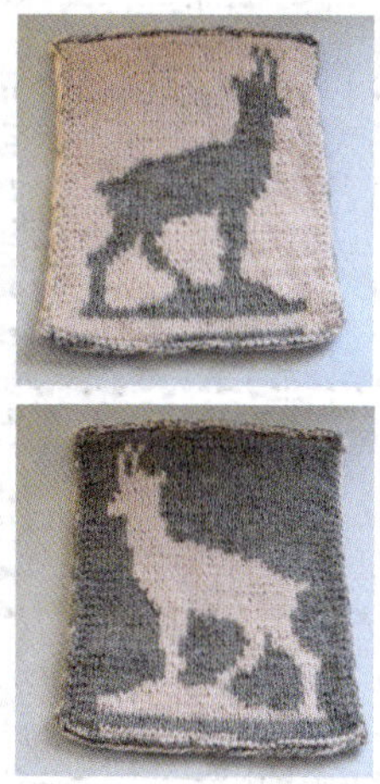

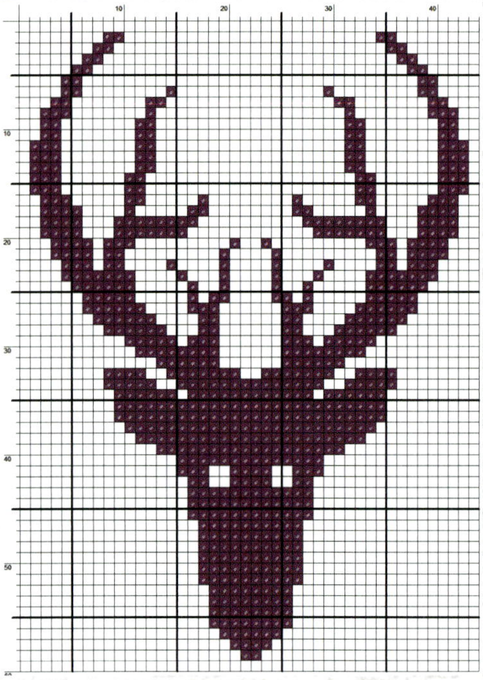

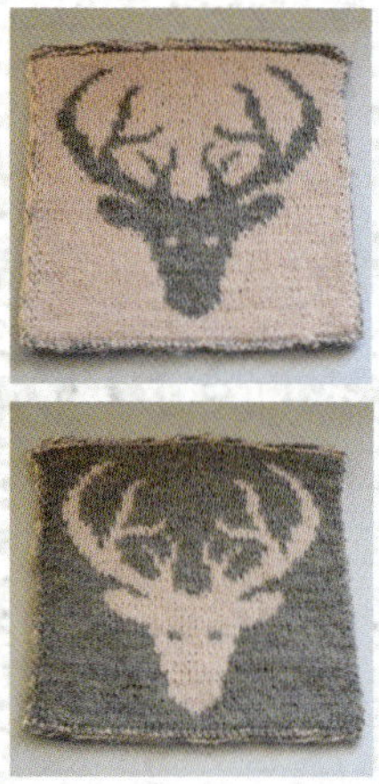

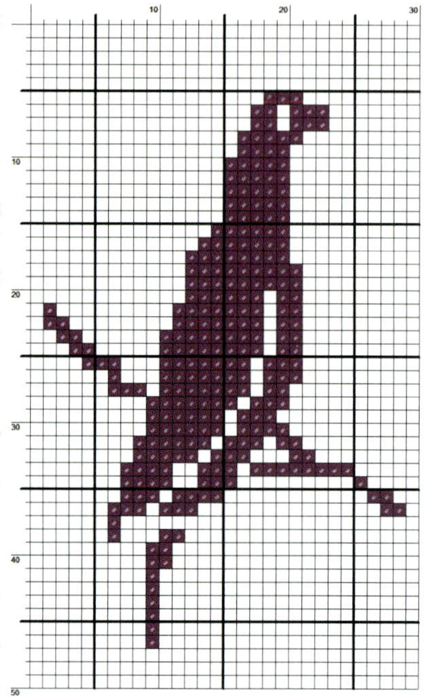

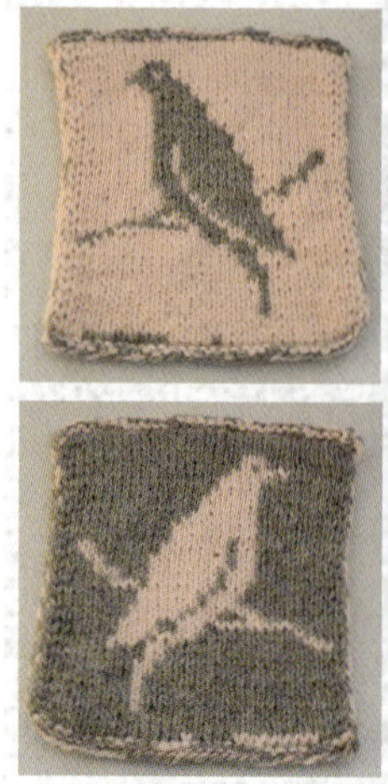

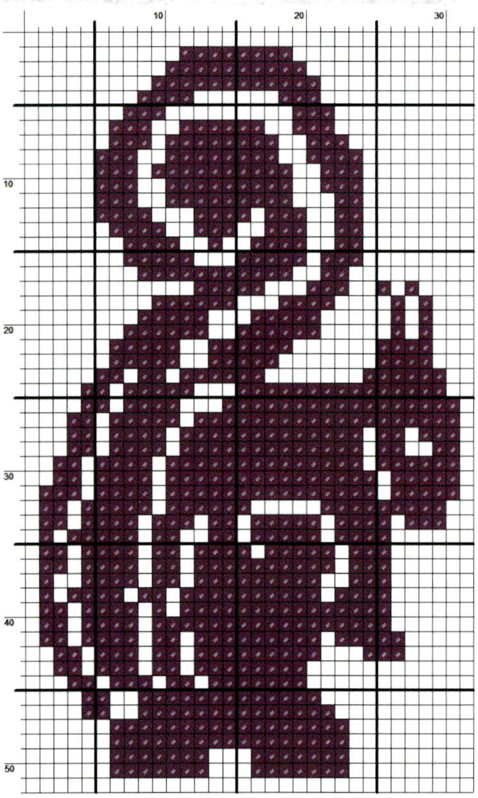

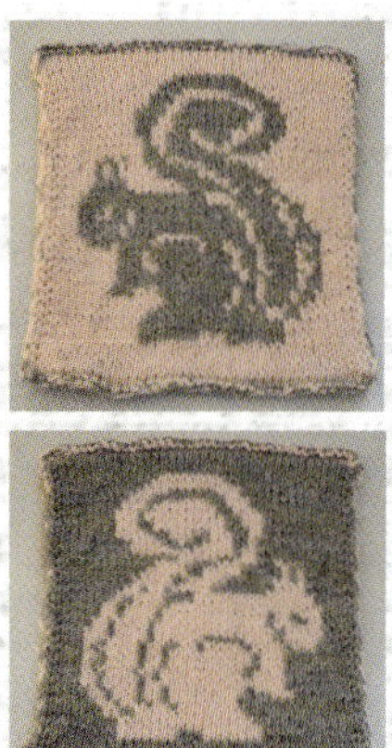

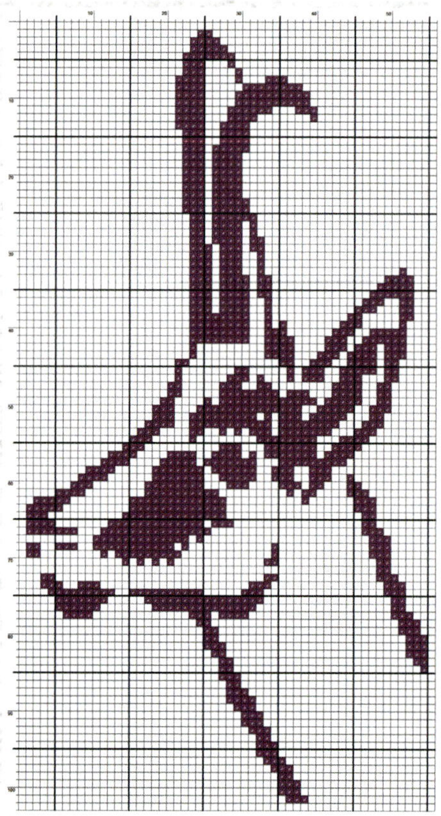

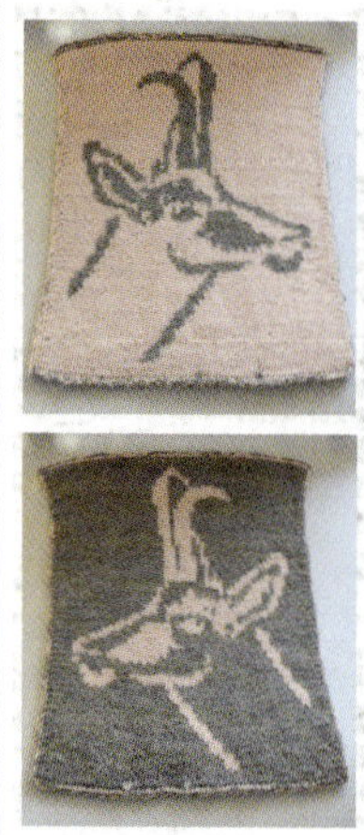

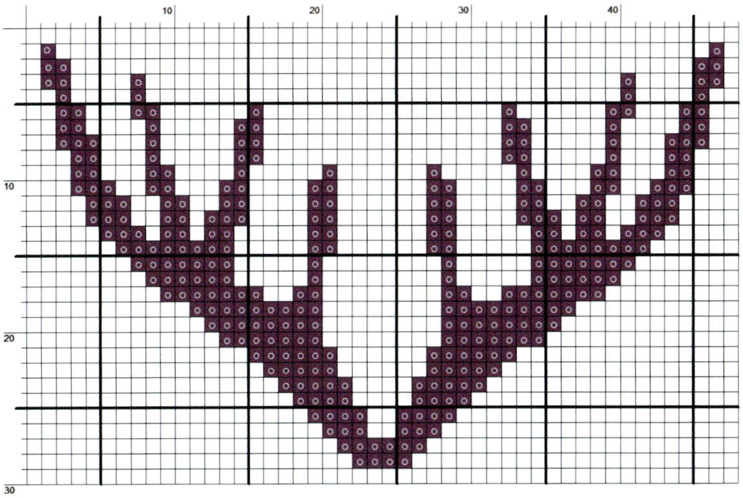
10
20
30
40
10
20
30

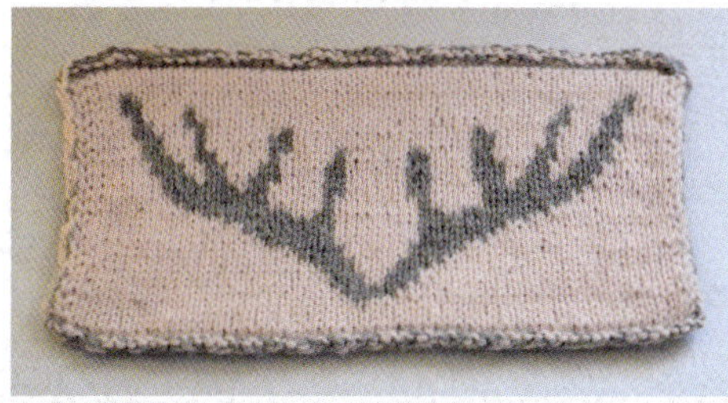

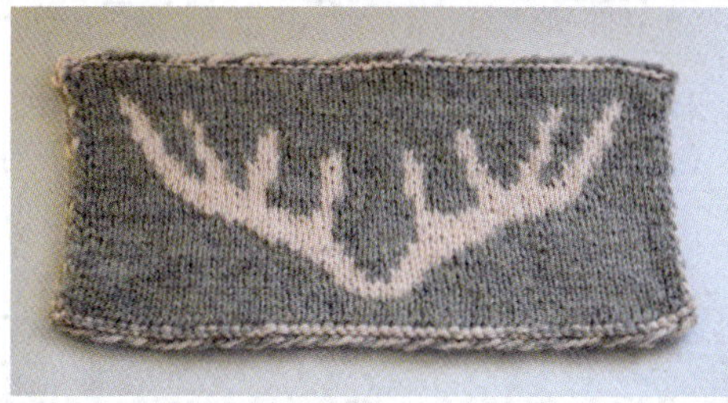

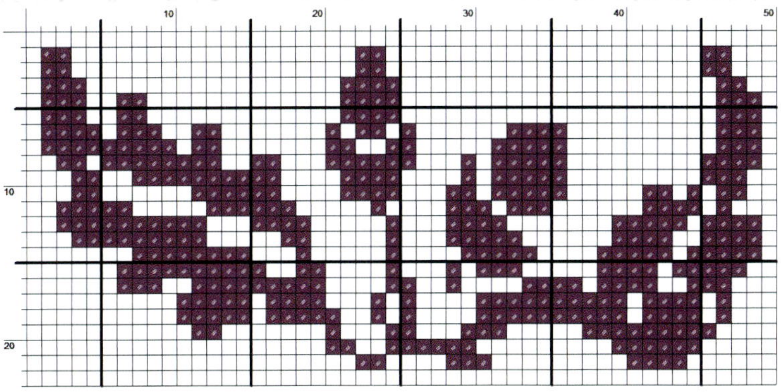
10
20
30
40
50
10
20

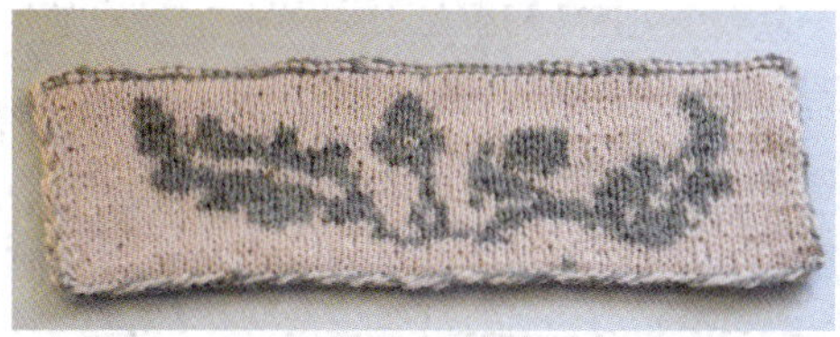

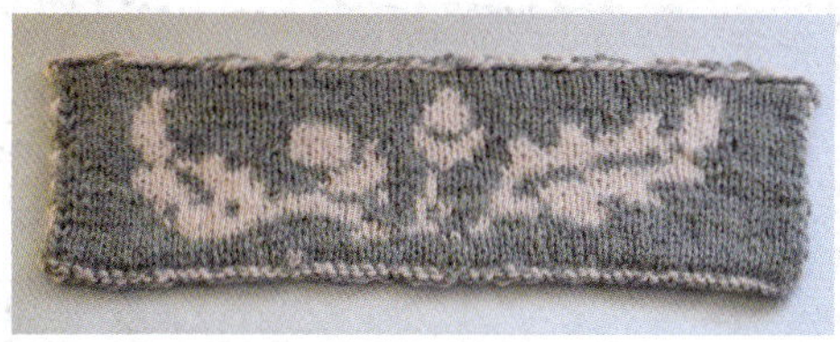

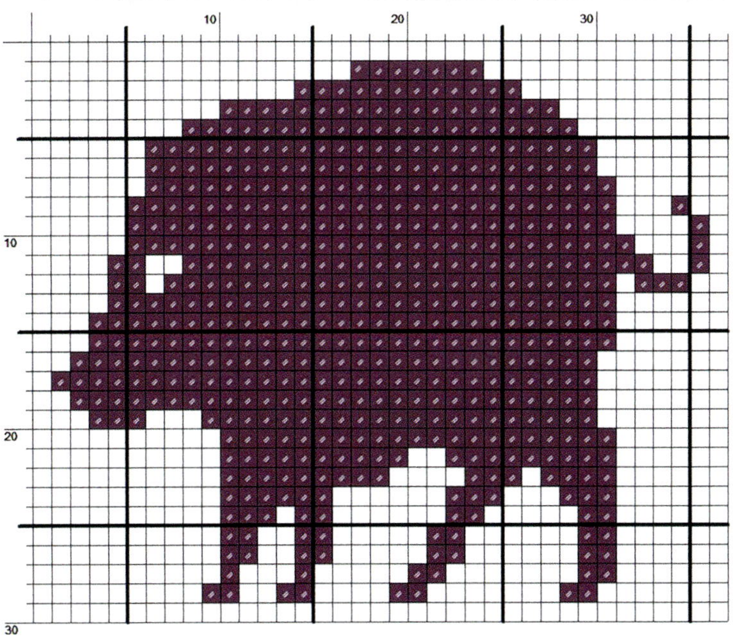
10
20
30
10
20
30

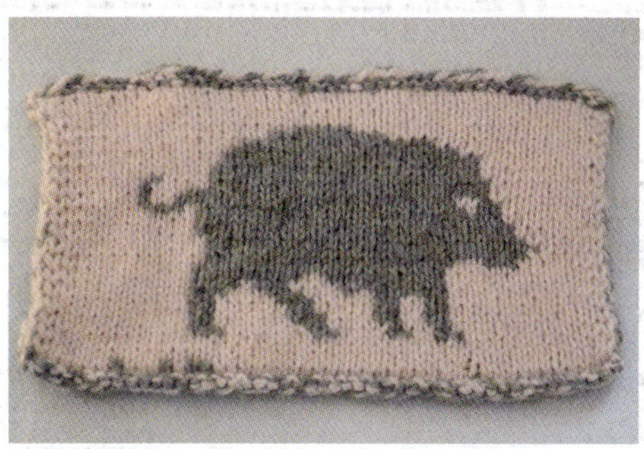

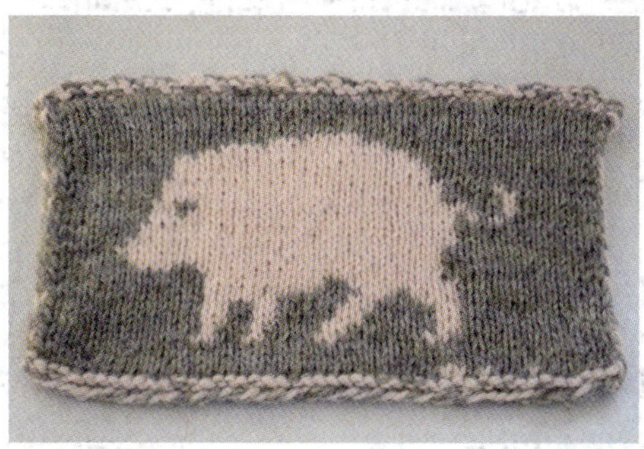

Stoffdruck

Seit Holzstempel in allen Größen im Handel erhältlich sind, erfreut sich der Stoffdruck wieder großer Beliebtheit. Diese Technik ist sehr alt und in nahezu allen Kulturen nachweisbar. Sie müssen nur einige Dinge beachten und schon sind Ihrer Kreativität keine Grenzen gesetzt.

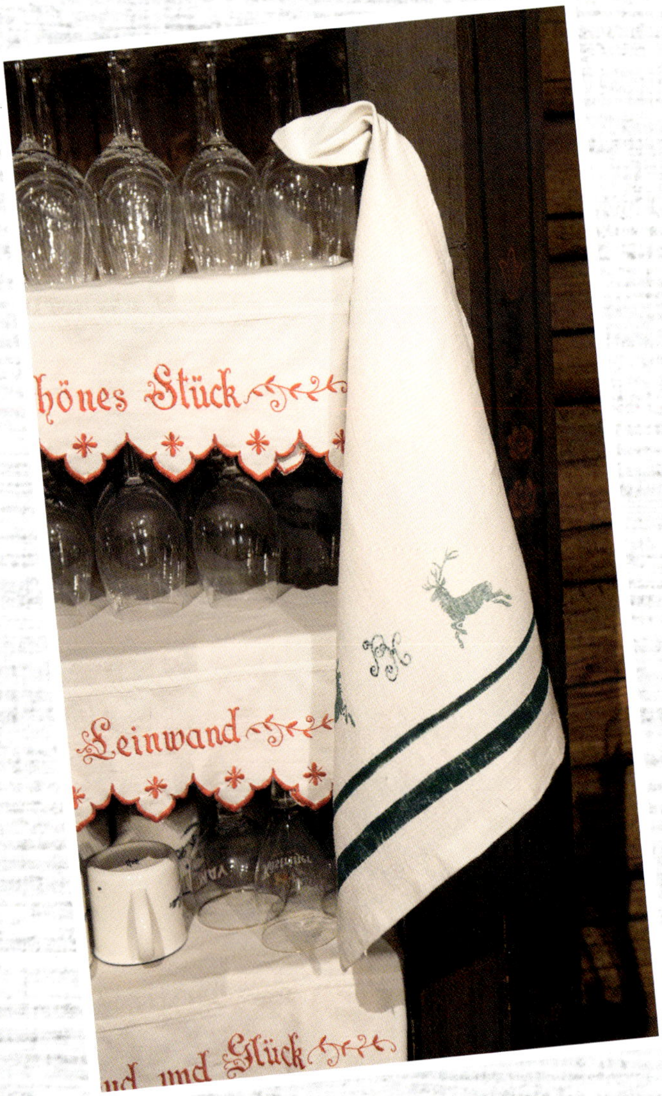

Da es sehr schwierig ist, einfarbige Geschirrtücher im Handel zu bekommen, nähe ich sie selbst. Dazu zuerst die beiden Seiten einsäumen und danach unten und oben umnähen. Dabei eine kleine Schlaufe zum Aufhängen mit annähen.

STOFFDRUCKEN, SO GEHT ES ...

HOLZSTEMPEL

Beim Kauf von Holzstempeln achten Sie darauf, dass dieser auf der Seite des Motivs plan ist, dass heißt, dass er ganz glatt z. B. auf der Tischplatte aufliegt. Auch auf den verschiedensten Internetportalen werden alte und neue Holzstempel angeboten.

FARBE

Zum Drucken verwenden Sie die ganz normale, handelsübliche Stofffarbe. Auf die Verarbeitungshinweise auf der Verpackung achten.

STOFF

Grundsätzlich kann man jeden Stoff bedrucken. Wenn es möglich ist, machen Sie an einer nicht sichtbaren Stelle oder auf einem Stoffrest eine Farbprobe. Ich verwende gerne alte Baumwoll- und Leinenstoffe.

Den Stoff vor dem Drucken immer waschen, damit dieser frei von Appretur und ähnlichen Ausrüstungsstoffen ist.

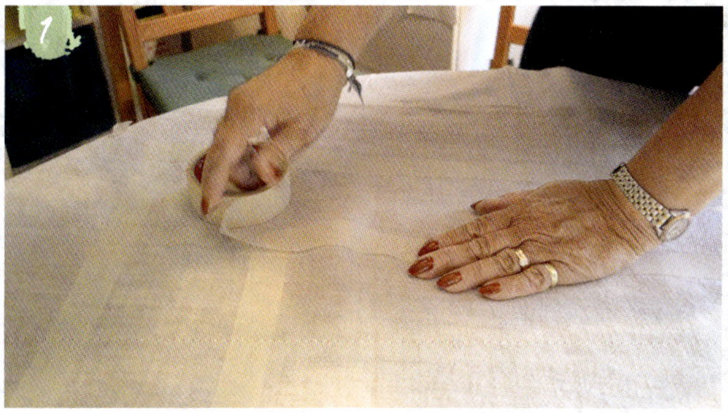

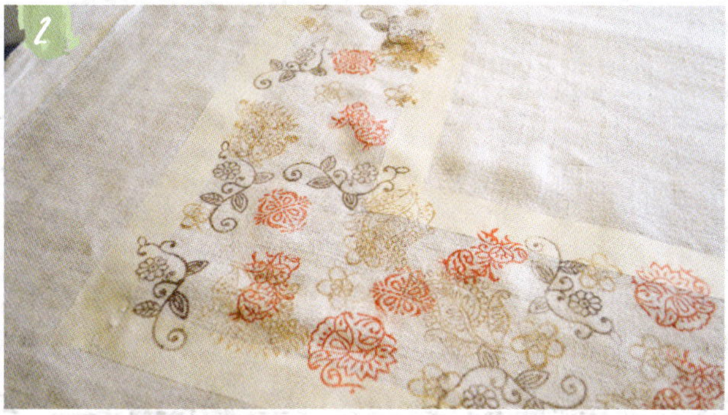

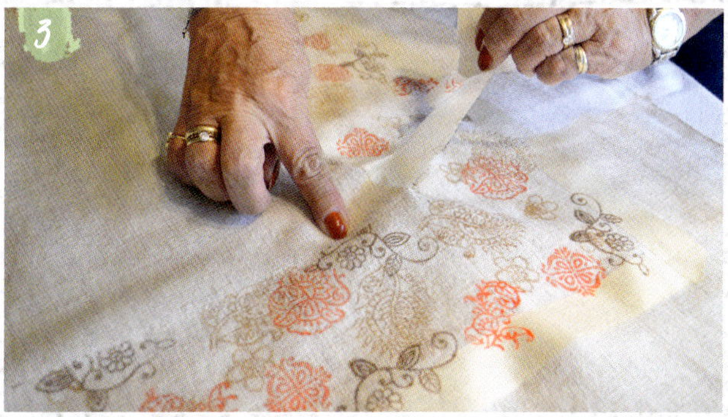

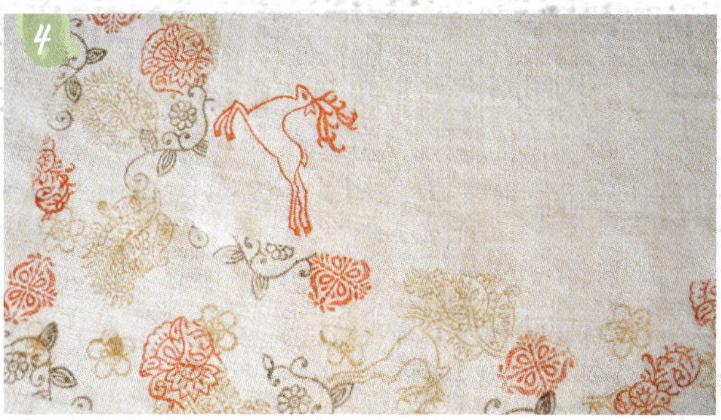

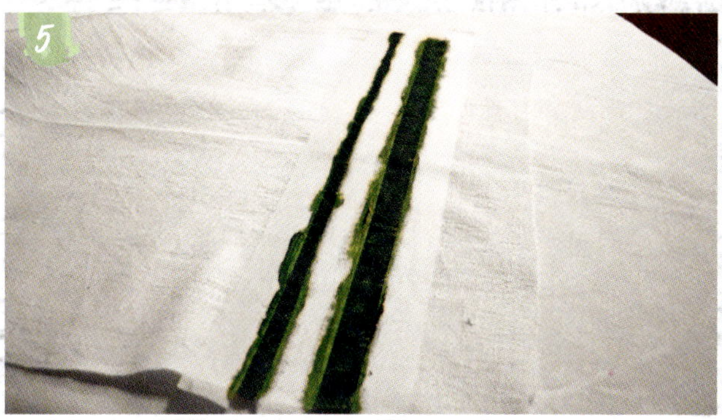

DRUCKEN

Unter den zu stempelnden Stoff 2–3 Lagen Küchenpapier legen.

Tipp: Ein altes gebügeltes Leintuch, doppelt gelegt, ist auch sehr gut. Die Fläche muss ganz glatt sein!

Den Stoff mit einem Bleistift ganz leicht dort markieren, wo das Motiv hinkommen soll.
Der Stempel wird mit Hilfe eines Schwämmchens mit Farbe betupft und auf den Stoff aufgesetzt. Danach 2 x mit der Hand/Faust auf den Stempel klopfen, damit die Farbe auch gut in den Stoff gedrückt wird, dabei darauf achten, dass der Stempel nicht verrutscht. Für jedes weitere Motiv Farbe auf den Stempel geben und diesen Arbeitsschritt ständig wiederholen.
Den bedruckten Stoff trocknen lassen, bevor Sie an weiteren Details weiterarbeiten.

Nach dem Trocknen der Farbe das gedruckte Motiv heiß und mit Dampf gut einbügeln (die Farbe bleibt nicht am Bügeleisen kleben!).

Beim ersten Waschen kann sich noch Überfarbe, die der Stoff nicht aufgesaugt hat, lösen. Deshalb das bedruckte Teil alleine waschen und ein Farbfangtuch zum Waschvorgang dazugeben (diese sind in allen Drogeriegeschäften erhältlich).

STREIFEN

Dazu kleben Sie mit einem Malerkreppband den Stoff so ab, dass ein Streifen nach ihrer Vorstellung entsteht. Das Kreppband gut andrücken, damit keine Farbe darunterfließen kann. Nach dem Trocknen der Farbe das Kreppband vorsichtig abziehen.

MONOGRAMM

Das Monogramm mit einem Bleistift vorzeichnen und mit einem ganz feinen Pinsel nachmalen (zuerst eine Probe auf einem Stoffleckerl ausprobieren!).

Tipp: Um das Monogramm auf den Stoff zu übertragen, klebe ich die Vorlage auf eine Fensterscheibe und halte dann den Stoff genau dorthin, wo das Monogramm platziert werden soll. Dann fahre ich mit einem Bleistift die Linien nach – geht nur bei Tageslicht!

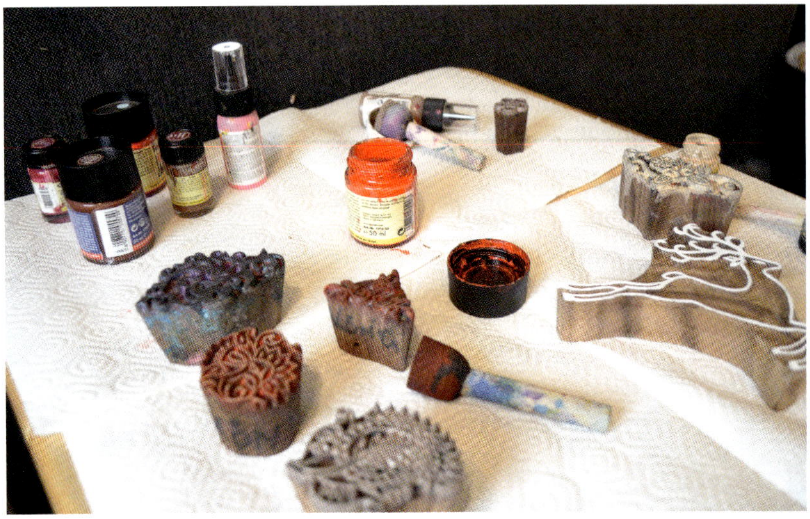

FÜR ALLE PROJEKTE

Verschiedene Holzstempel
Stofffarbe
Malerkreppband
Schwämmchen
1 dickeren Pinsel für die Streifen
1 dünnen Haarpinsel für feine Linien
verschiedene Probefleckerl

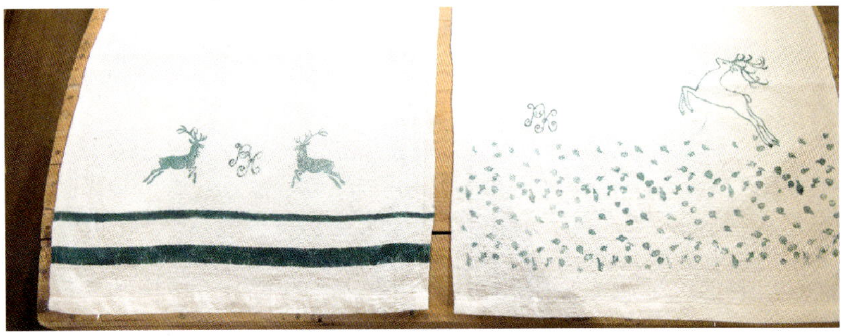

GESCHIRRTÜCHER, GRÜN

Altes Reinleinen,
ca. 45 cm x 60 cm (fertig genäht)

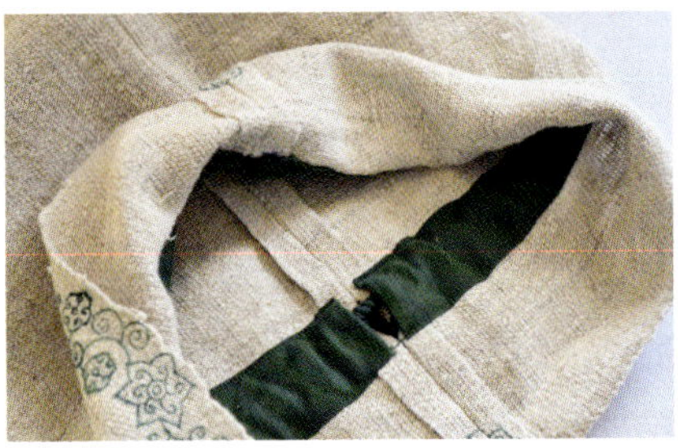

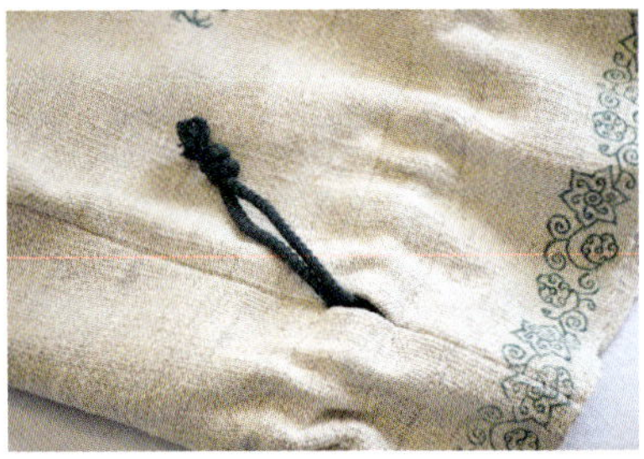

BROTSACK

Altes Reinleinen, 35 cm x 90 cm,
fertige Größe: ca. 33 cm x 45 cm
70 cm Köperband, 35 mm breit, grün
(oder Ähnliches)
2 x 1 m Baumwollkordel

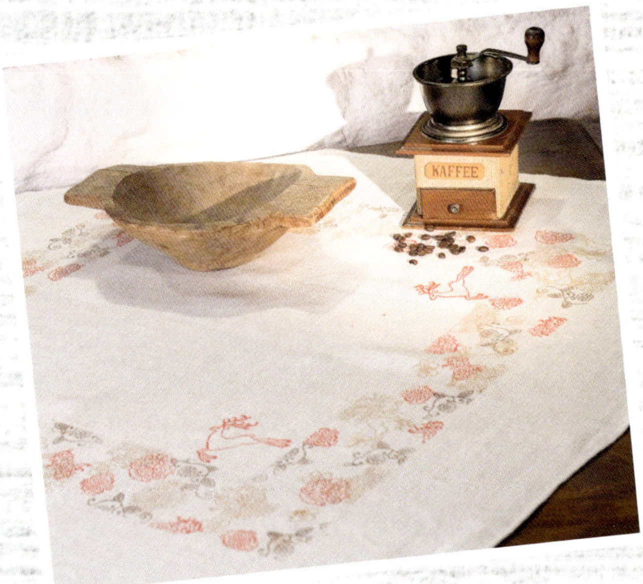

TISCHTUCH

Altes Bauernleinen, 100 cm x 100 cm
3 verschiedene Farben (Hellbraun, Dunkelbraun, Rot)
mehrere verschiedene Holzstempel

Mit dem Malerkreppband einen ca. 10 cm breiten Kranz abkleben. Mit den 3 Farben und den Holzstempeln durcheinander in den abgeklebten Kranz drucken. Dabei die Stempel so platzieren, dass ein Teil des Motivs fast immer über den Rand (am Kreppband) hinausgeht. Man nennt dies „angeschnitten". Die Farbe trocknen lassen und das Kreppband vorsichtig abziehen, danach gut einbügeln. Zum Schluss in jede Ecke einen Hirschen drucken. Nach dem Trocknen nochmals gut einbügeln.

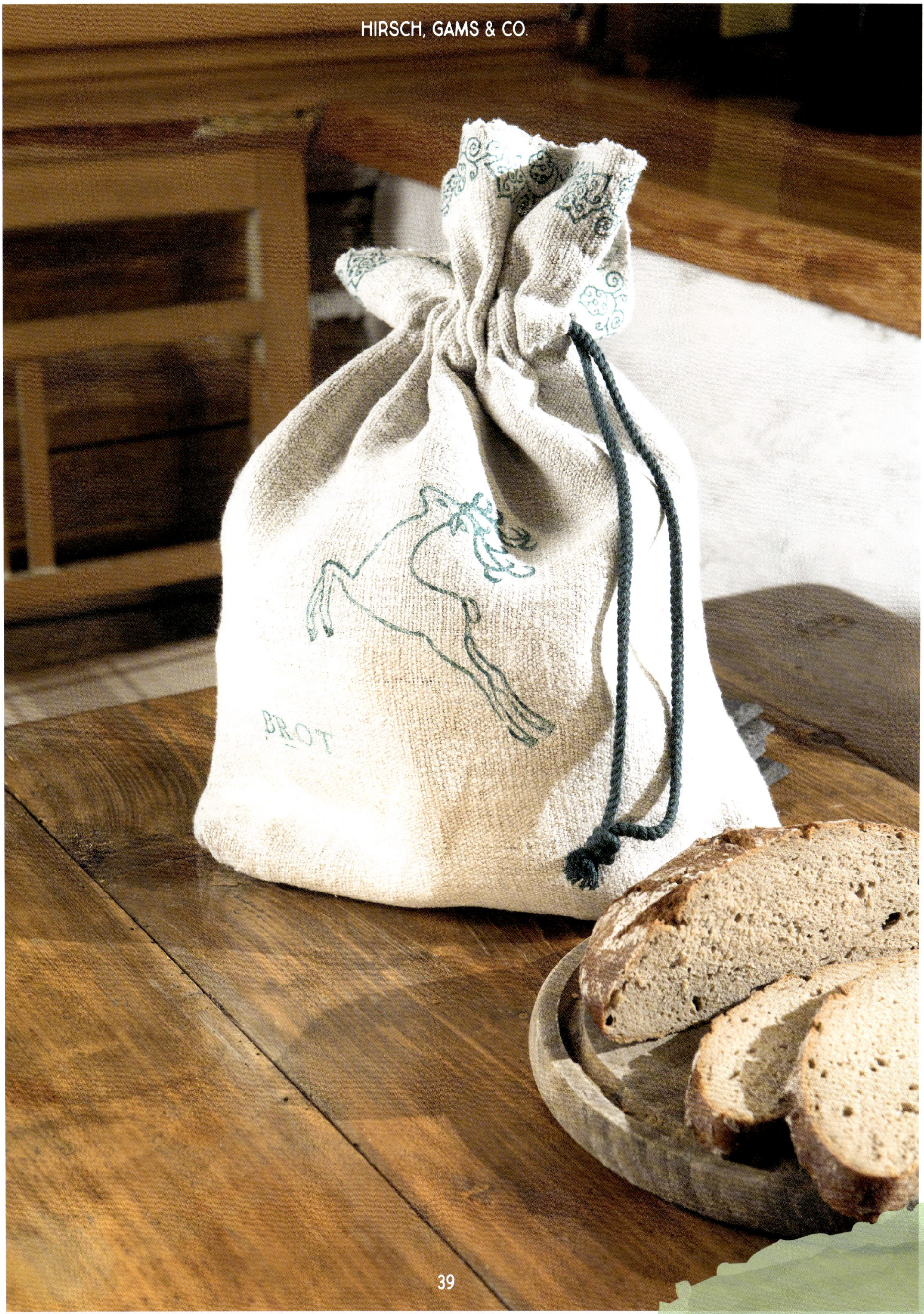
BROT

Schablonendruck

Wenn Sie keine große Schablone zur Verfügung haben oder der Holzstempel nicht passend ist, können Sie diese auch wie folgt selber machen.

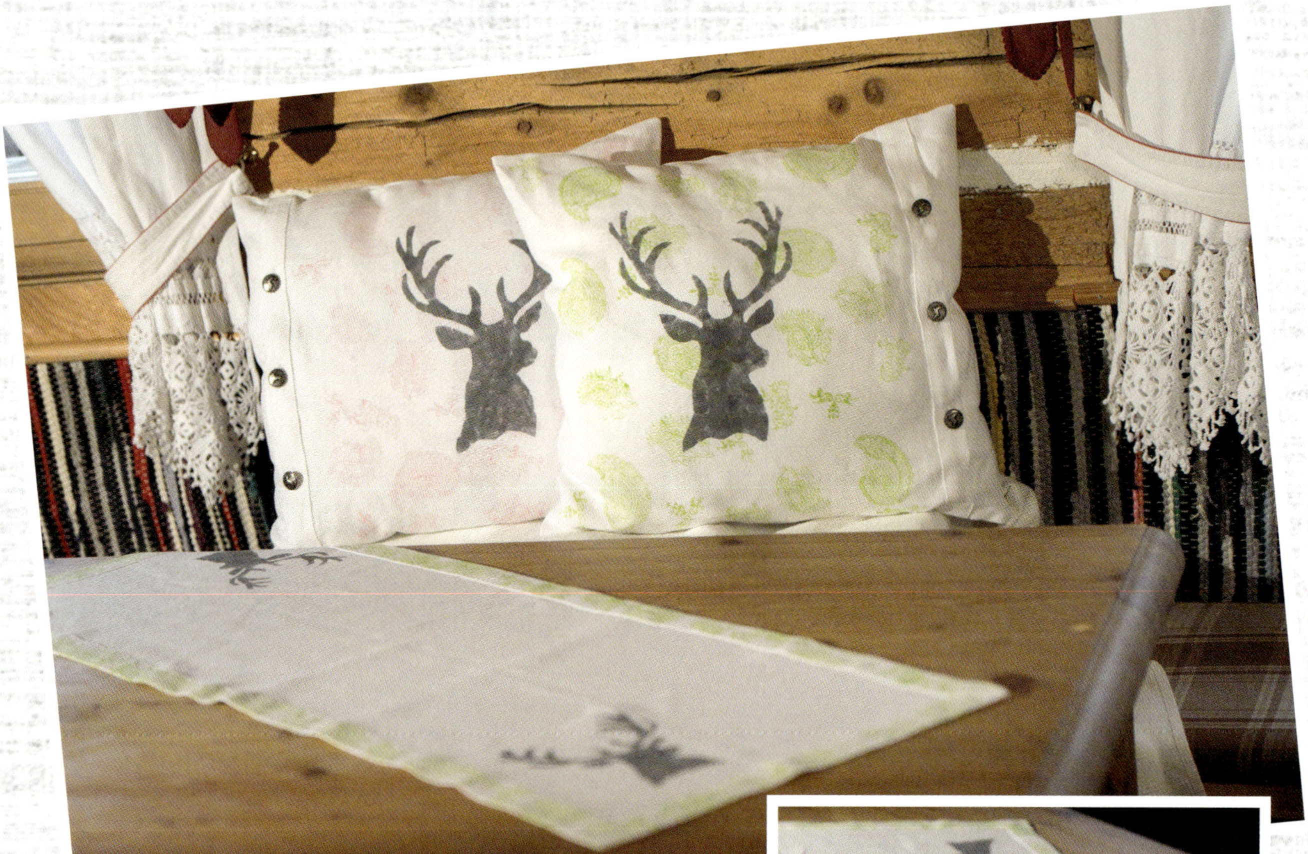

Das gewünschte Motiv auf ein stärkeres Papier (ca. 120 mg) übertragen und exakt ausschneiden.
Die Schablone auf die betreffende Stelle legen, mit Malerkreppband fixieren und mit einem Schwämmchen die Farbe auftragen (stupfen).
Vorsicht, dass nicht zu viel Farbe auf dem Schwämmchen ist, da diese sonst unter die Schablone läuft oder unterschiedliche Farbflecken im Motiv ergibt.

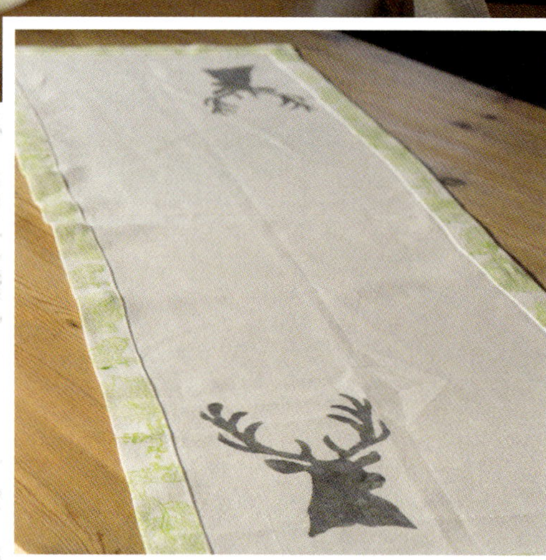

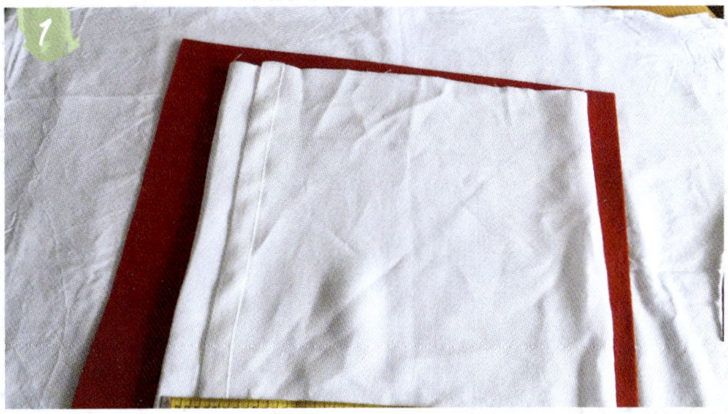

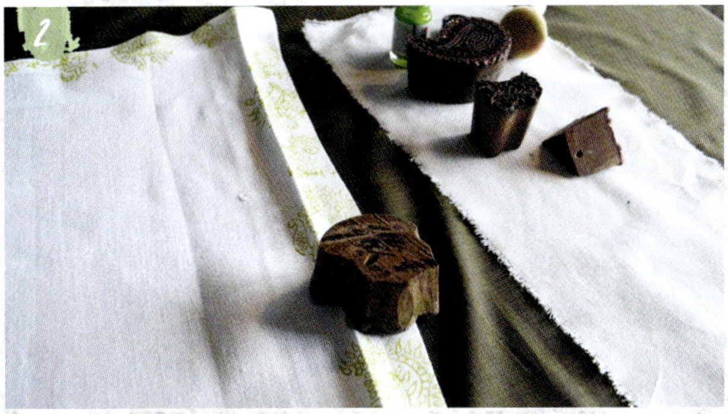

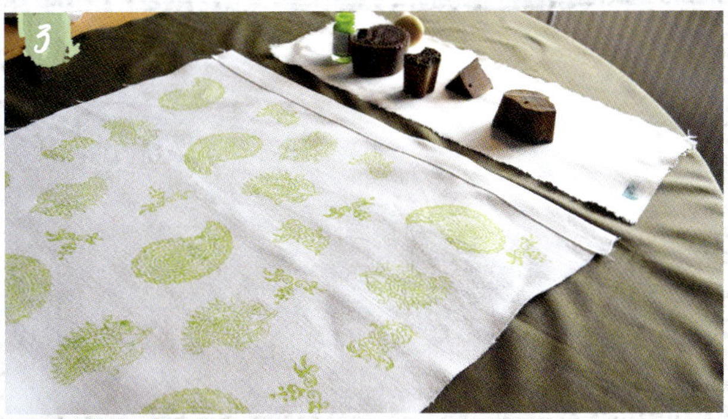

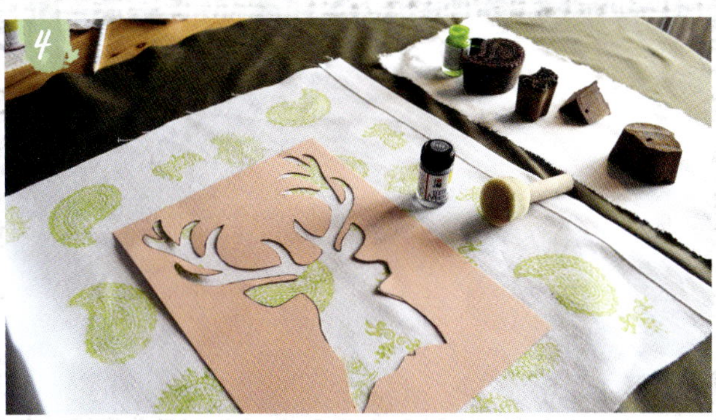

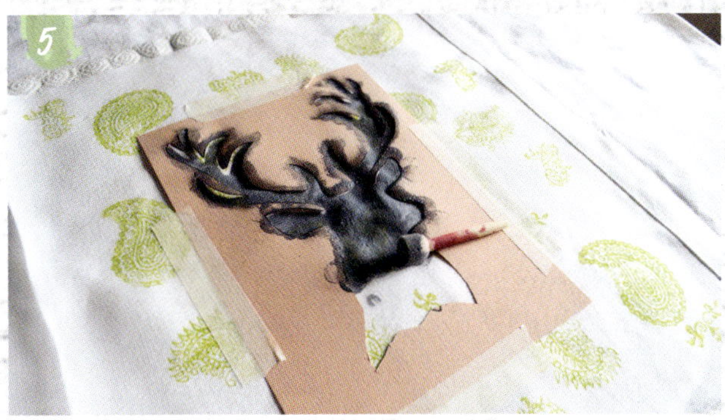

ZWEI KISSEN UND TISCHLÄUFER

Baumwollleinen, 110 cm x 48 cm je Kissen,
fertige Größe: 50 cm x 45 cm
je 3 Knöpfe pro Kissen
Stoff für den Tischläufer: 45 cm x 90 cm,
fertige Größe: 35 cm x 80 cm

KISSEN

Zuerst in das Kissen mindestens 2 Lagen Küchenpapier legen (damit sich die Farbe nicht auf die Rückseite durchdrückt) und das Kissen mit verschiedenen Holzstempeln durcheinander bedrucken.
Nach dem Trocknen die Farbe einbügeln. Danach die Schablone auflegen und mit dem Schwämmchen das Motiv stupfen.

TISCHLÄUFER

Den Rand rundherum 5 cm umbügeln. Diesen Rand auf der Rückseite mit verschiedenen Holzstempeln bedrucken. Nach dem Trocknen der Farbe gut einbügeln. Den Rand 5 cm nach vorne bügeln und niedernähen. In den Ecken ein so genanntes Brief- oder Kuverteck nähen (Videoanleitung unter diesem Begriff im Internet!).
Danach die Schablone auflegen und mit dem Schwämmchen das Motiv stupfen.
Auch hier die Farbe wieder gut einbügeln.

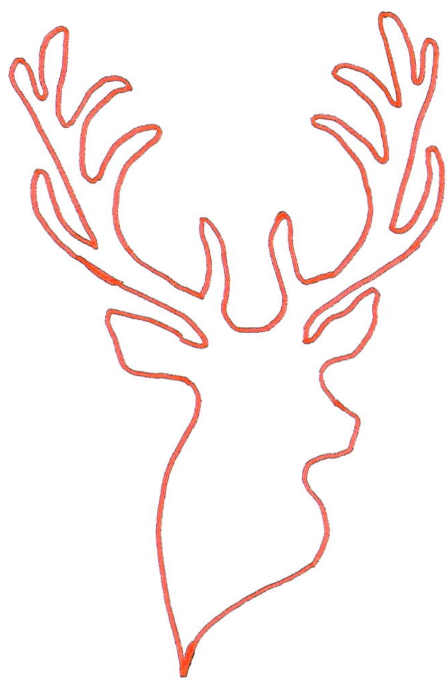

Gestickte Kissen & Decke mit Applikation

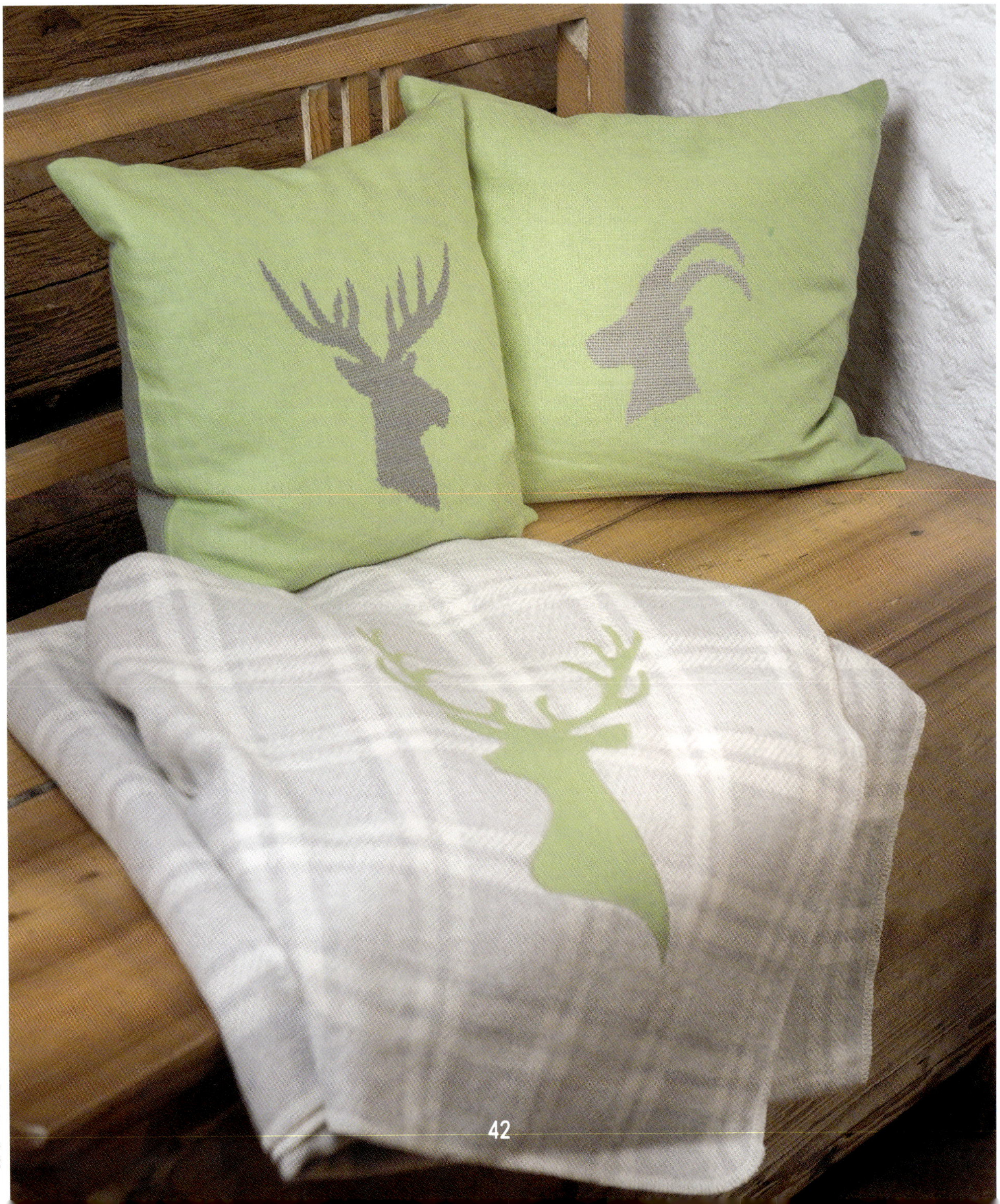

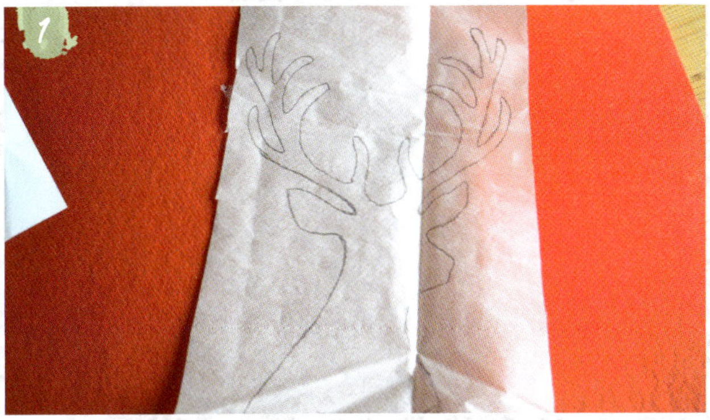

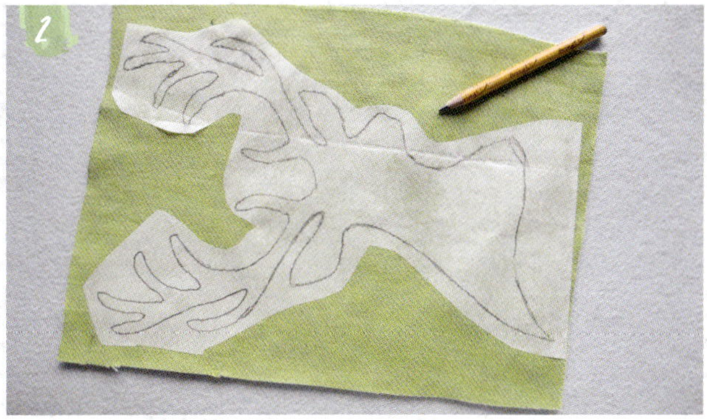

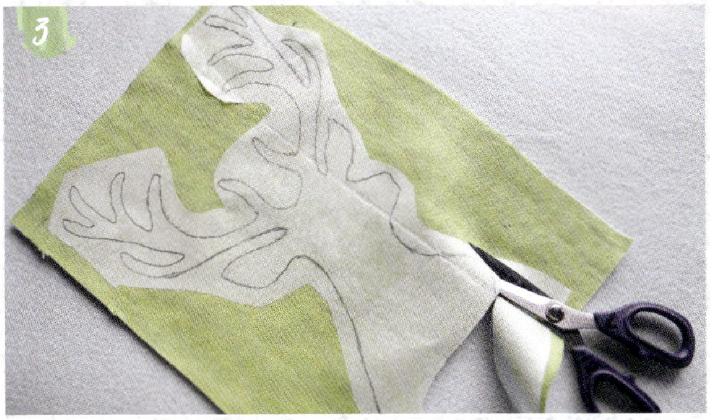

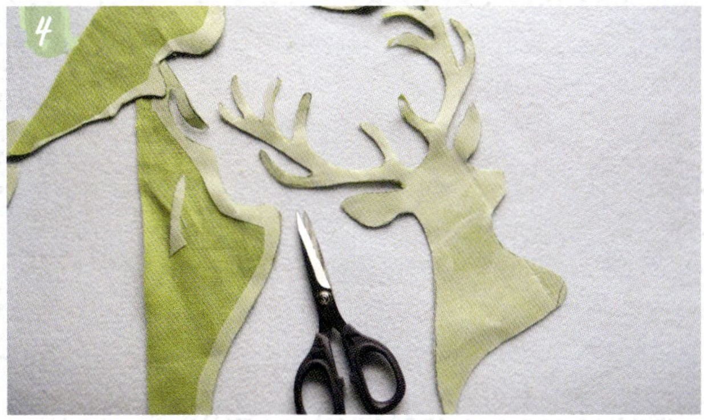

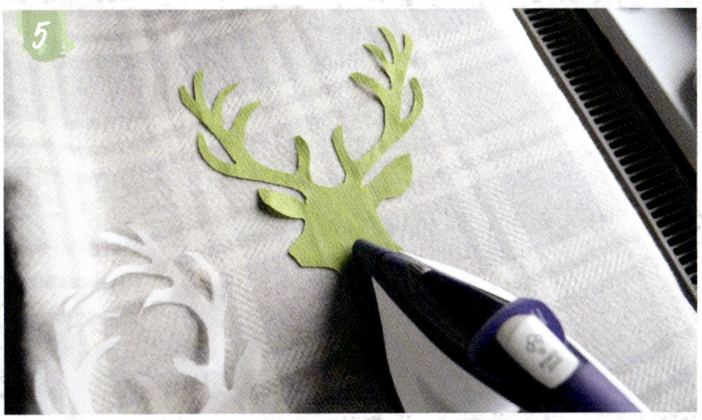

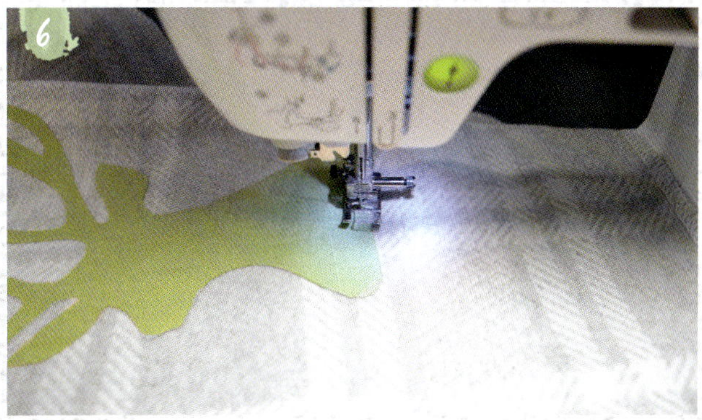

Für die Kissen wurde ein feines Leinen verwendet, aus dem normalerweise Kleidungsstücke genäht werden. In diesem Stoffsegment ist eine größere Farbenvielfalt zur Auswahl als bei herkömmlichen Stickstoffen. Der gleiche Stoff wurde auch für die Applikation verwendet.

Um bei den „Kreuzerln" ein Quadrat zu erzielen, stickt man bei diesem Stoff über 2 Fäden in der Breite und 3 Fäden in der Höhe. Da jeder Leinenstoff eine andere Struktur hat, ist eine Stickprobe unbedingt erforderlich.

KISSEN

VORLAGEN S. 56 unten und 60 rechts unten
Baumwollleinen,
fertige Größe des Kissens: 40 cm x 40 cm
Stoffzuschnitt: 90 cm x 45 cm , 1 Reißverschluss, 35 cm
je Motiv 1 Stren Stickgarn (Mouliné)

DECKE

VORLAGE S. 41
Das Motiv auf die Papierseite der Klebebügeleinlage mit einem Bleistift durchpausen. Die Bügeleinlage auf den Stoff aufbügeln. Das Motiv nun exakt ausschneiden, das Papier abziehen und mit der Klebeseite nach unten auf die gewünschte Stelle der Decke platzieren und festbügeln. Eventuell ein Baumwolltuch über die Applikation legen, falls die Decke nicht viel Temperatur verträgt.
Mit einem schmalen Zickzack-Stich um die Applikation exakt herumnähen.

Servietten, bestickt

Auf einem schön gedeckten Tisch sind bestickte Stoffservietten das Tüpfelchen auf dem I.

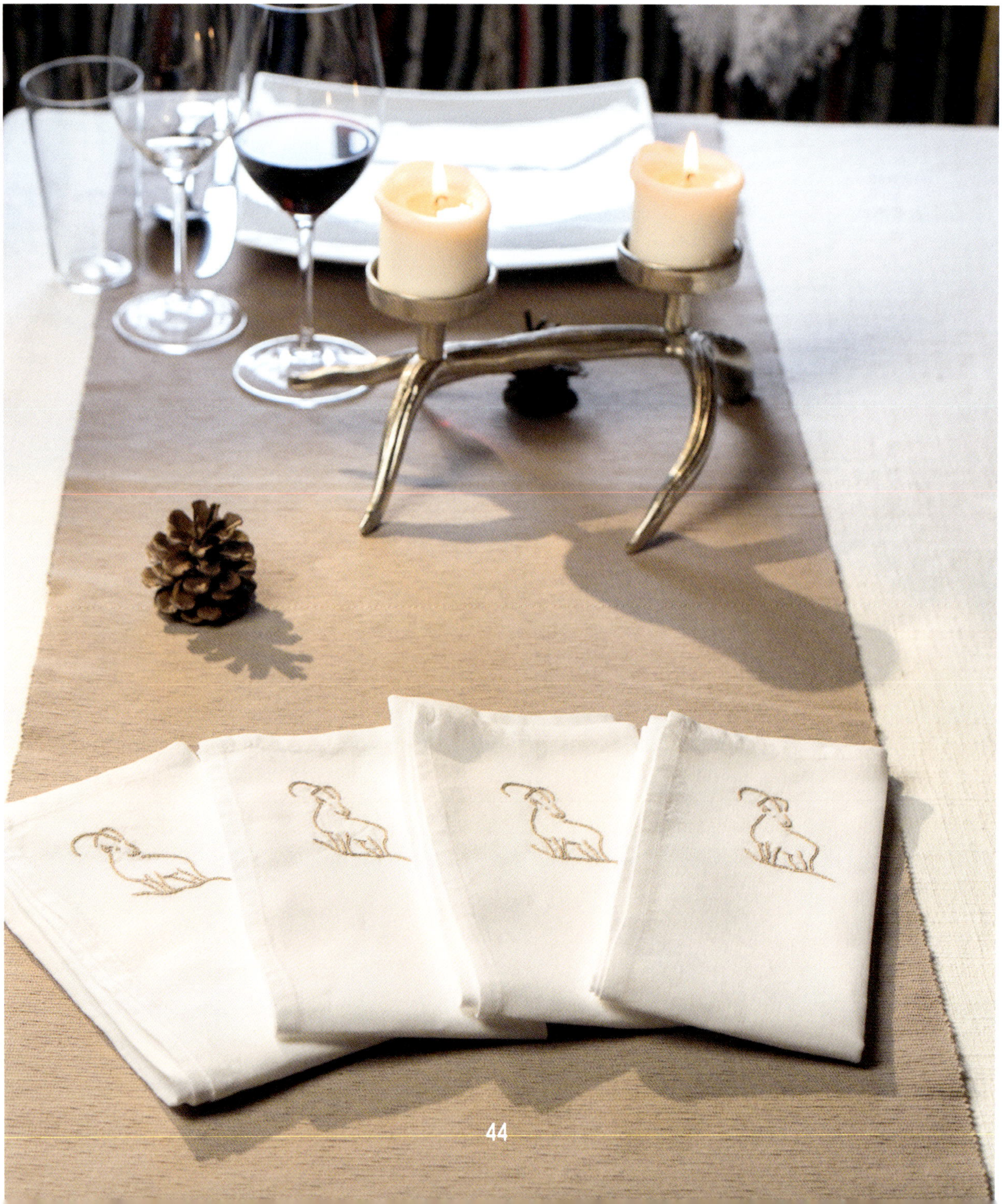

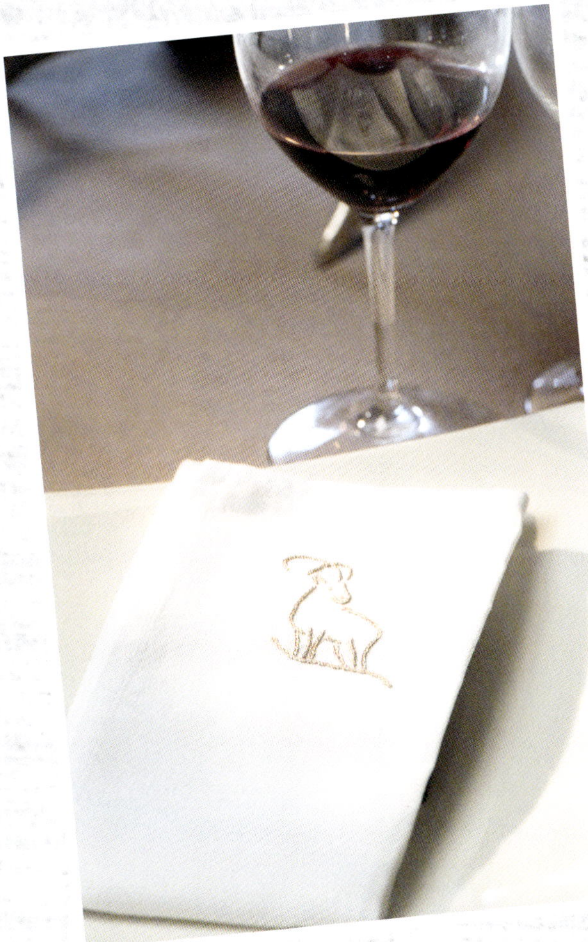

SERVIETTEN

Beliebige Anzahl an Servietten aus feinem Leinen, ca. 45 cm x 45 cm
Knopflochseide oder Moulinégarn (1 Faden) in der ausgewählten Farbe
Bügelmusterstift
Butter- oder Jausenpapier
1 feine spitze Nadel mit großem Öhr (spitze Sticknadel)

Das Motiv mit dem Bügelmusterstift auf das Butterpapier durchpausen (Achtung – spiegelverkehrt) und mit der gezeichneten Seite auf die gewünschte Stelle der Serviette legen. Mit dem Bügeleisen – ohne Dampf! – das Motiv aufbügeln. Nun mit einem ganz kleinen Kettenstich die Linien nachsticken.
Die Stiche sollten nicht größer als ca. 2–3 mm sein.
Die Servietten nach dem Sticken waschen, denn dabei verschwindet die Farbe vom Bügelstift.

Tipp: Sollten Sie nicht wissen, wie man den Kettenstich macht, gibt es dafür im Internet unzählige Anleitungsvideos. Vor Beginn des Stickens empfehle ich, so lange auf einem Probefleckerl zu sticken, bis der Stich schön gleichmäßig ist.

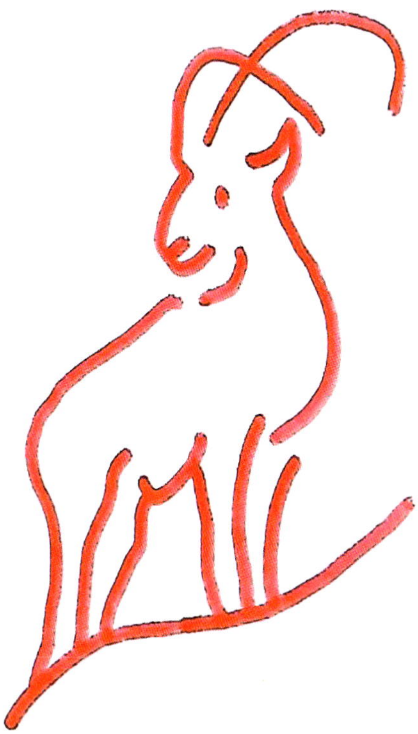

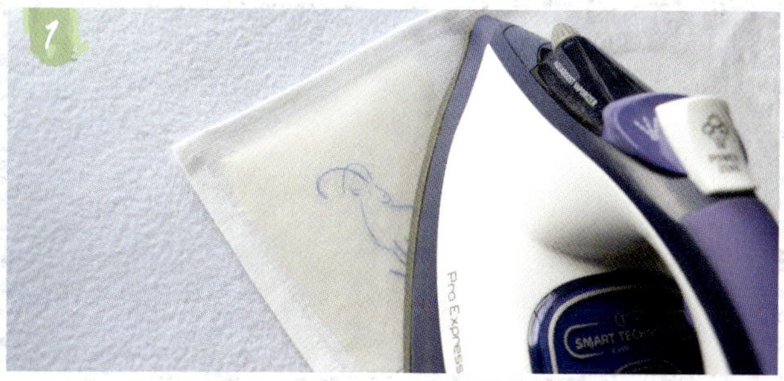

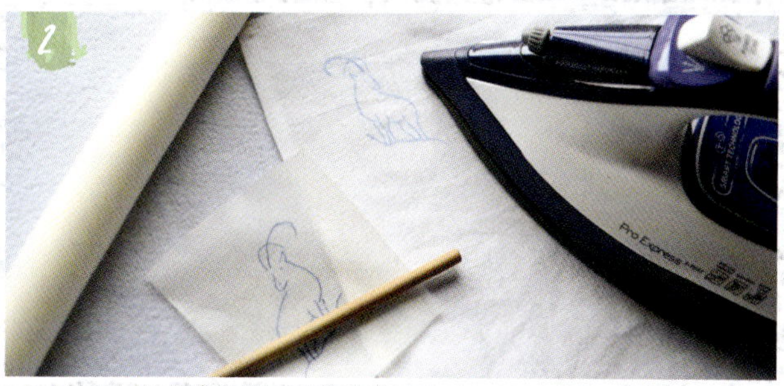

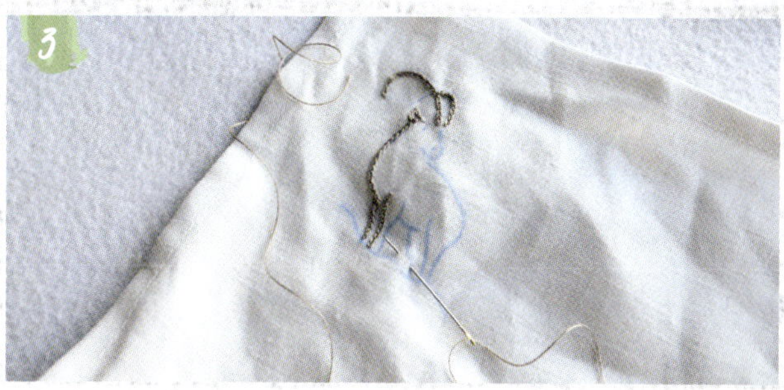

Kleine Motive

Oft braucht man für kleine Projekte kleine Motive. Auf Lavendel- oder Zirbensäckchen sehen diese Motive besonders nett aus. Diese und noch viele andere Motive finden Sie auf den Seiten 93 bis 96.

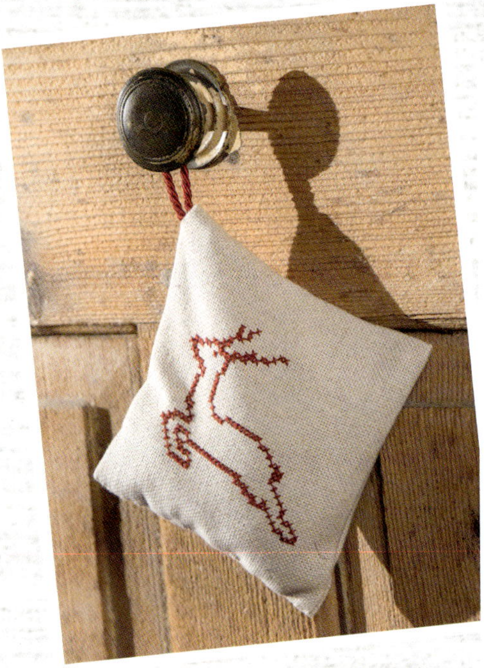

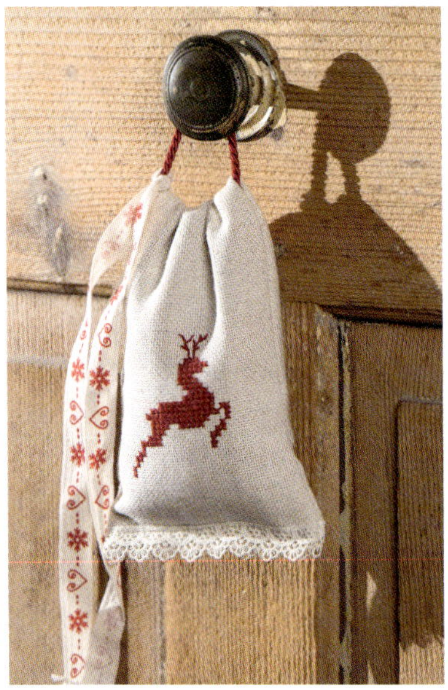

Für die Säckchen wurden Stoffreste verwendet, wobei sich die Größe der jeweiligen Säckchen individuell nach der Größe des Stoffrestes richtet. Aus meinem Restekörbchen stammen auch die dazupassenden Bänder und Kordeln.

Auch das Brotkorbdeckchen und der Brotbeutel können mit kleinen Motiven bestickt werden.

LAVENDELSÄCKCHEN

Reste von Flockenbast, 8-fädig
Mouliné, 4 Fäden

Das Motiv im unteren Drittel des Stoffes aufsticken. Den unteren Rand nach innen bügeln. Die beiden Seitennähte nähen und dabei oben ca. 1 cm offen lassen. Die Kordel einziehen und gut verknoten. Den Lavendel einfüllen und die untere Naht ebenfalls verschließen. Mit bunten Bändern verzieren.

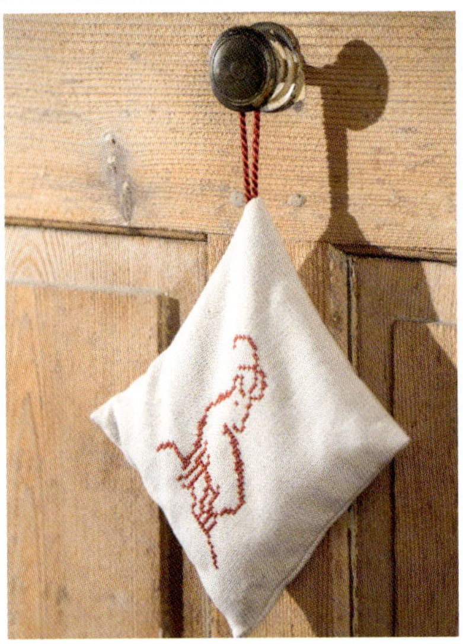

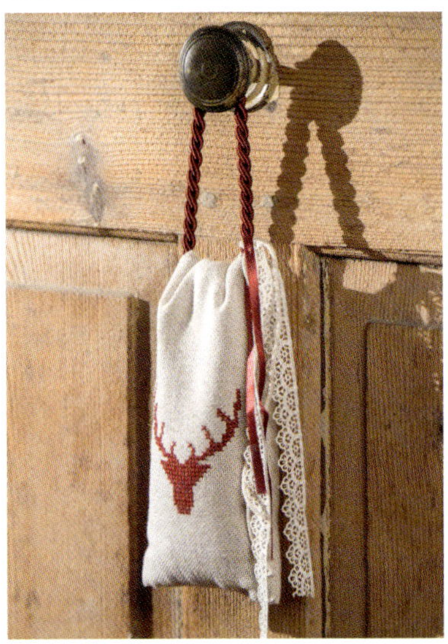

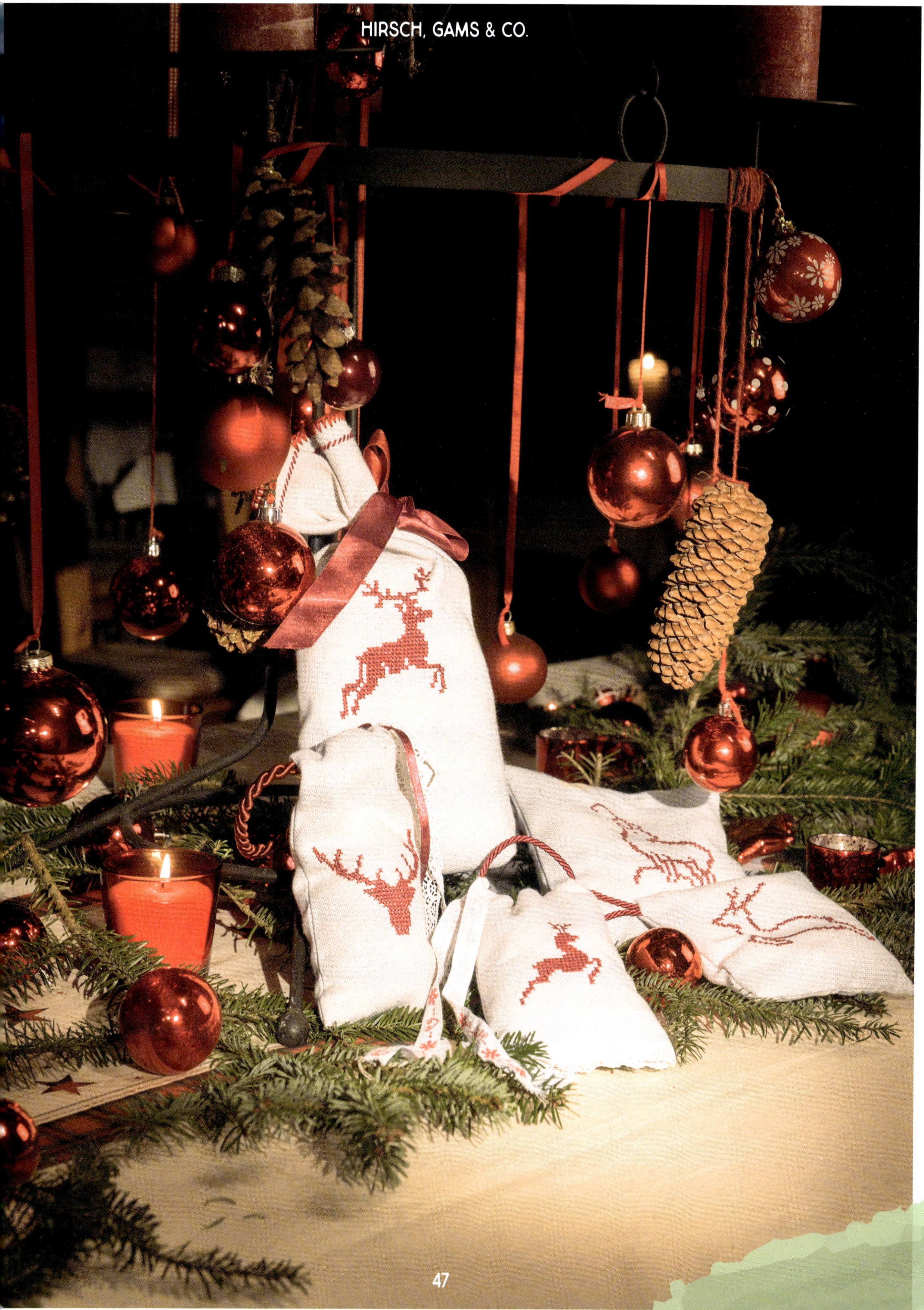

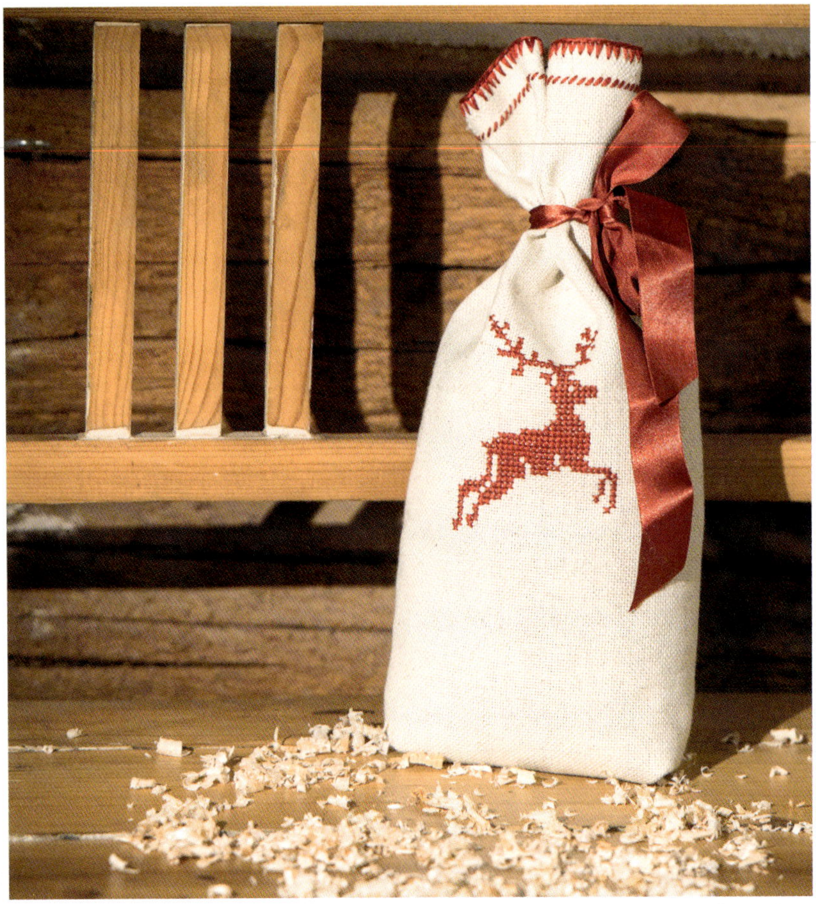

ZIRBENSPÄNE-SÄCKCHEN

VORLAGE S. 94
Flockenbast, 8-fädig,
ca. 35 cm x 35 cm
Mouliné, 4 Fäden
Zirbenspäne
Band oder Kordel

Das Motiv ca. in die Mitte des Stoffes sticken. Die Längsnaht zusammennähen. Danach den Stoff so legen, dass das Motiv vorne und die Naht hinten ist. Nun die Bodennaht nähen. Alles bügeln und wenden. Anschließend den oberen Rand mit dem Stickgarn mit festen Maschen umhäkeln und ca. 1 cm darunter noch eine Reihe mit einem ½ Kreuzstich besticken. Mit Zirbenspänen befüllen und mit dem Band/der Kordel zubinden.

BROTKORB-DECKCHEN

VORLAGE S. 86 rechts oben
Leinenstoff, 8-fädig (nicht zacken/endeln!), 40 cm x 40 cm
Mouliné, 3 Fäden

Das Motiv in die Mitte des Stoffes aufsticken. Den Musterrand ca. 3 cm vom Rand entfernt aufsticken. Danach die Fäden für die Fransen ausziehen und etwas gleichschneiden (die fertige Länge der Fransen misst ca. 2,5 cm).

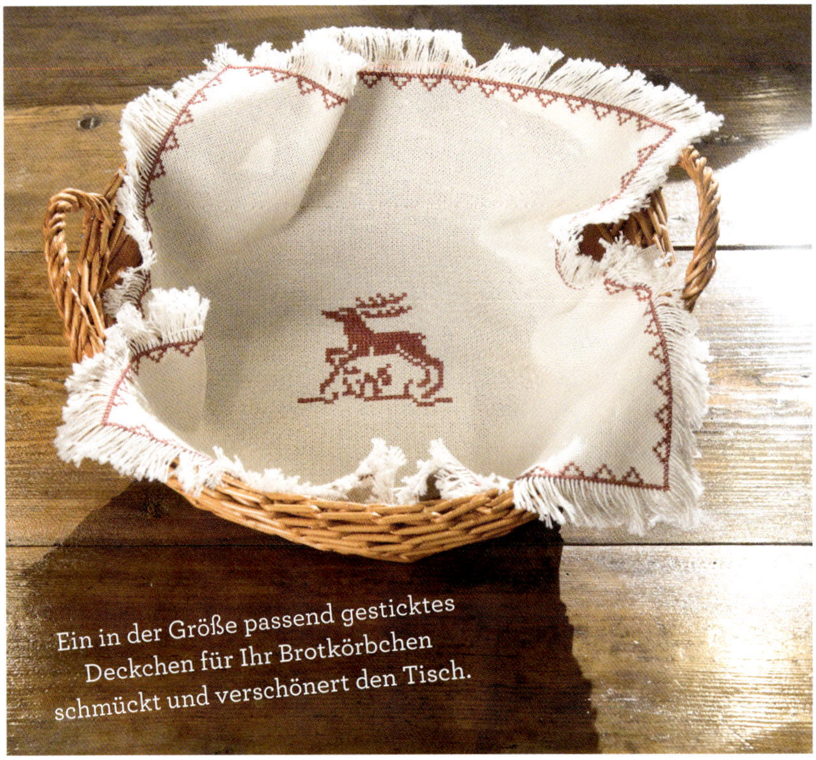

Ein in der Größe passend gesticktes Deckchen für Ihr Brotkörbchen schmückt und verschönert den Tisch.

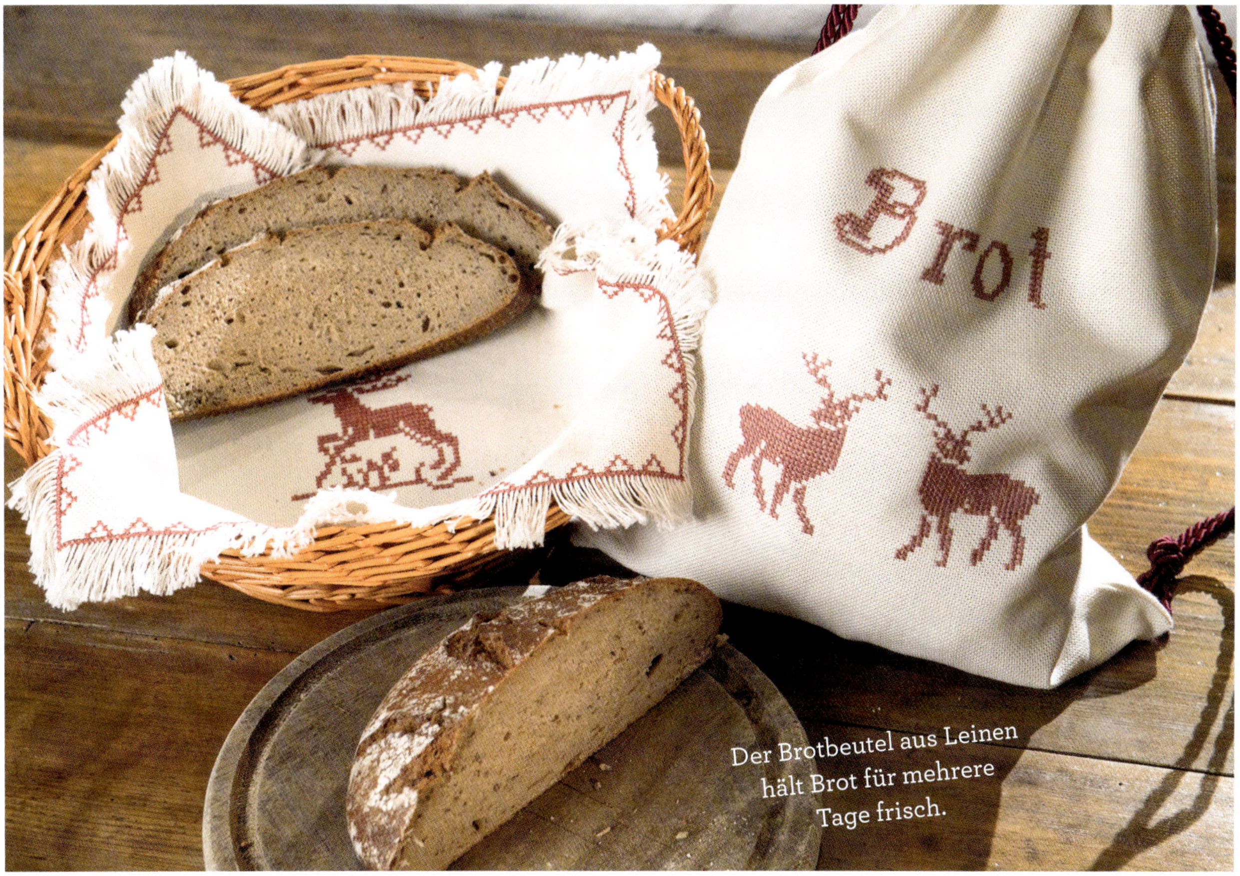

Der Brotbeutel aus Leinen hält Brot für mehrere Tage frisch.

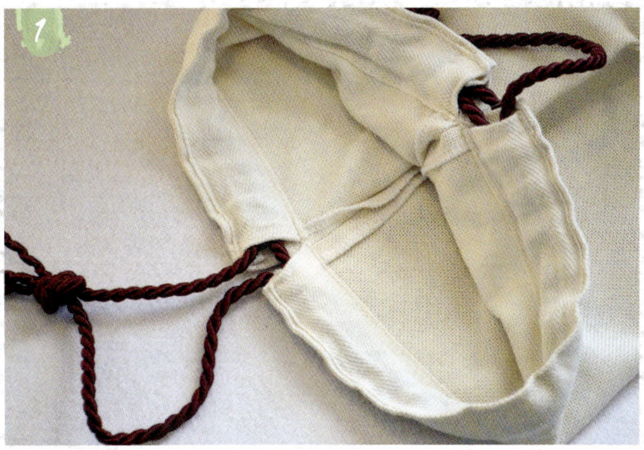

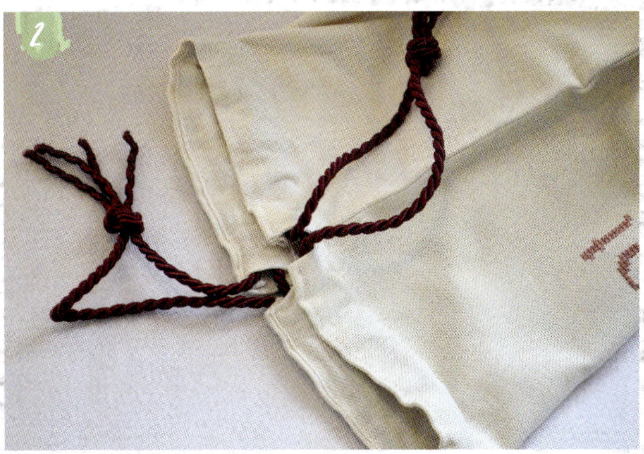

BROTBEUTEL

VORLAGE S. 86 links oben
Leinenstoff, 8-fädig, 35 cm x 90 cm
Mouliné, 3 Fäden
Köperband, 70 cm lang, 35 mm breit, naturfarben (oder Ähnliches)
2 x 1 m Baumwollkordel

Tipp: Ein Brotbeutel sollte aus 100-%-Leinenstoff sein. Leinen speichert Feuchtigkeit und ist luftdurchlässig.

Das Motiv aufsticken. Den Stoff zur Hälfte falten und die Seitennähte zusammennähen, dabei beim oberen Rand ca. 2 cm offen lassen.
An der inneren oberen Kante das Köperband so aufnähen (Kordeltunnel), dass bei der Seitennaht ein Schlitz entsteht.

Die Baumwollkordeln gegenseitig in den Kordeltunnel einziehen und die Enden miteinander verknoten.

Vorhang

Farblich sehr dezent gehalten, kommt die Stickerei erst durch das Gegenlicht am Fenster zur Geltung. Das etwas unregelmäßig gewebte Siebleinen ist zwar unhandlicher beim Sticken, der Effekt ist dafür aber umso lebendiger.

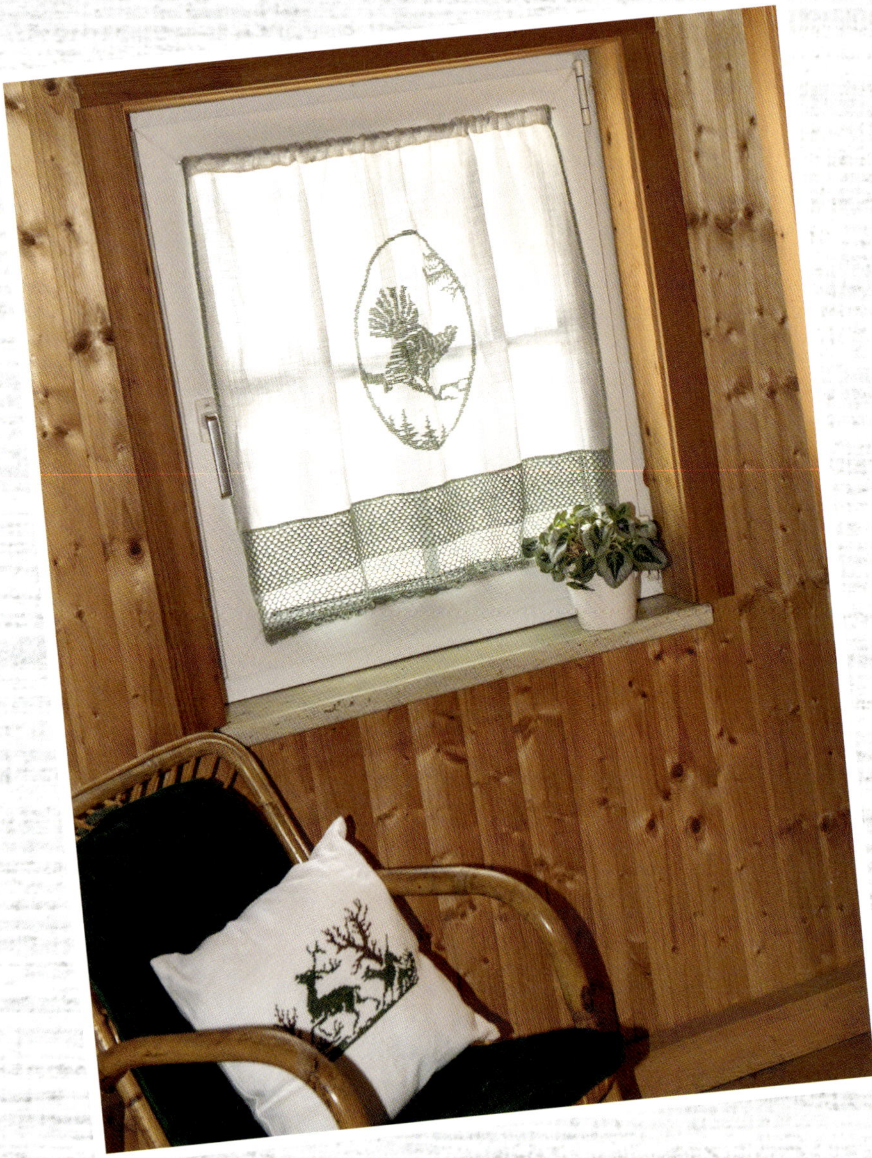

VORHANG

VORLAGE S. 72 oben
Feines Siebleinen
Perlgarn Nr. 8: 1 Knäuel für die Stickerei, 4 Knäuel für die Spitze

Das Motiv wird mittig auf den Stoff gestickt.
Am oberen Rand für die Gardinenstange einen 4 cm breiten Saum nähen.
Die restlichen drei Seiten mit der Nähmaschine im Zickzack versäumen und mit festen Maschen umhäkeln.
Die untere Seite mit einer beliebigen Häkelspitze verschönern.

Mustertuch

Anhand dieses Mustertuches aus dem Jahre 1844 sieht man, wie wichtig die Darstellung von Tieren in der Volkskunst war.

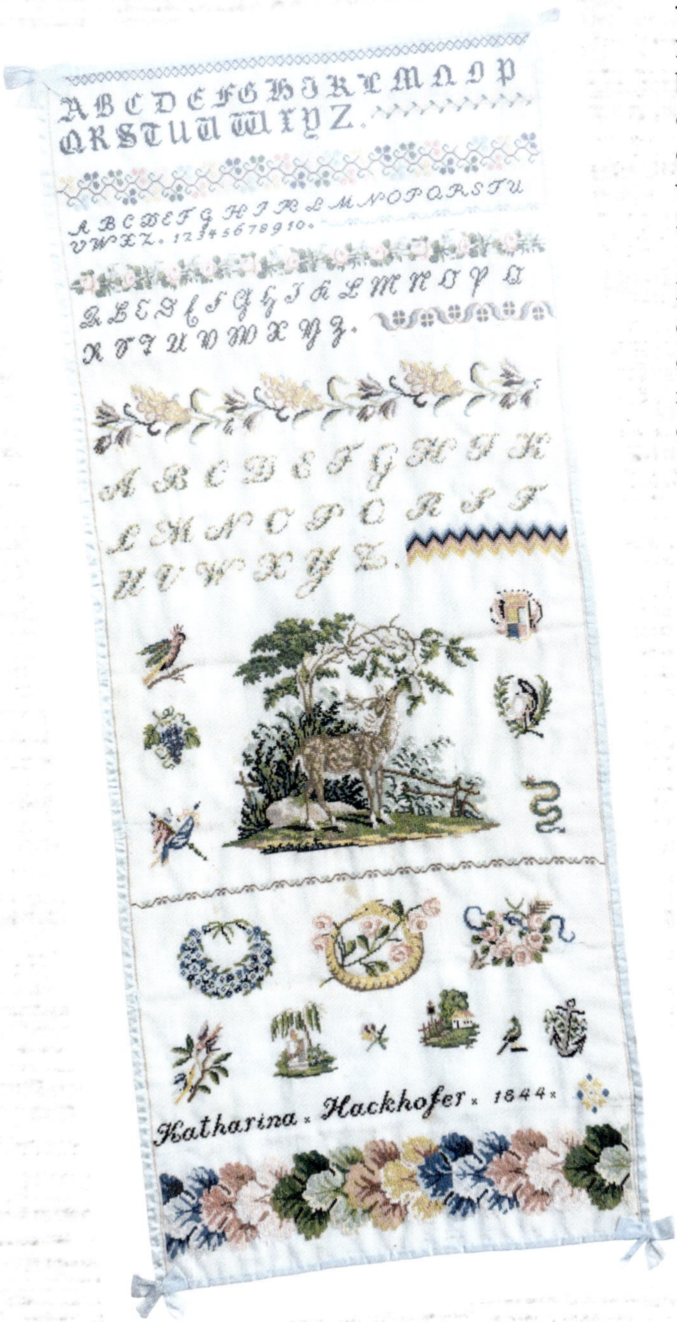

VORLAGE S. 79 unten
Beim Abzeichnen dieser Darstellung ist mir erst bewusst geworden, mit welcher Detailverliebtheit dieses Mustertuch gestickt wurde. Um der Szene eine Tiefe zu verleihen, wurden unzählige Farben verwendet und das oft auch nur über wenige Stiche.

Da das Leinen sehr unregelmäßig ist, sind auch die Kreuzerl unterschiedlich groß. Deshalb ist das Übertragen in eine Stickvorlage sehr schwierig und kann aus diesem Grund nur annähernd dem Original ähnlich sein.

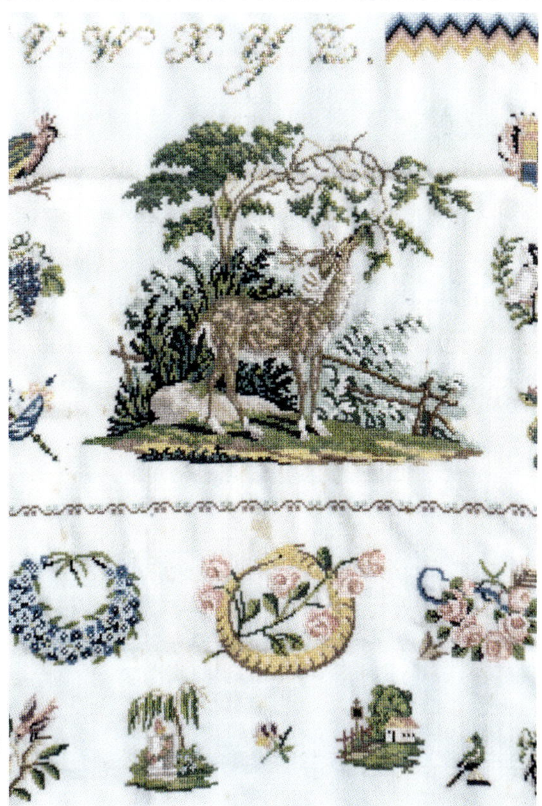

Alte Schätze

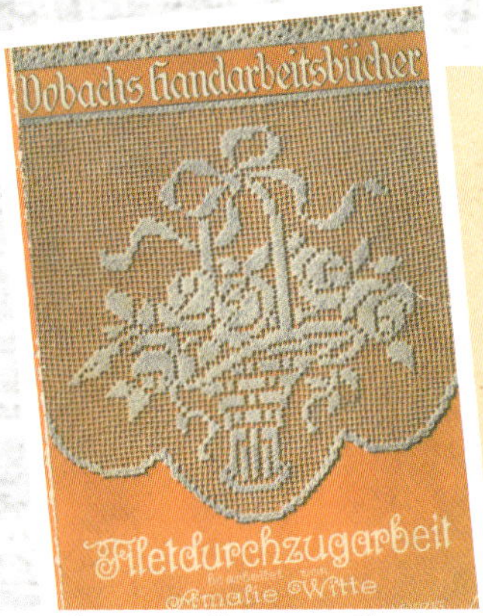

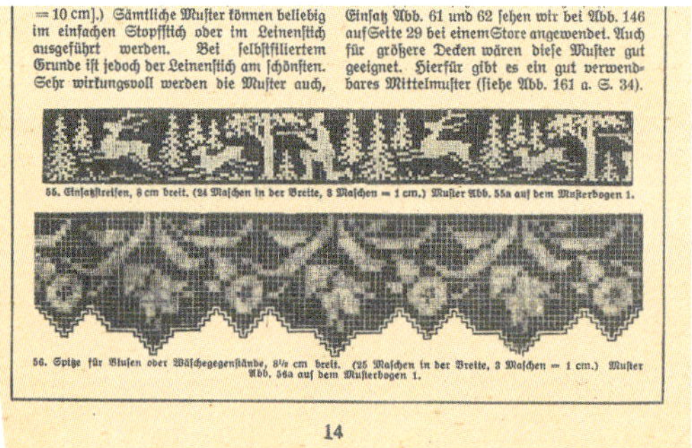

= 10 cm].) Sämtliche Muster können beliebig im einfachen Stopfstich oder im Leinenstich ausgeführt werden. Bei selbstfiliertem Grunde ist jedoch der Leinenstich am schönsten. Sehr wirkungsvoll werden die Muster auch, Einsatz Abb. 61 und 62 sehen wir bei Abb. 146 auf Seite 29 bei einem Store angewendet. Auch für größere Decken wären diese Muster gut geeignet. Hierfür gibt es ein gut verwendbares Mittelmuster (siehe Abb. 161 a. S. 34).

55. Einsatzstreifen, 8 cm breit. (24 Maschen in der Breite, 3 Maschen = 1 cm.) Muster Abb. 55a auf dem Musterbogen 1.

56. Spitze für Blusen oder Wäschegegenstände, 8½ cm breit. (25 Maschen in der Breite, 3 Maschen = 1 cm.) Muster Abb. 56a auf dem Musterbogen 1.

14

Ich war selbst überrascht, als ich beim Durchblättern des Buches diese Vorlage entdeckt habe.

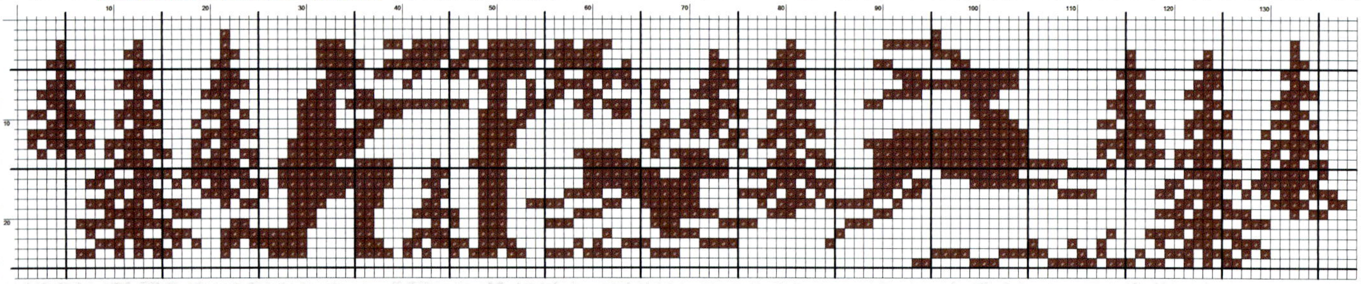

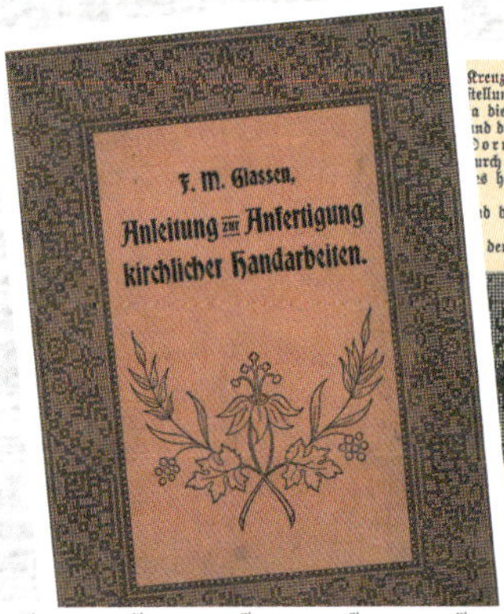

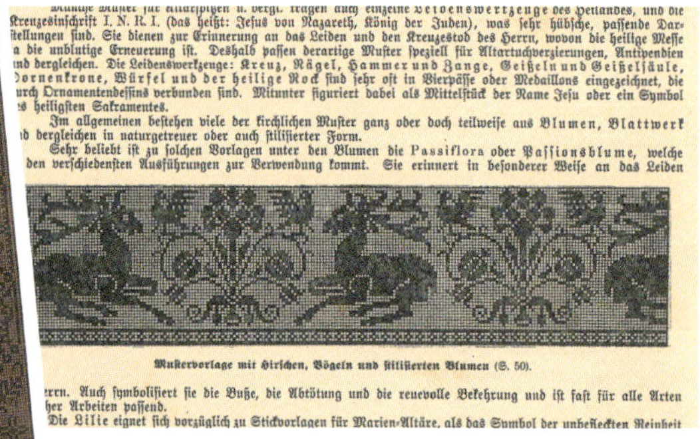

[illegible]
Kreuzesinschrift I. N. R. I. (das heißt: Jesus von Nazareth, König der Juden), was sehr hübsche, passende Darstellungen sind. Sie dienen zur Erinnerung an das Leiden und den Kreuzestod des Herrn, wovon die heilige Messe a die unblutige Erneuerung ist. Deshalb passen derartige Muster speziell für Altartuchverzierungen, Antipendien ind dergleichen. Die Leidenswerkzeuge: Kreuz, Nägel, Hammer und Zange, Geißeln und Geißelsäule, Dornenkrone, Würfel und der heilige Rock sind sehr oft in Vierpässe oder Medaillons eingezeichnet, die urch Ornamentendessins verbunden sind. Mitunter figuriert dabei als Mittelstück der Name Jesu oder ein Symbol es heiligsten Sakramentes.

Im allgemeinen bestehen viele der kirchlichen Muster ganz oder doch teilweise aus Blumen, Blattwerk nd dergleichen in naturgetreuer oder auch stilisierter Form.

Sehr beliebt ist zu solchen Vorlagen unter den Blumen die Passiflora oder Passionsblume, welche den verschiedensten Ausführungen zur Verwendung kommt. Sie erinnert in besonderer Weise an das Leiden

Mustervorlage mit Hirschen, Vögeln und stilisierten Blumen (S. 50).

errn. Auch symbolisiert sie die Buße, die Abtötung und die reuevolle Bekehrung und ist fast für alle Arten her Arbeiten passend.

Die Lilie eignet sich vorzüglich zu Stickvorlagen für Marien-Altäre, als das Symbol der unbefleckten Reinheit

Ganz egal, welche Stickvorlagen-sammlung man ansieht, dieses Motiv ist allgegenwärtig und wurde bis heute schon unzählige Male gestickt.

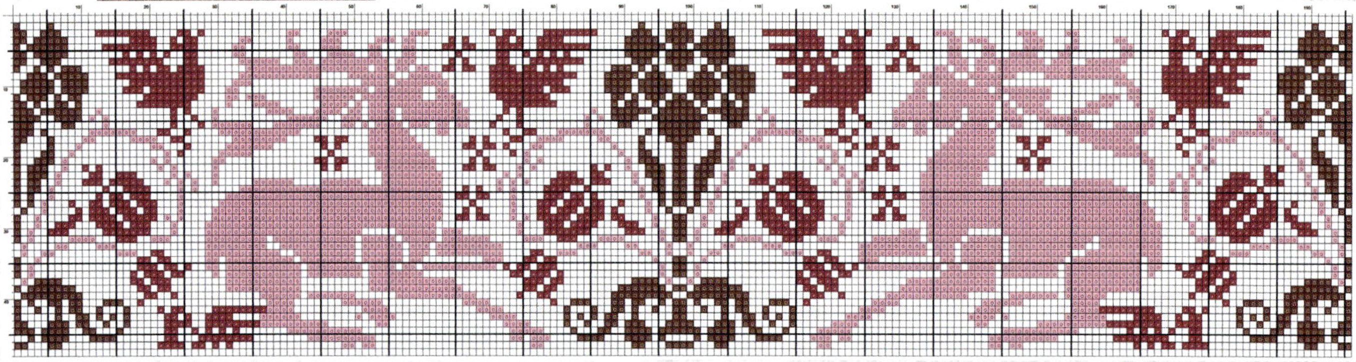

Motivvorlagen

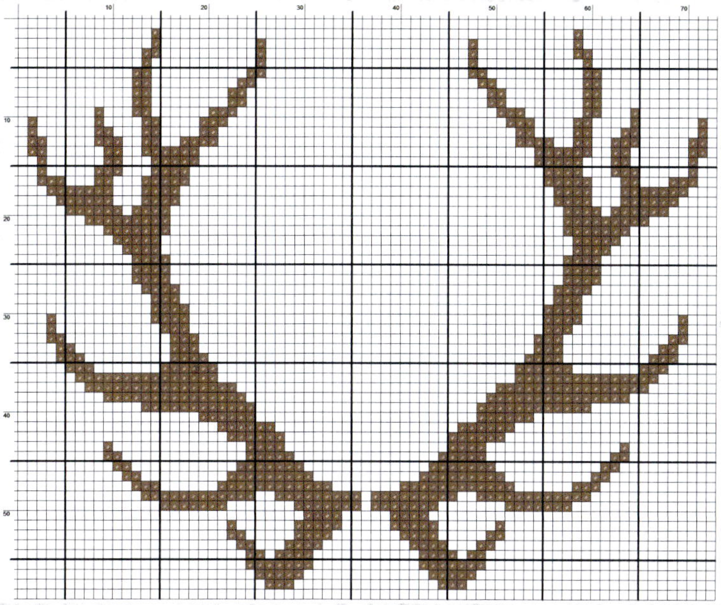

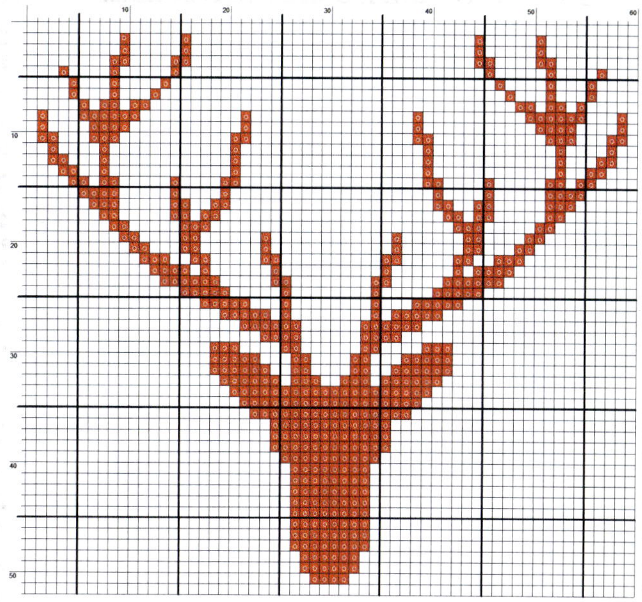

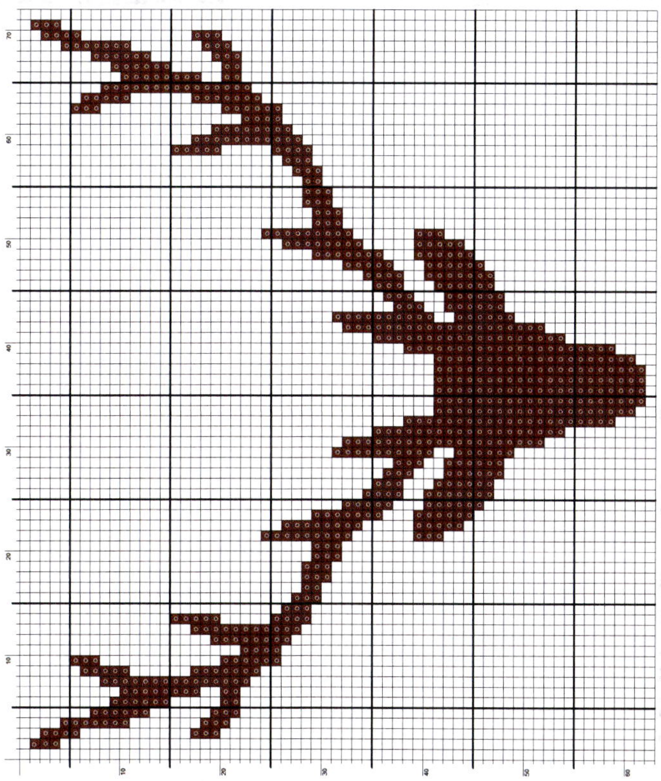

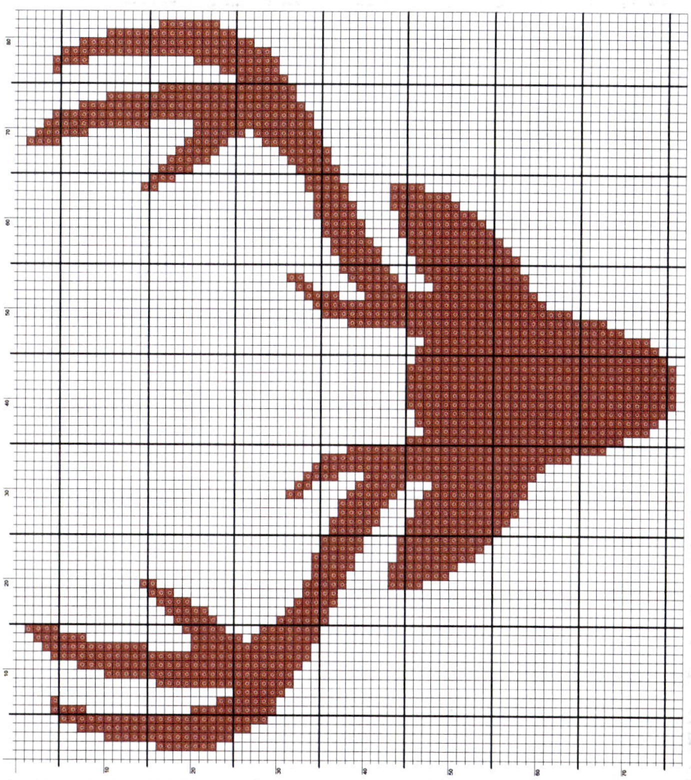

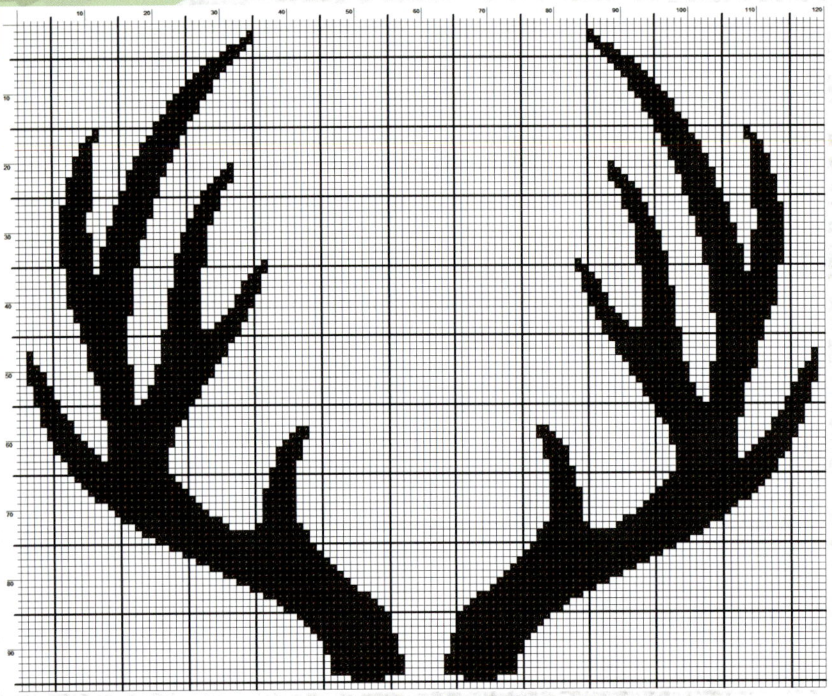

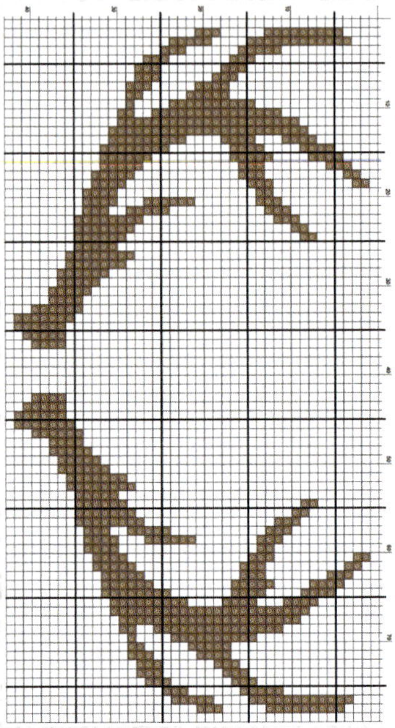

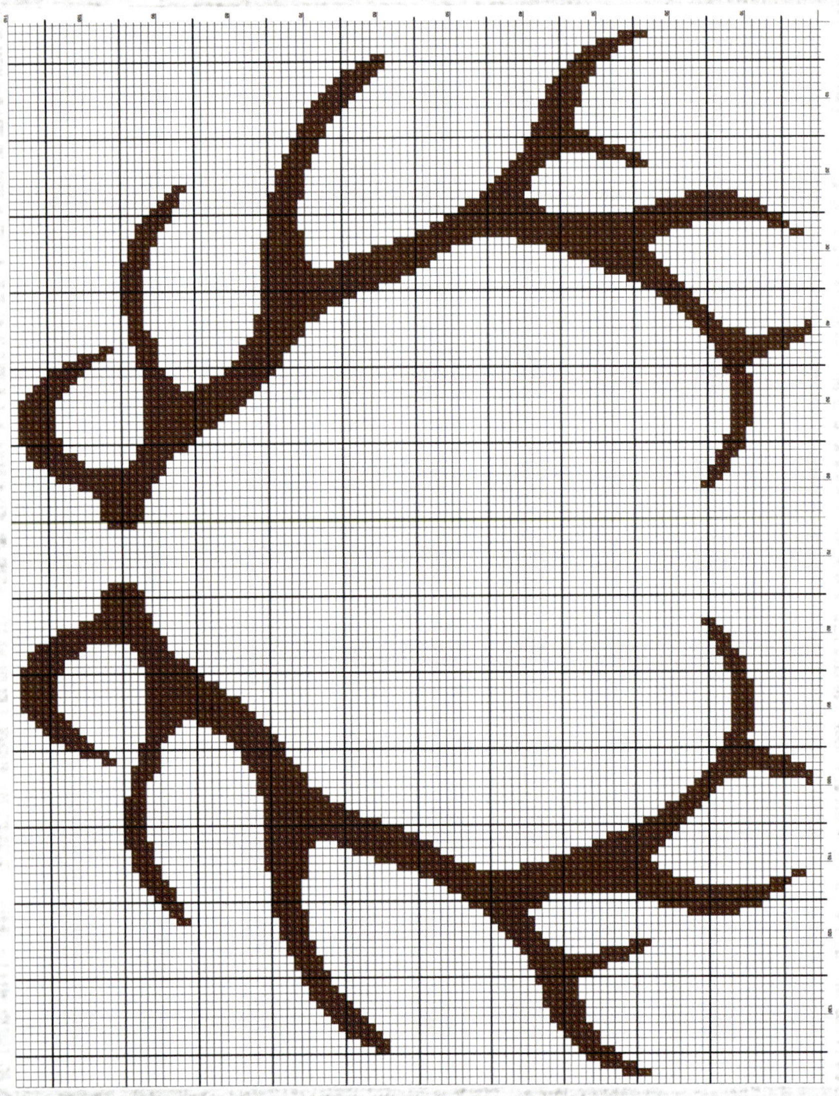

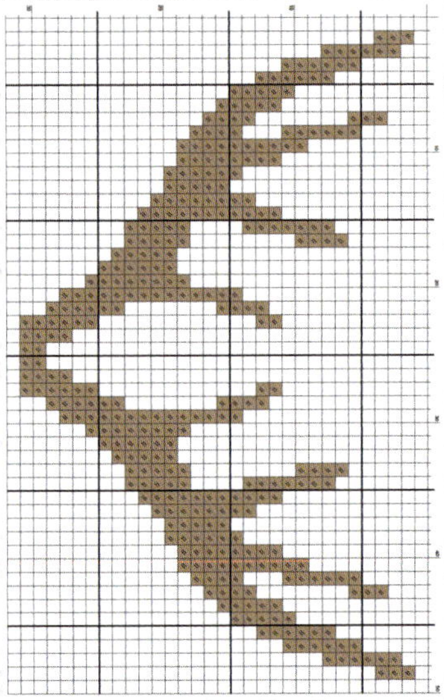

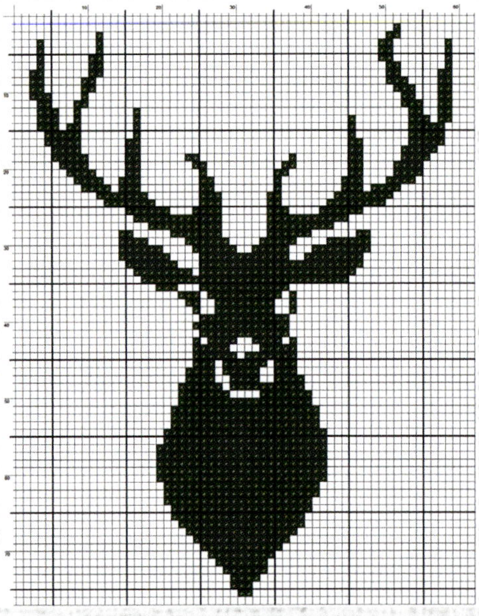

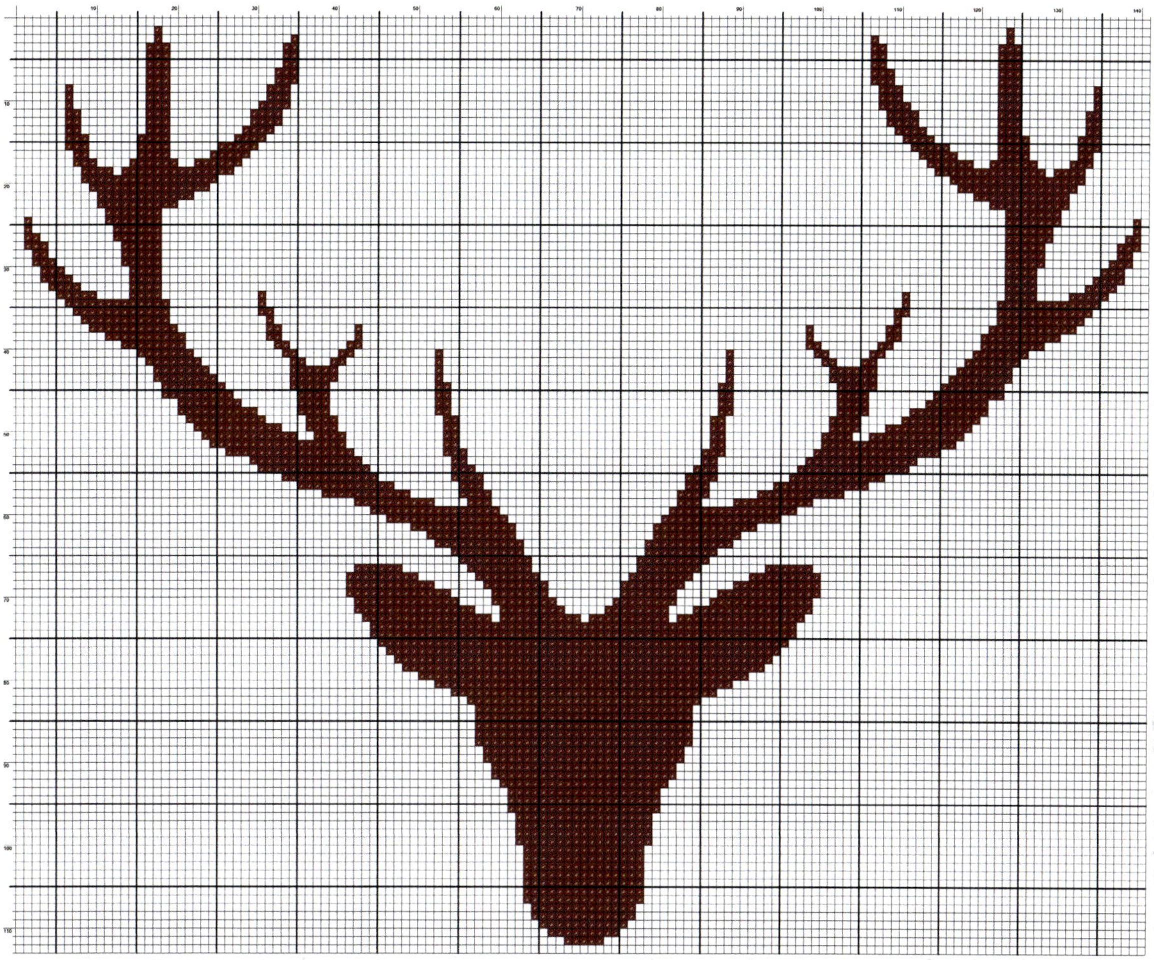

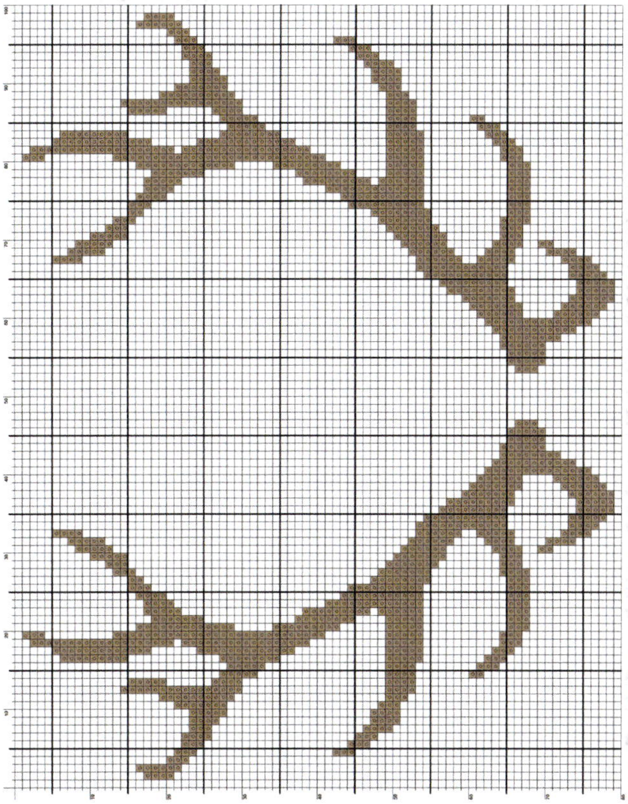

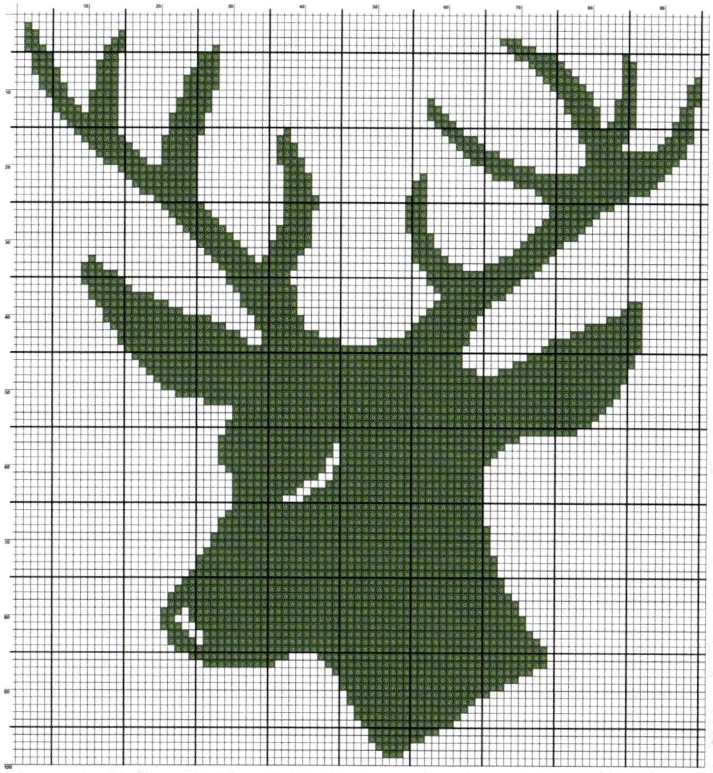

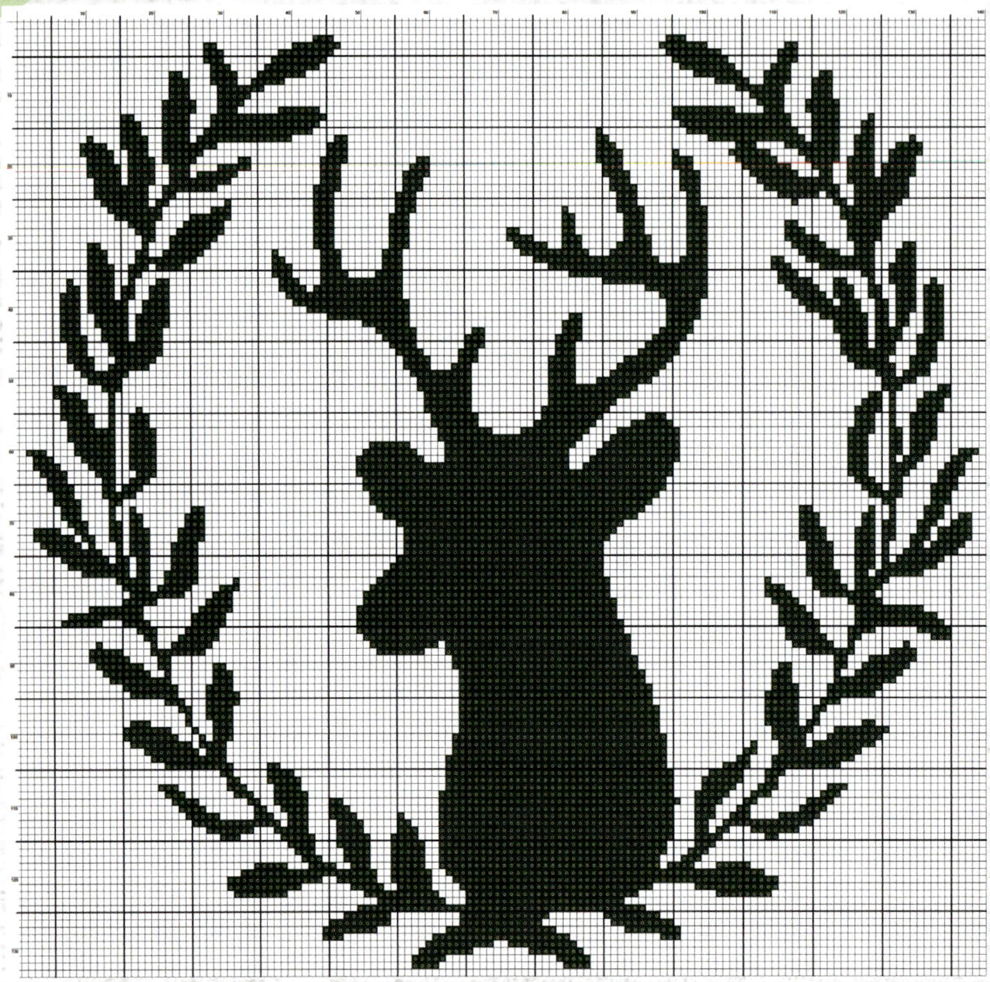

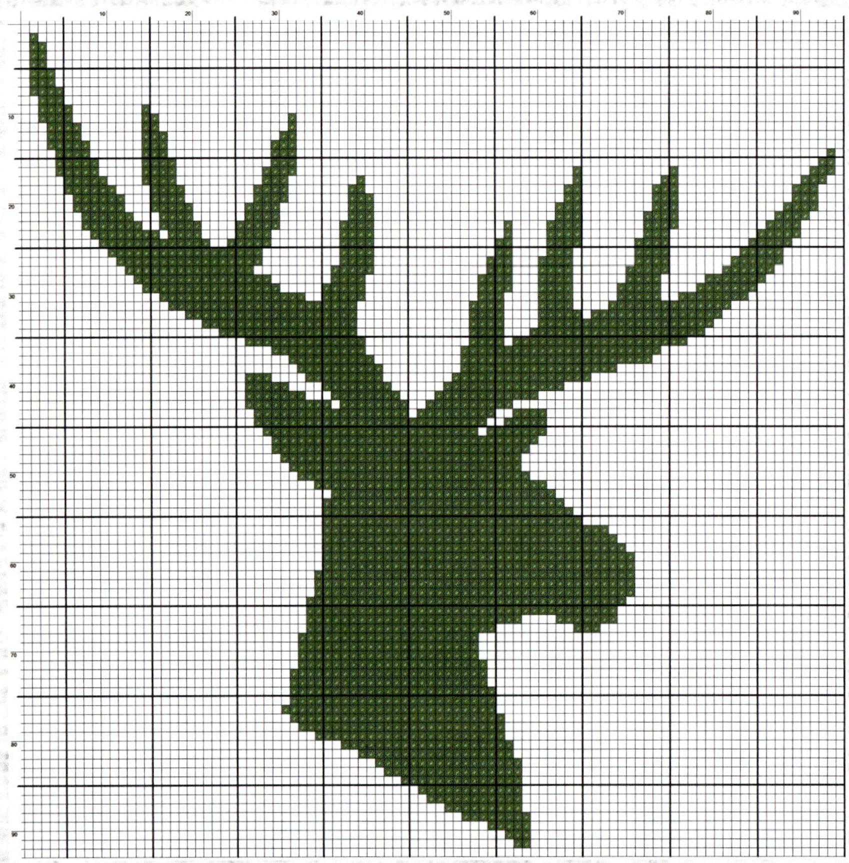

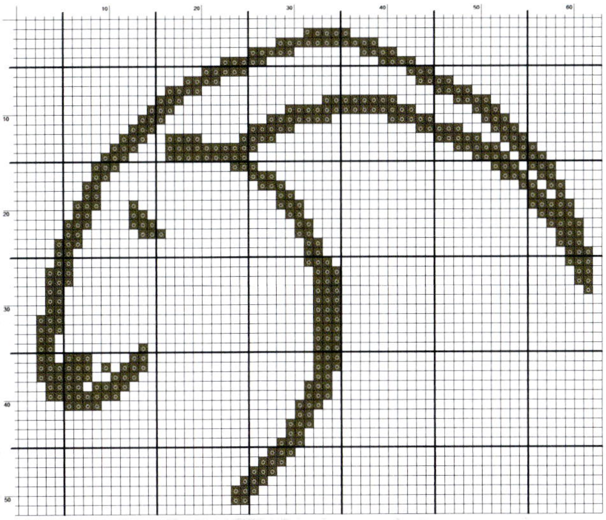

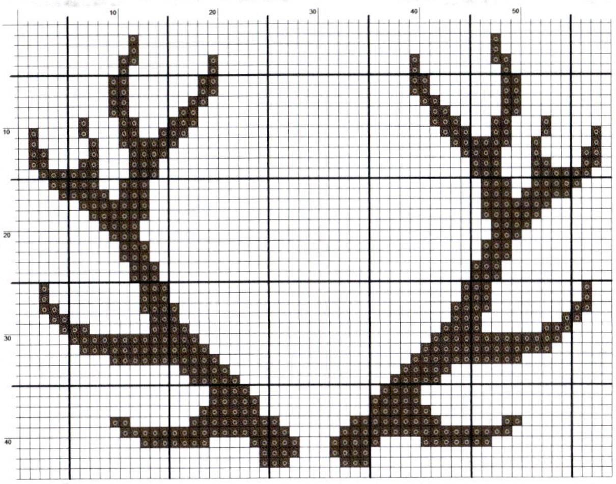

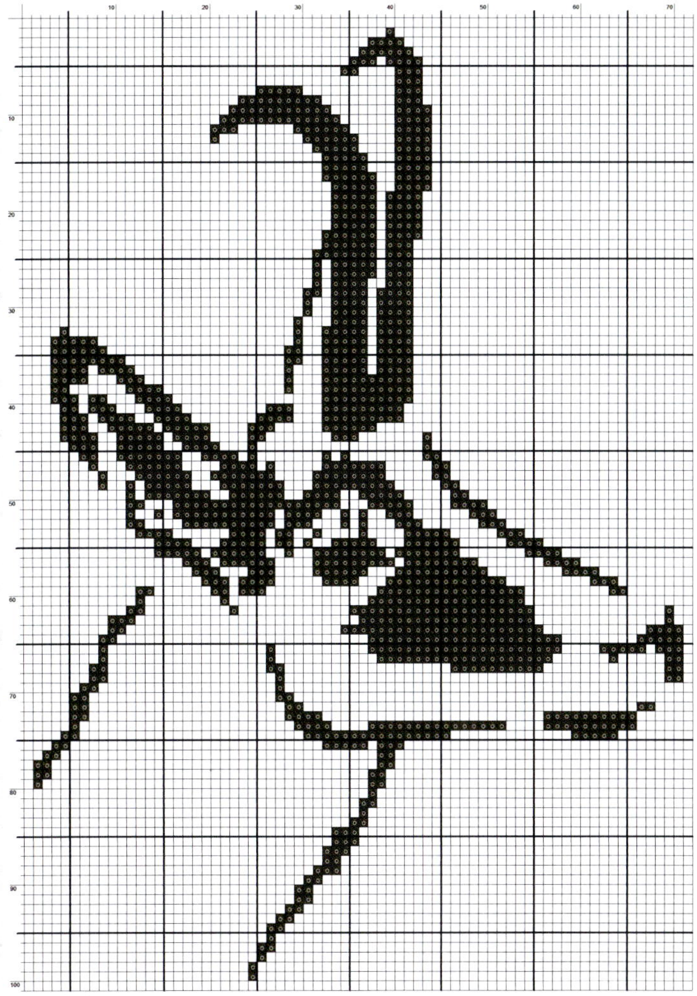

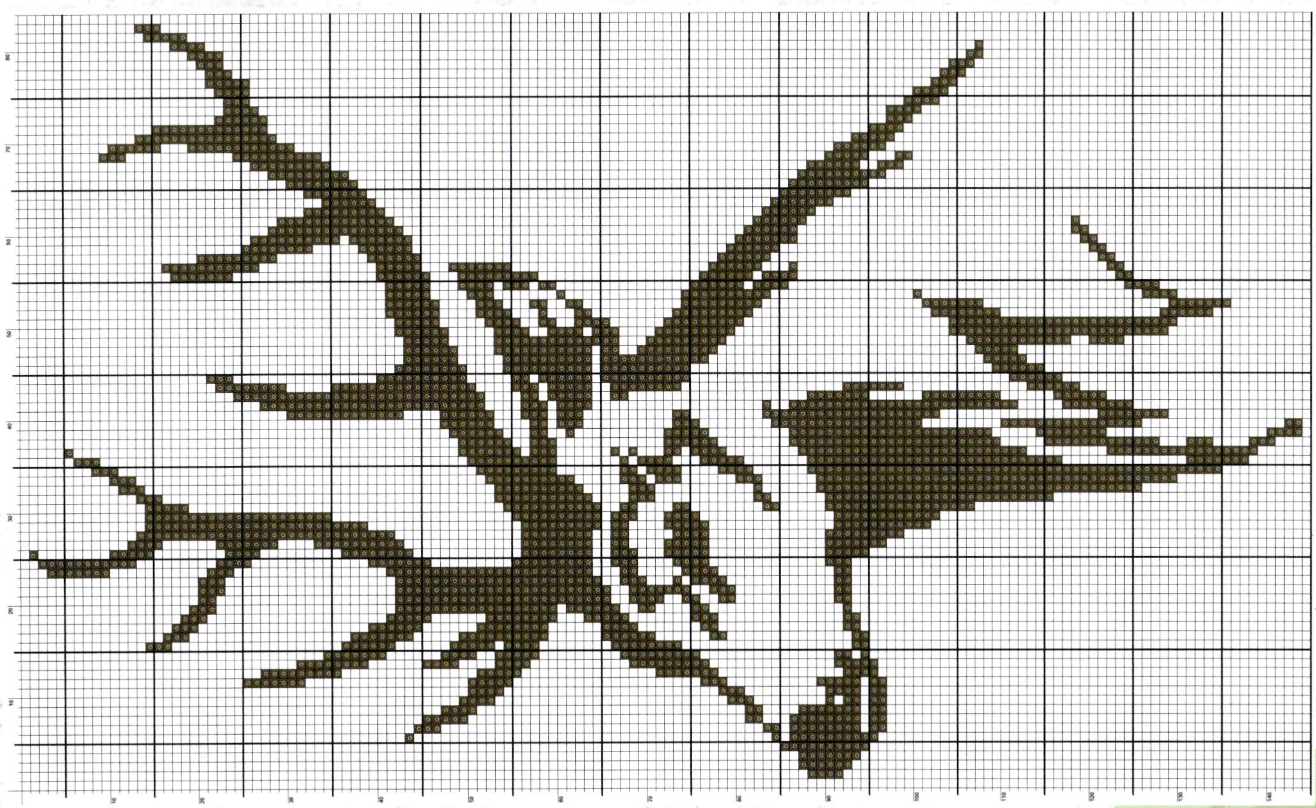

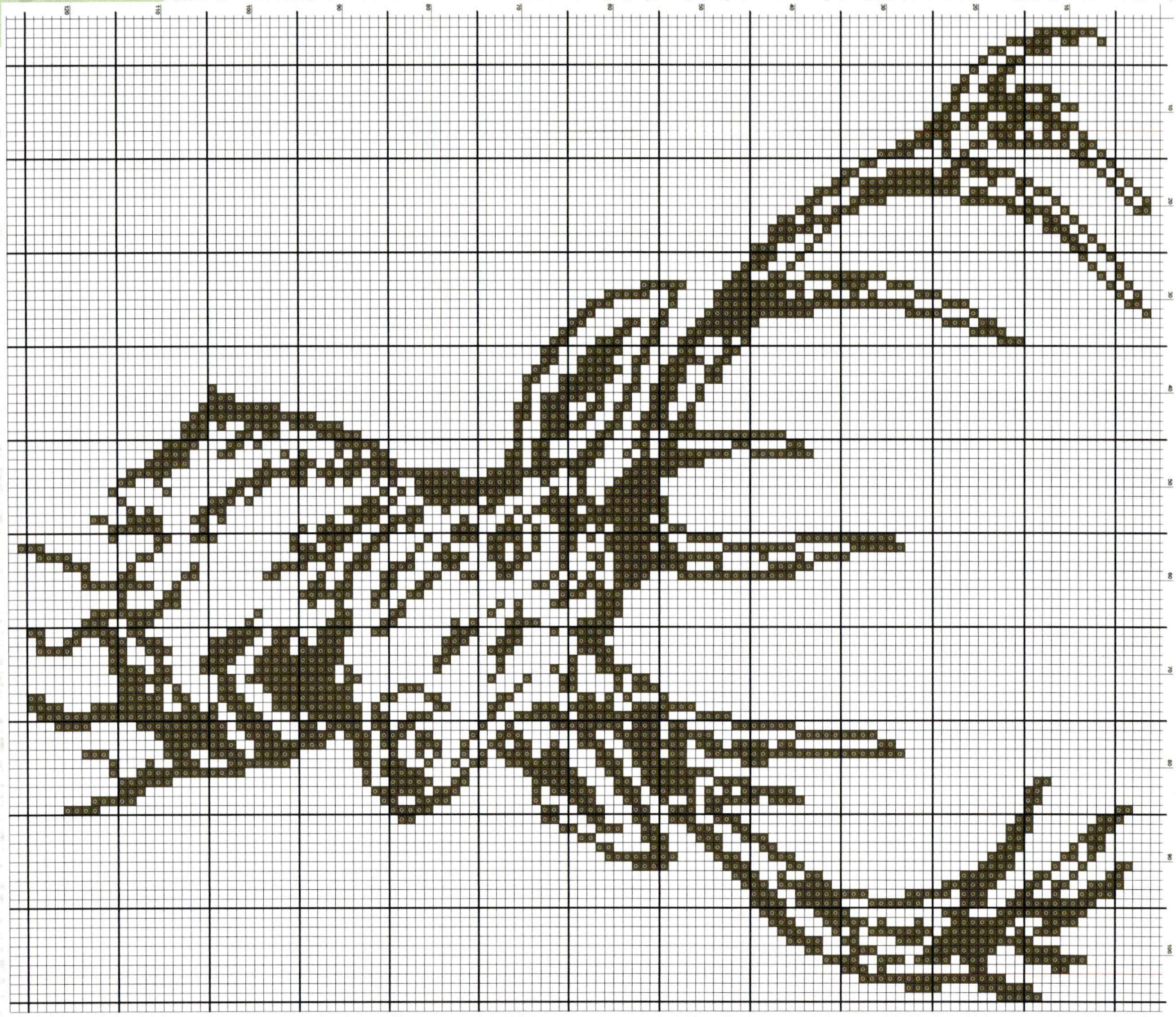

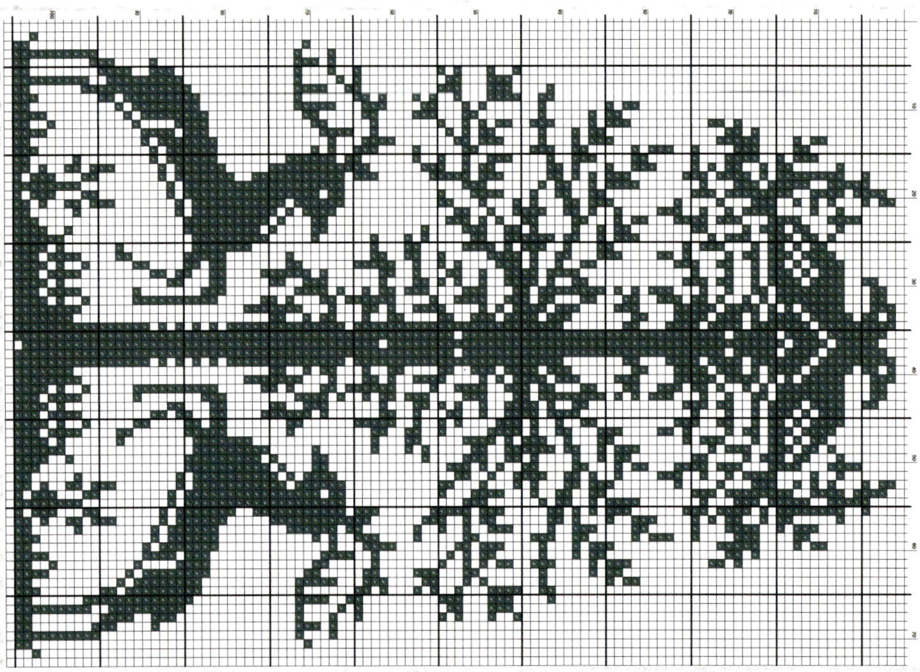

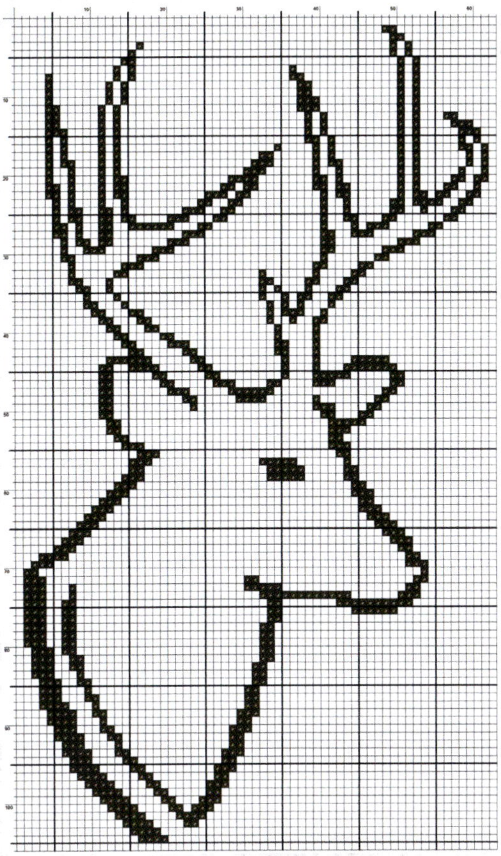

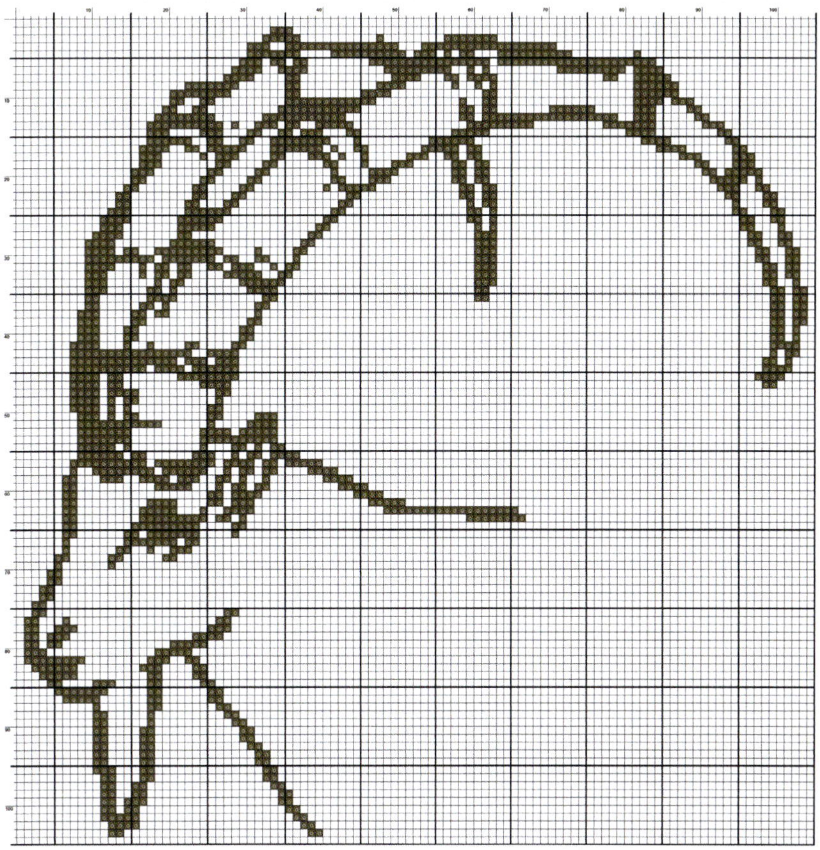

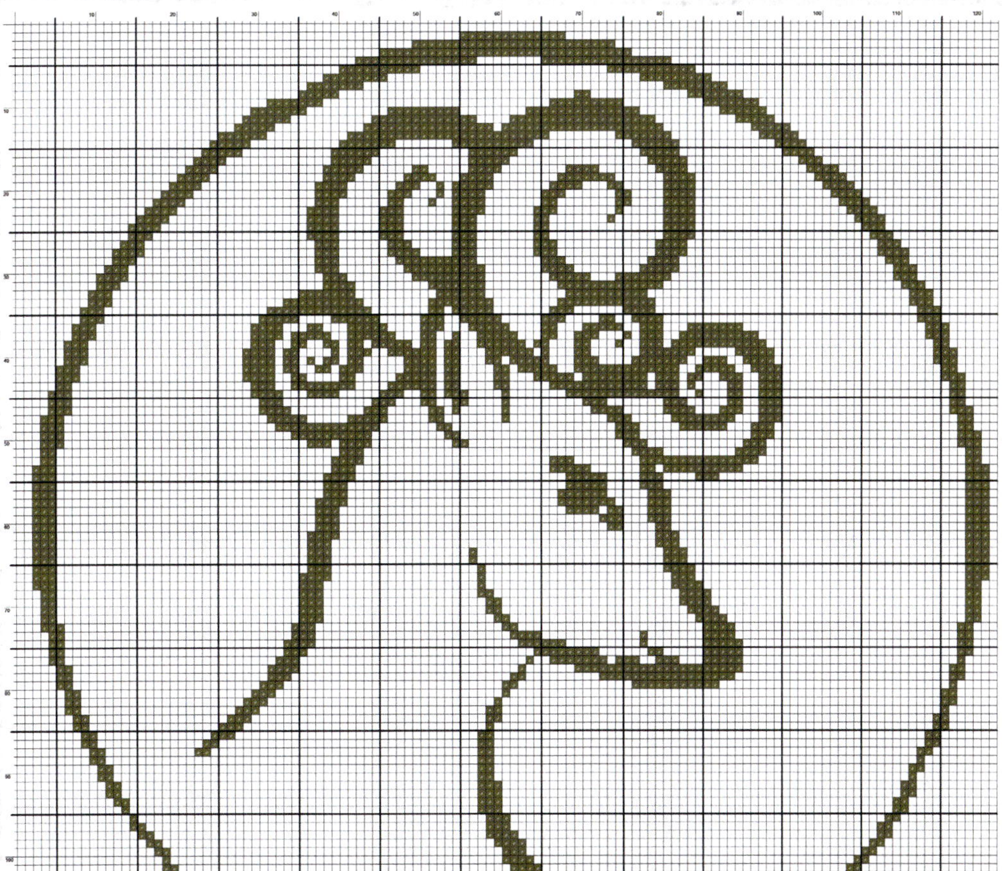

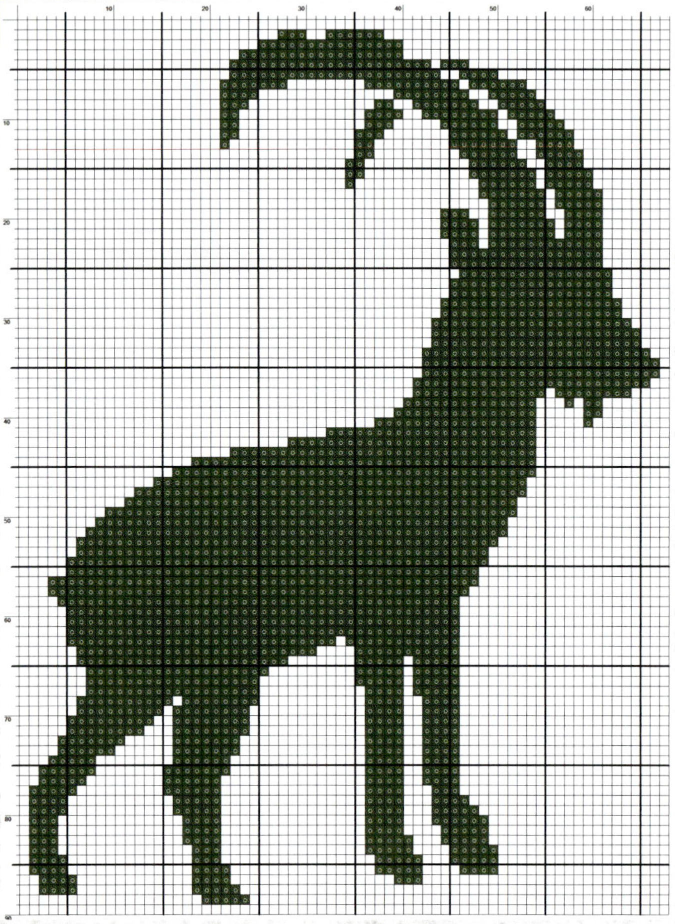

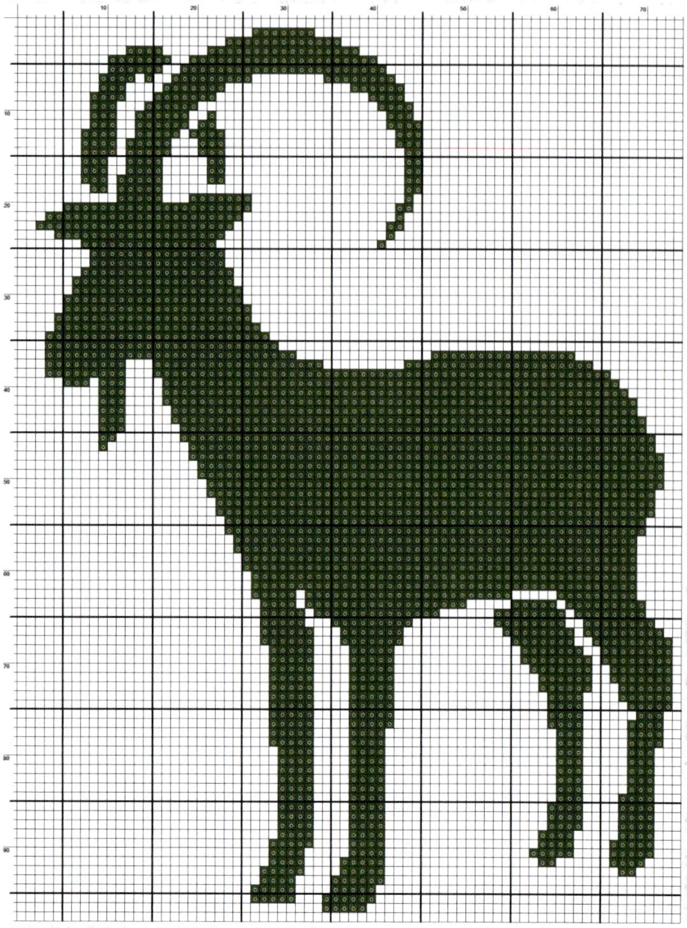

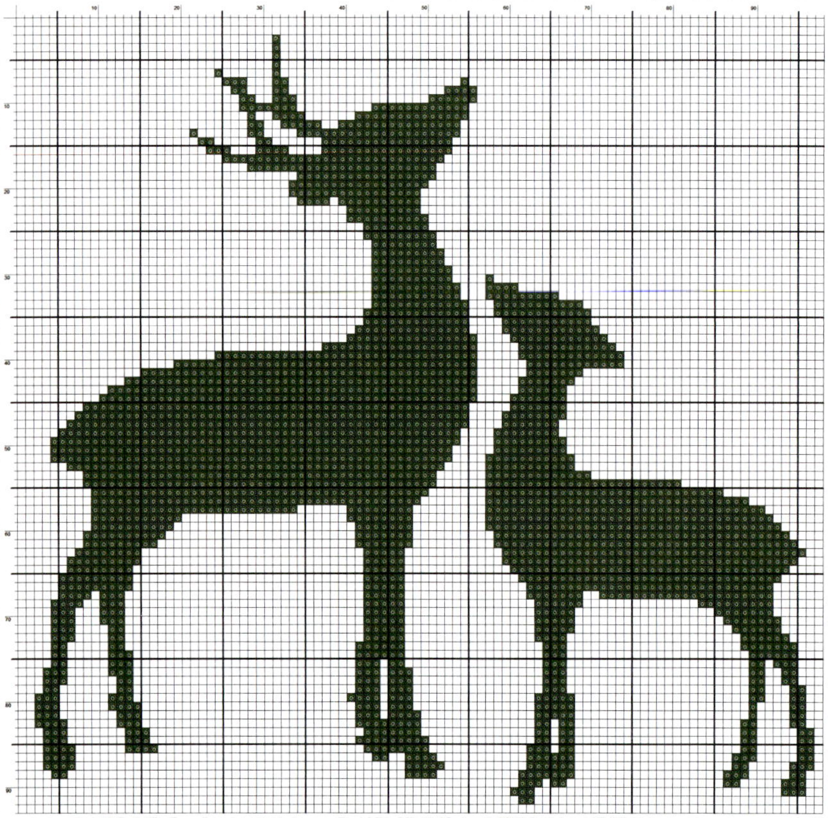

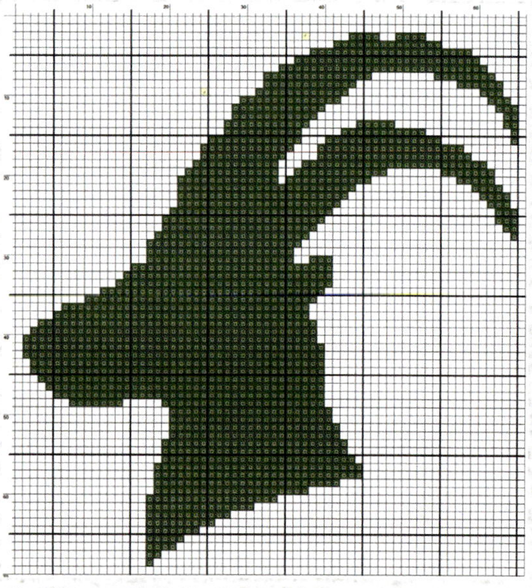

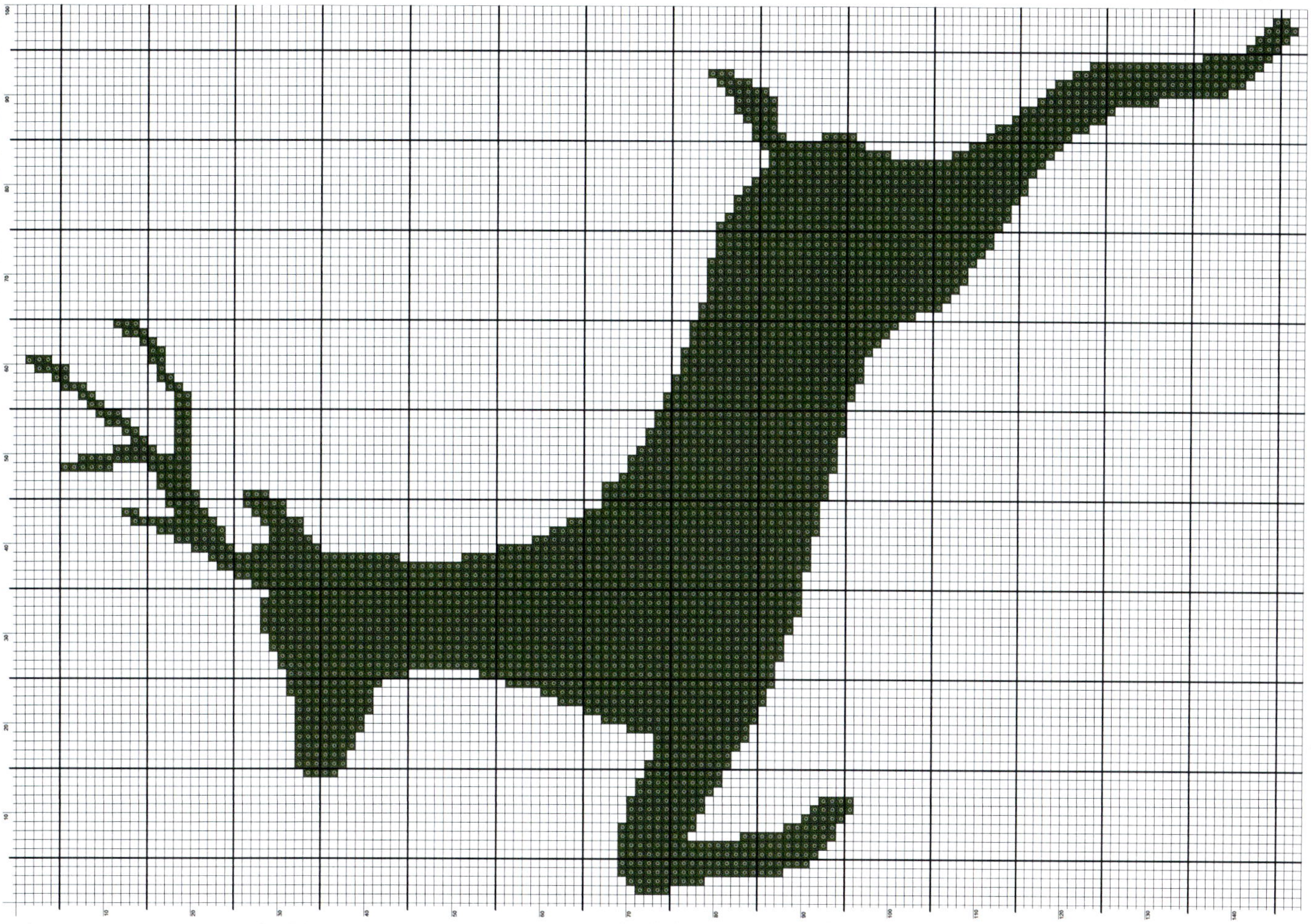

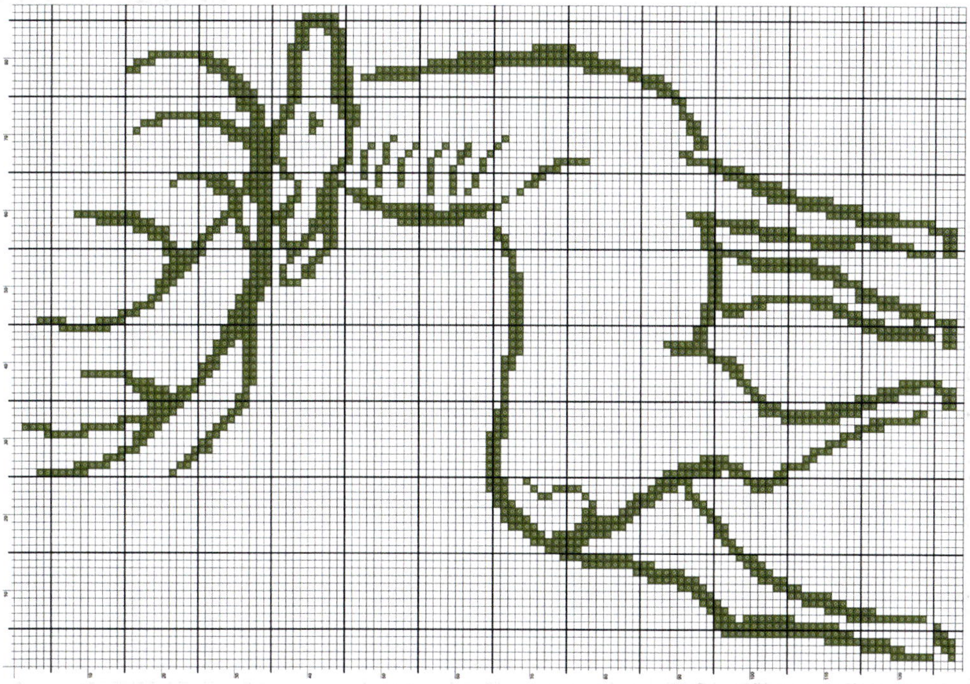

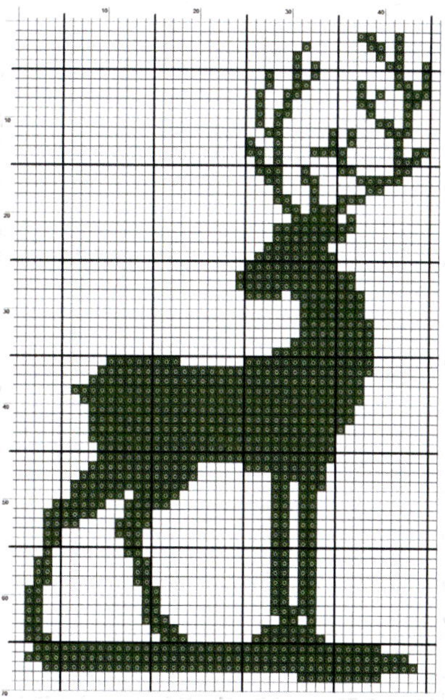

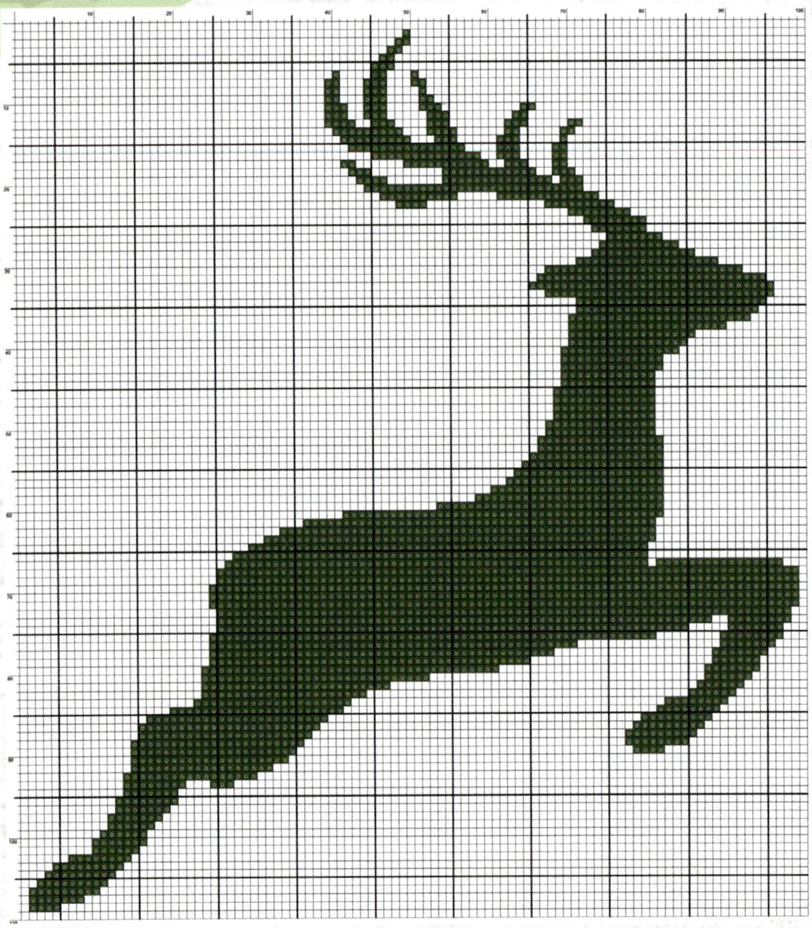

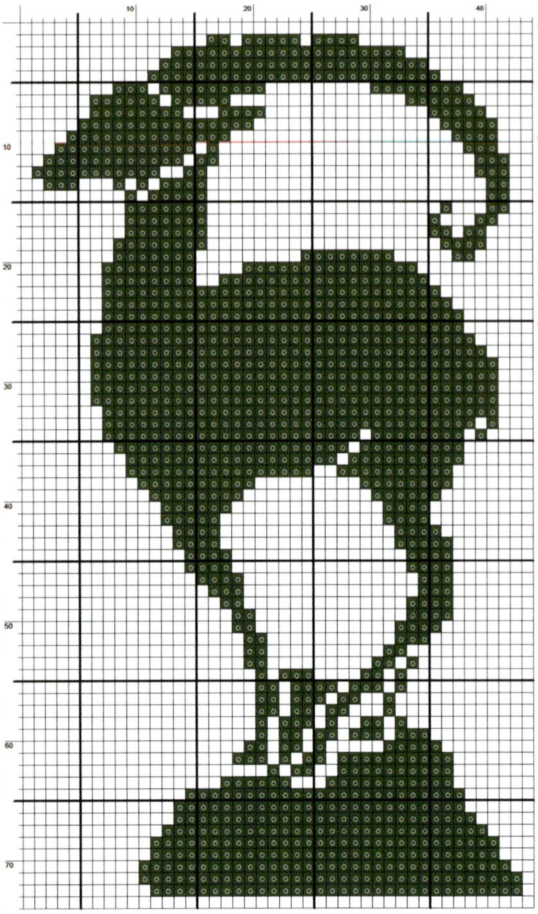

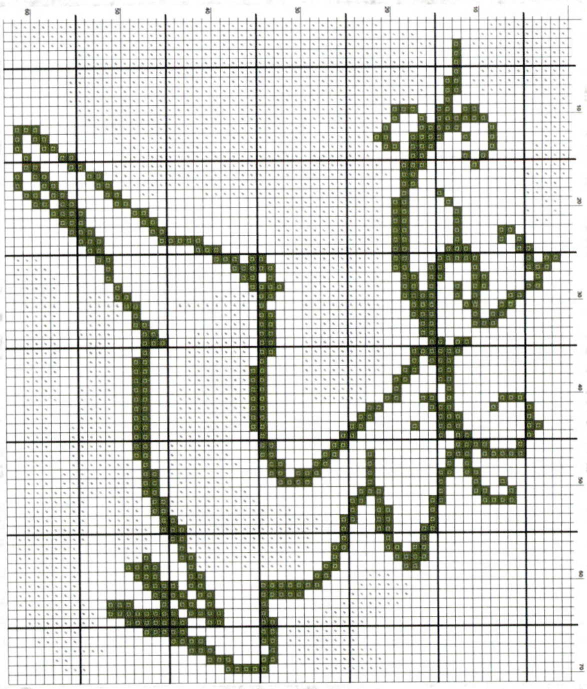

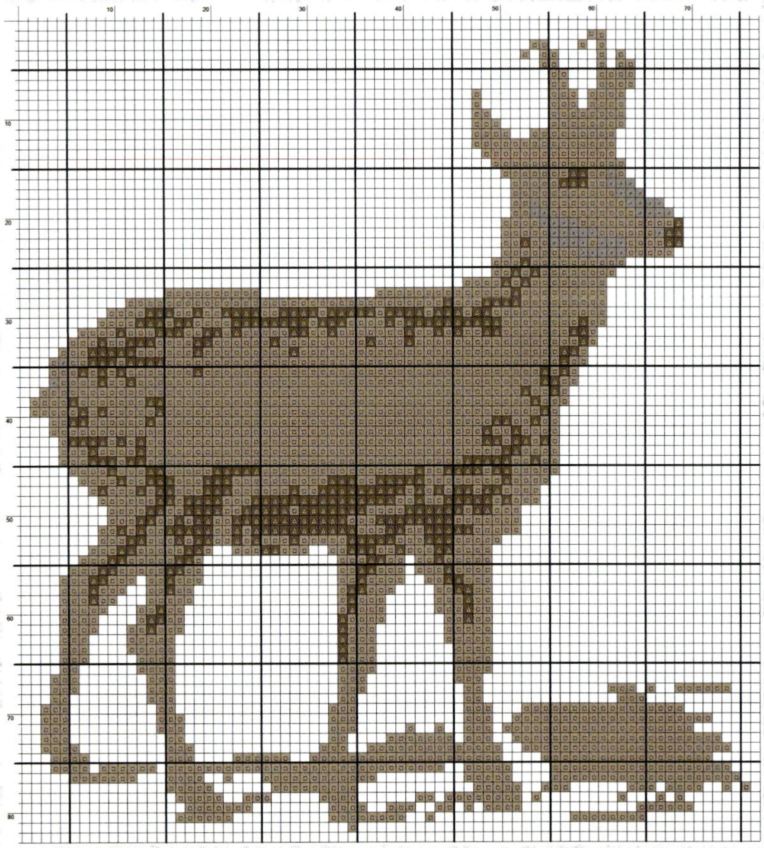

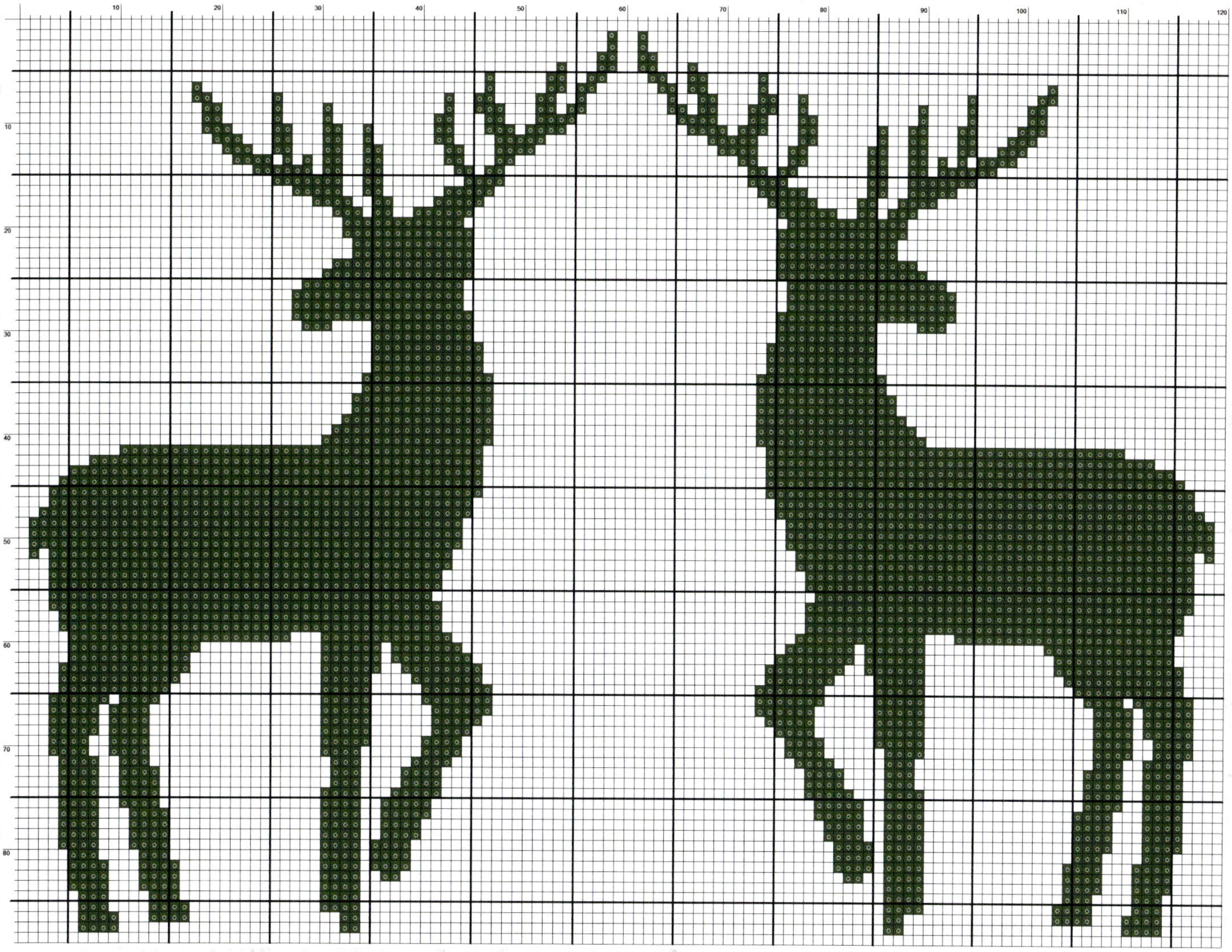

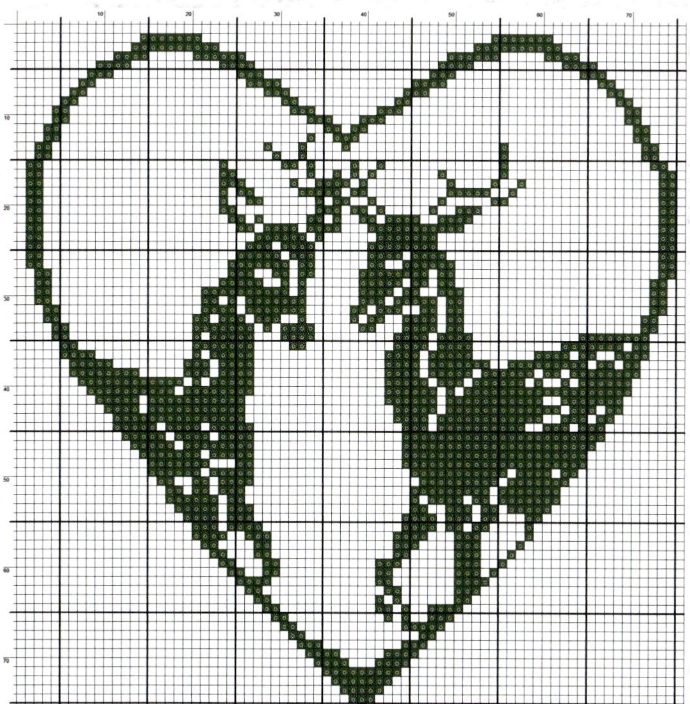

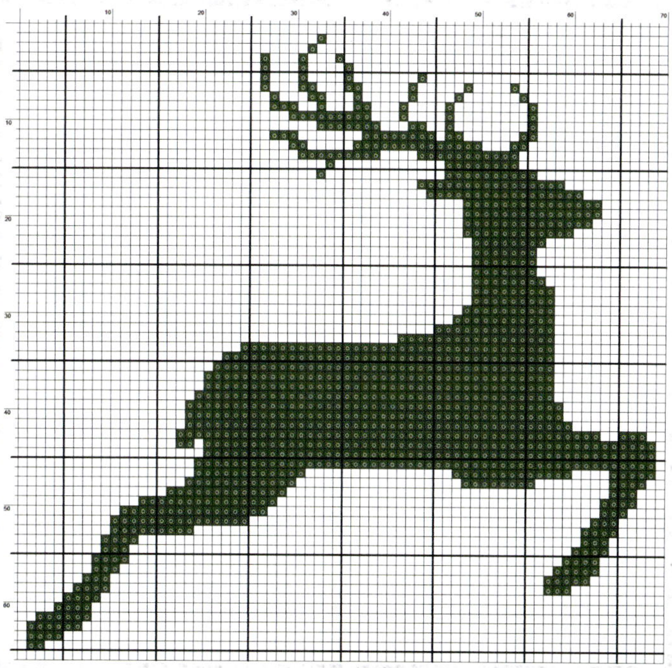

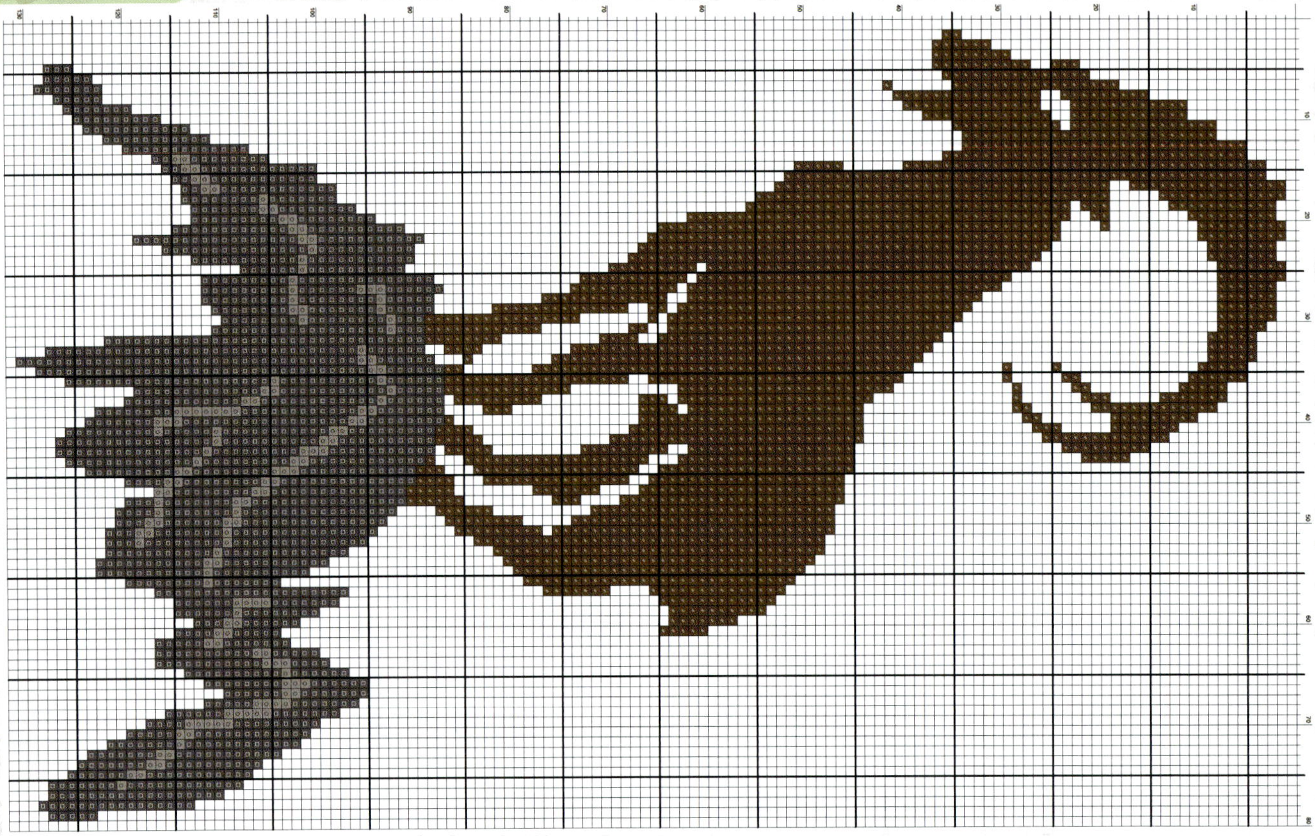

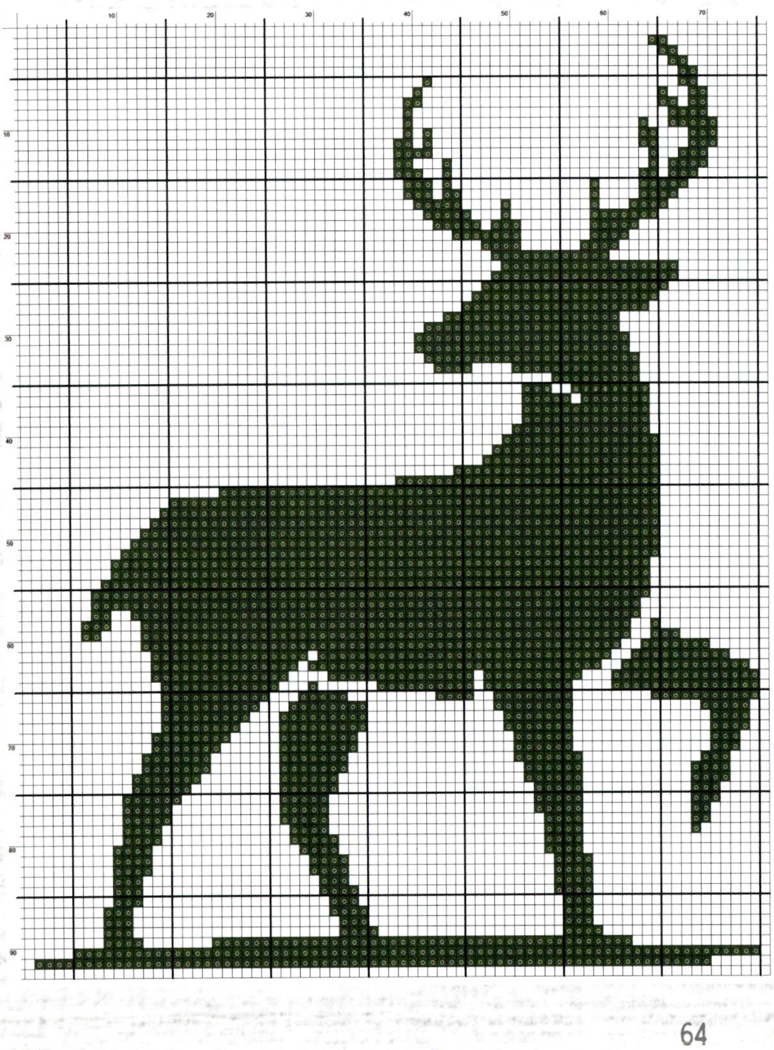

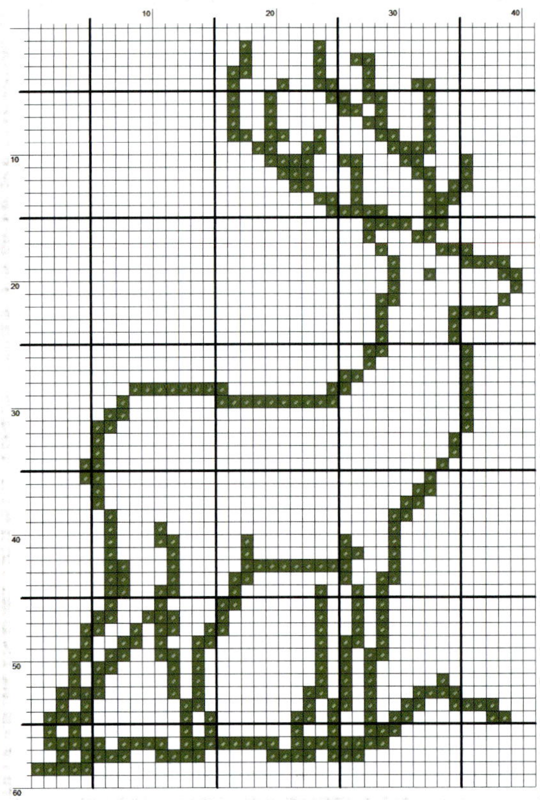

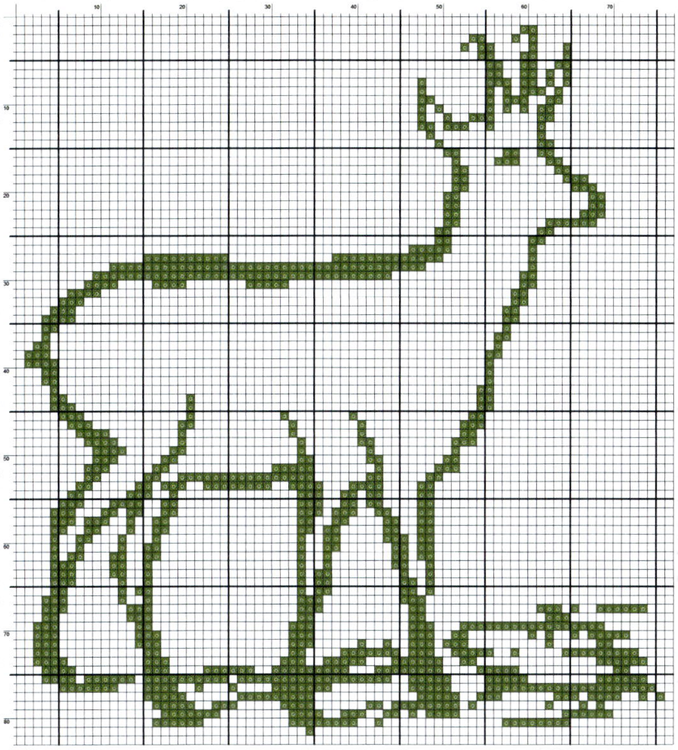

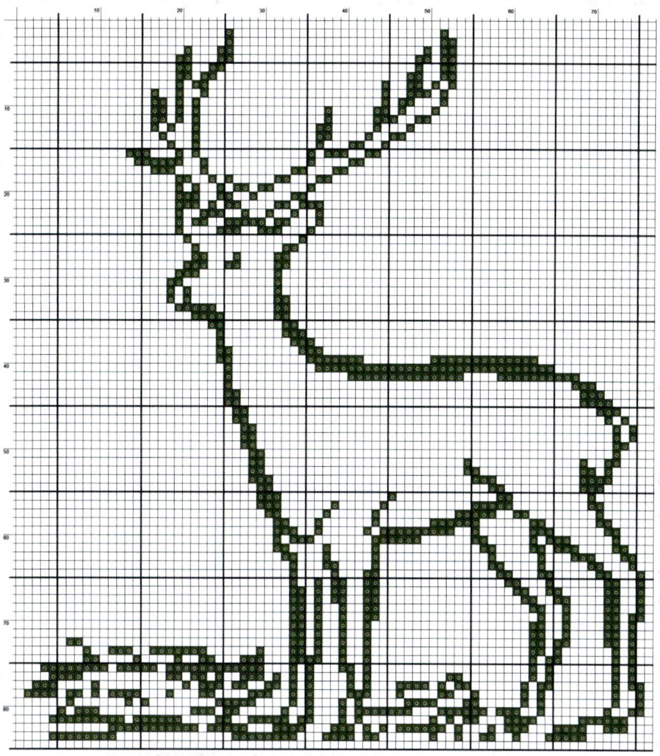

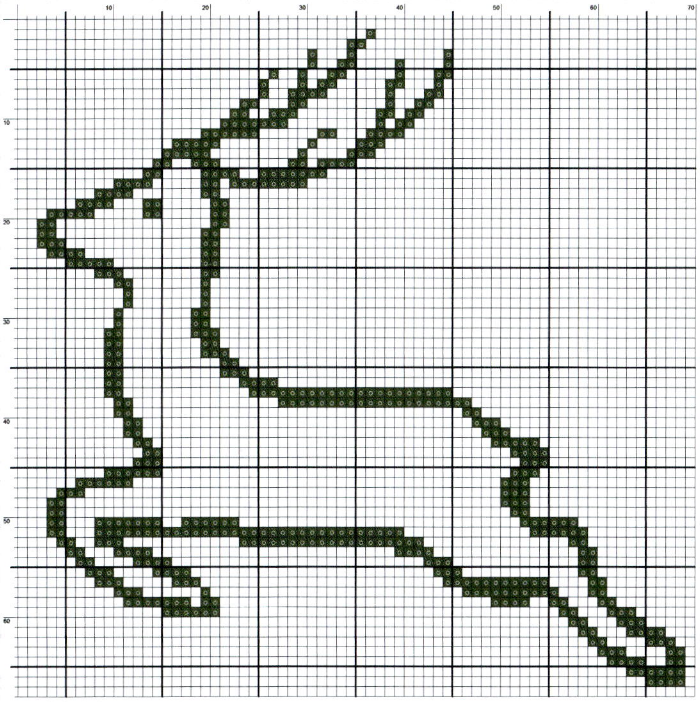

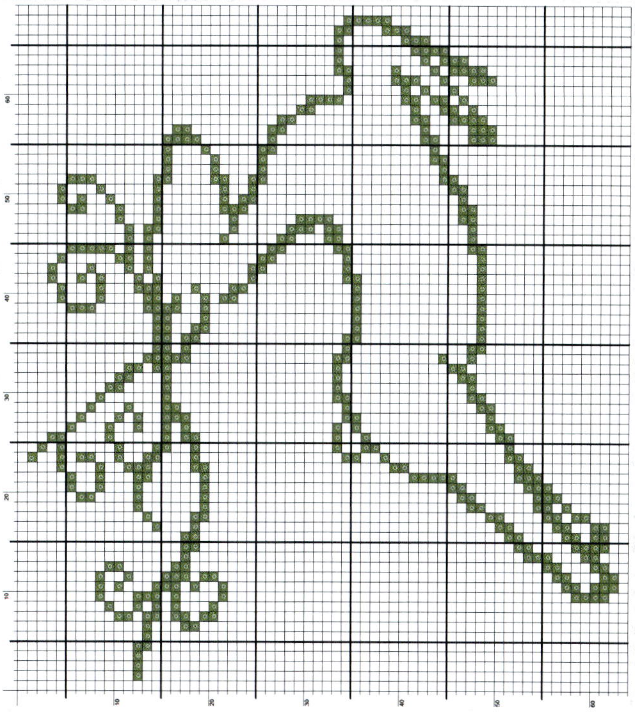

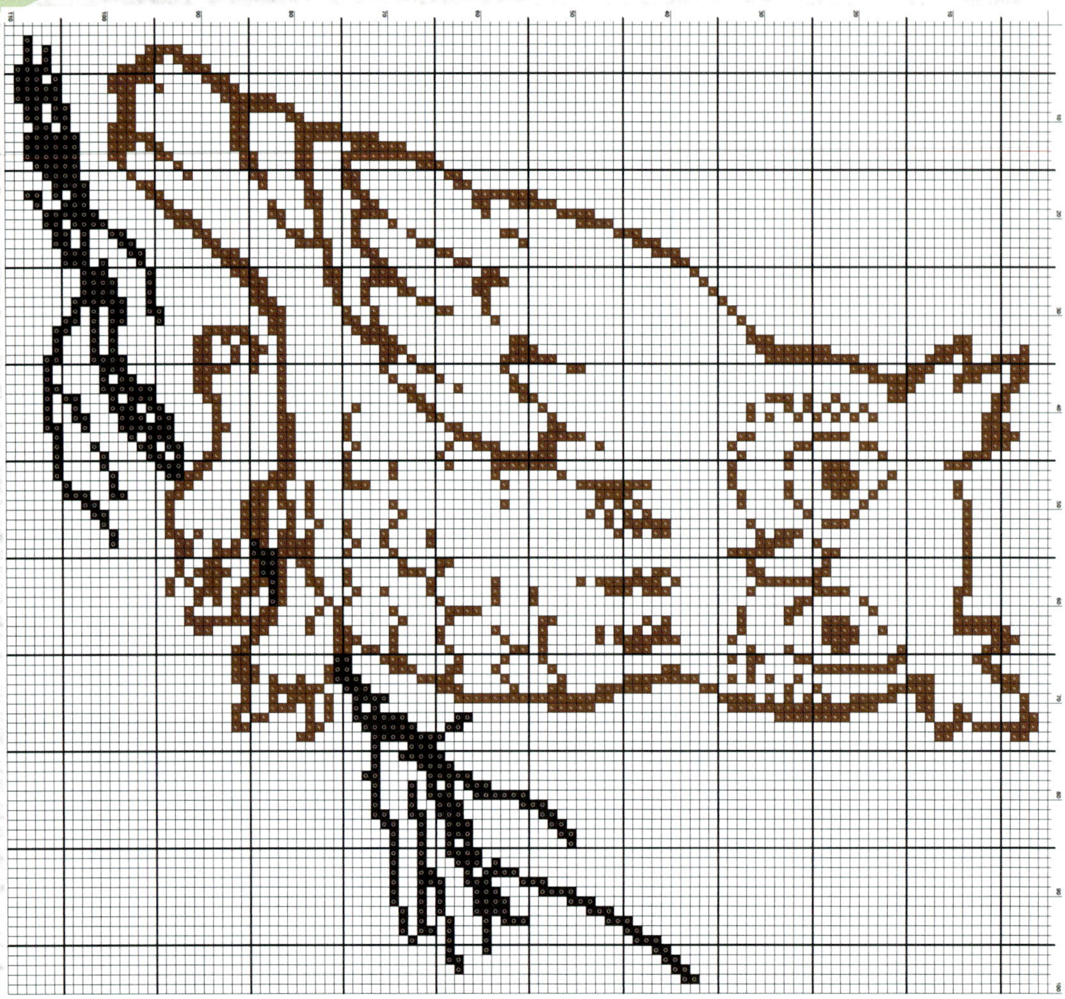

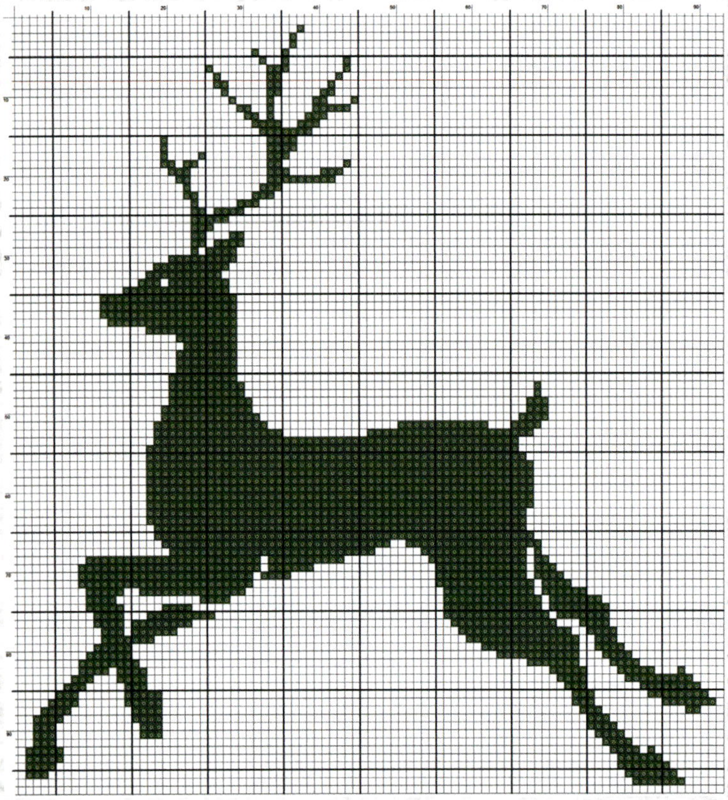

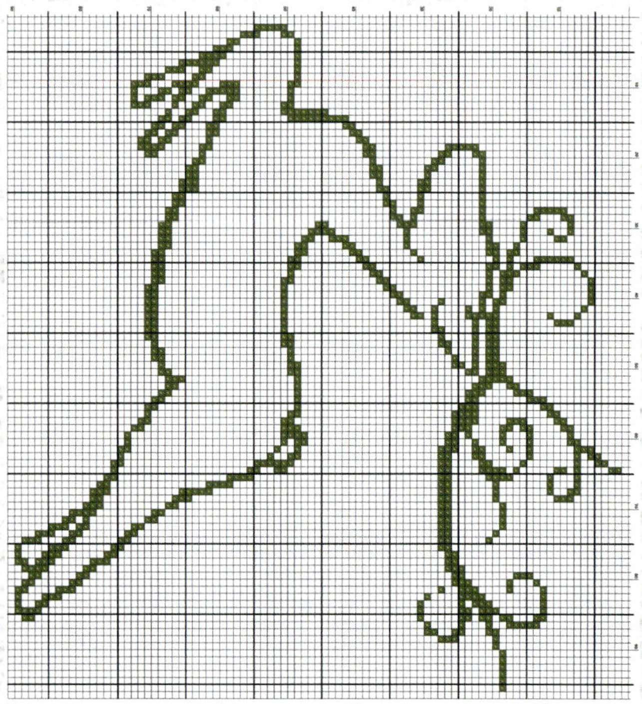

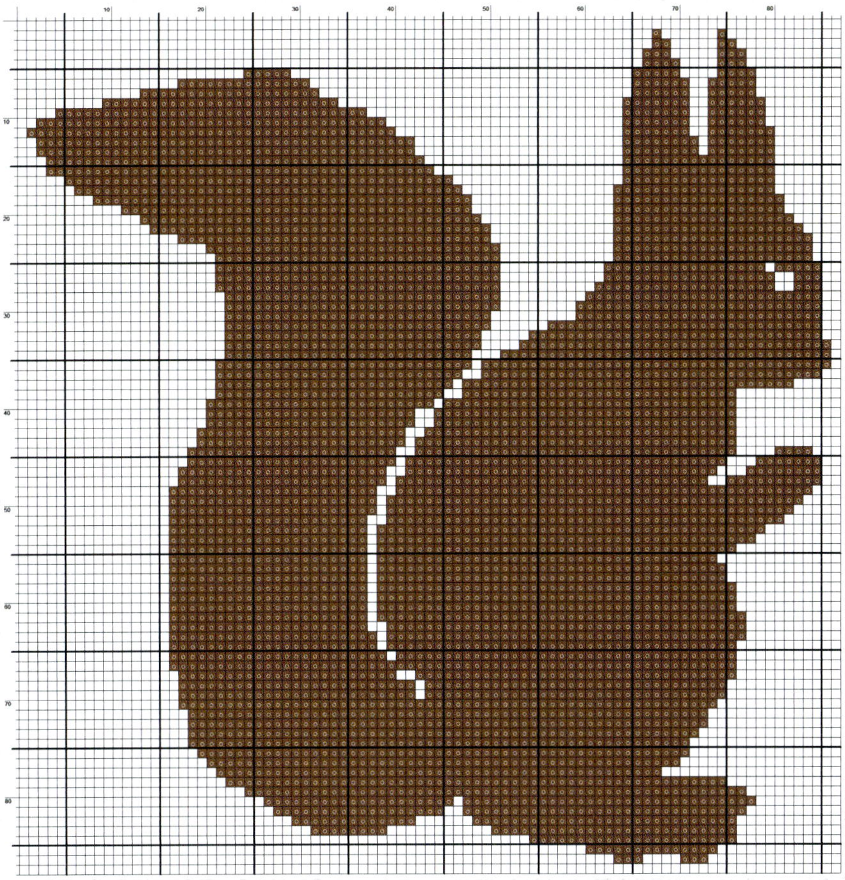

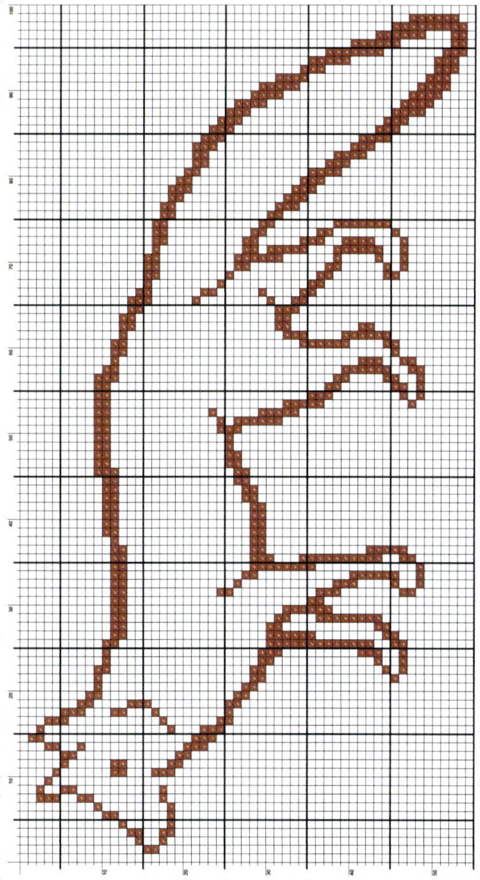

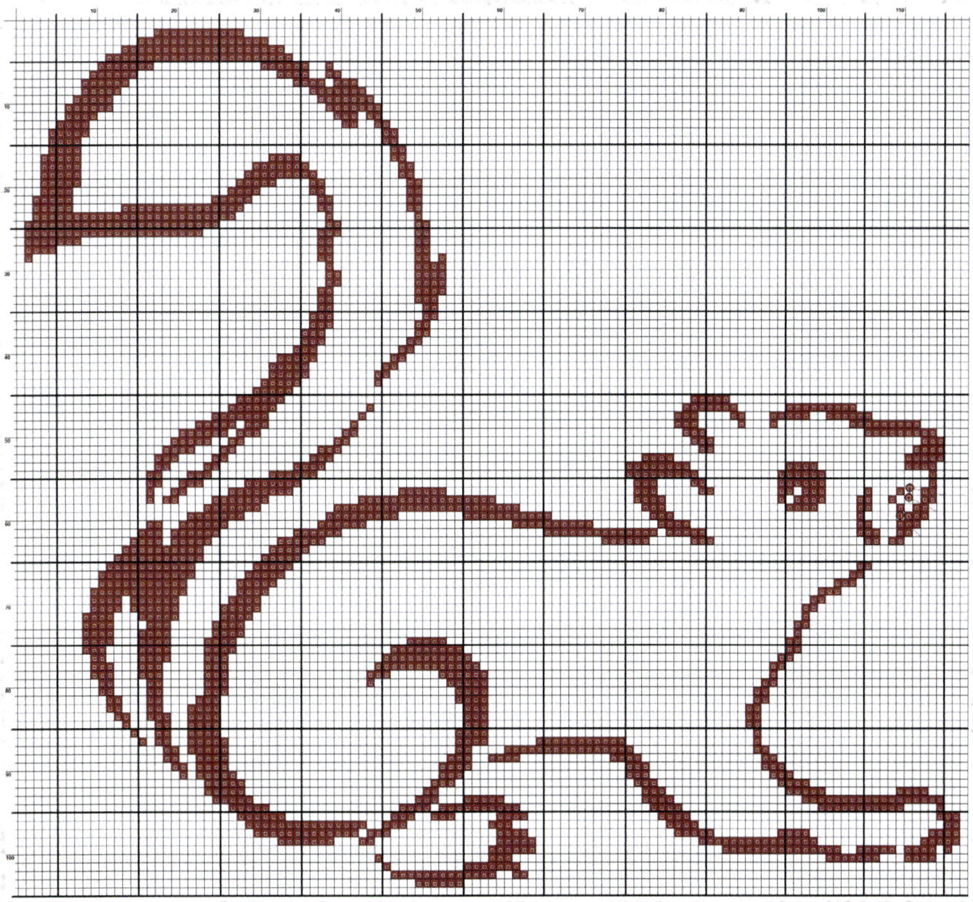

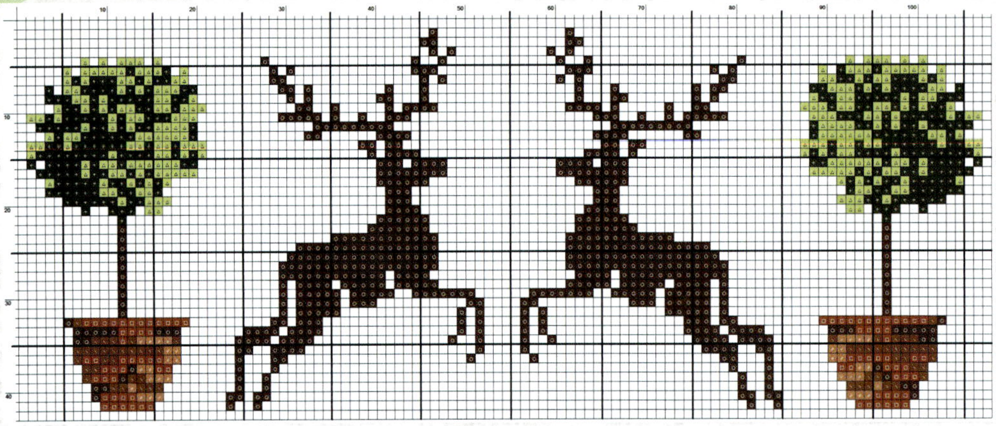

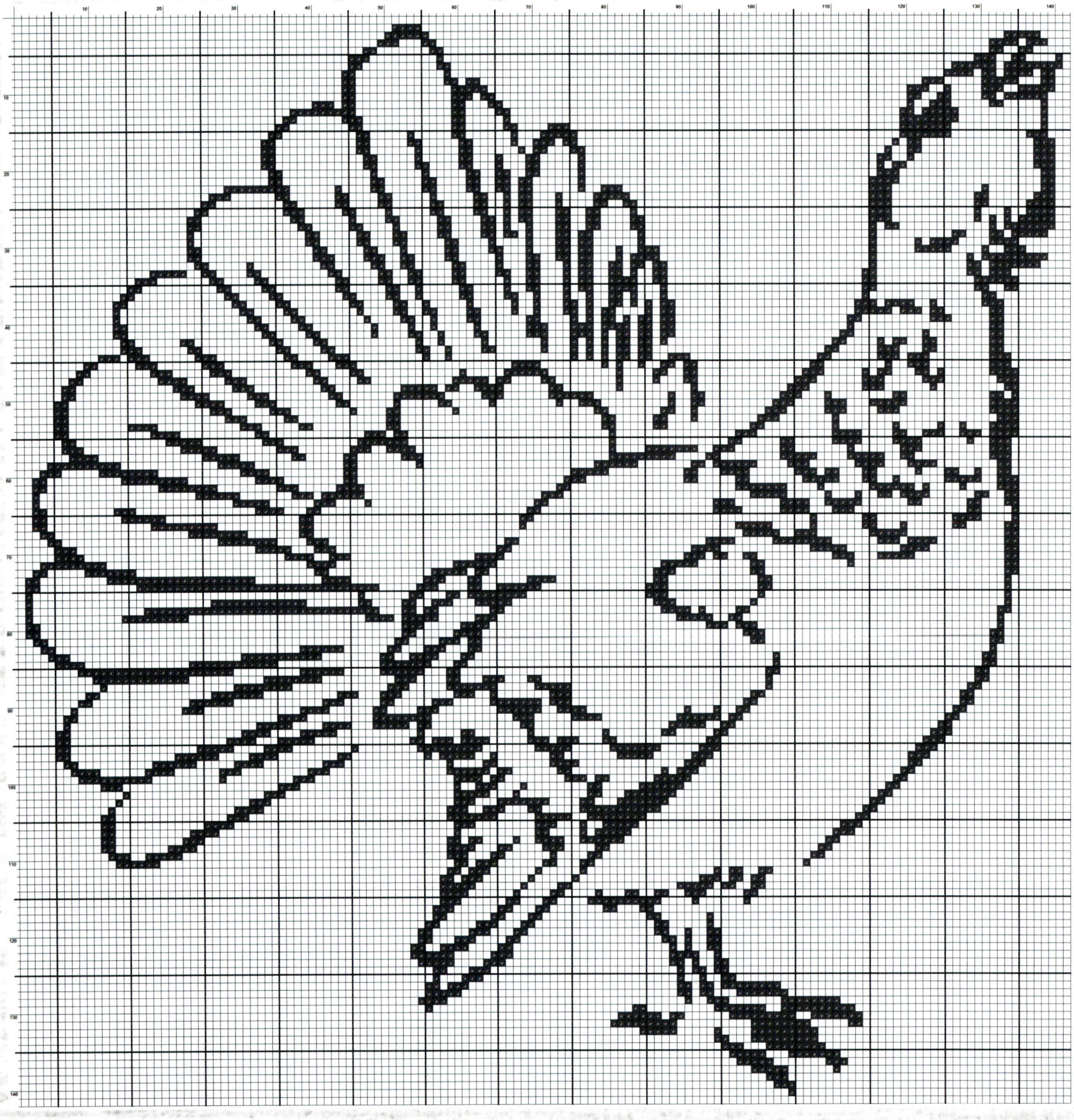

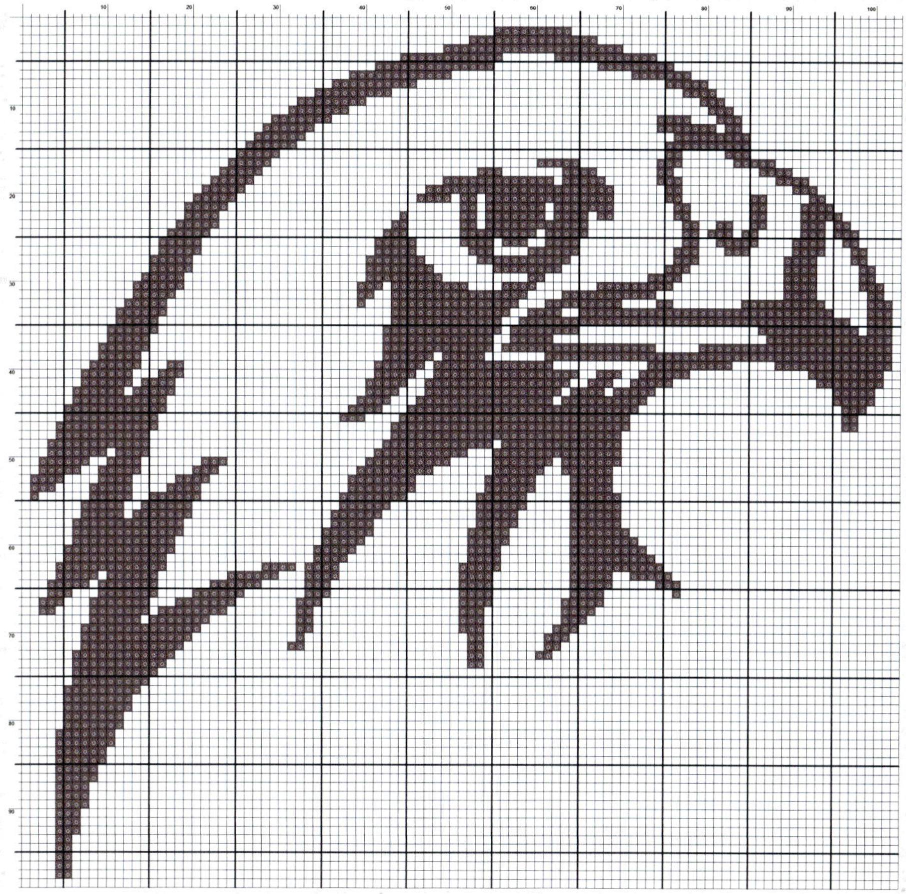

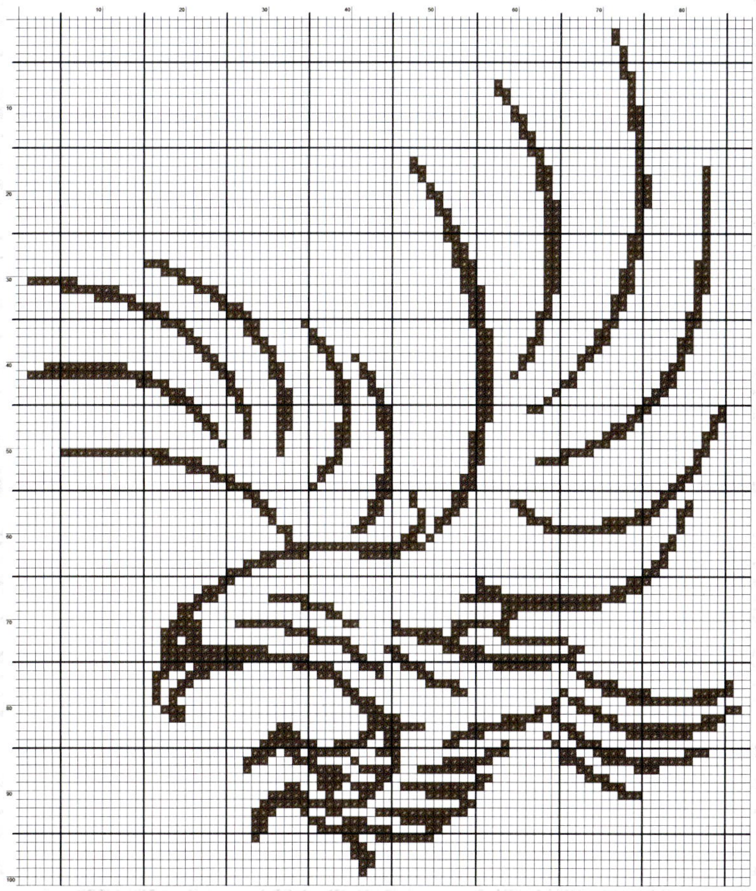

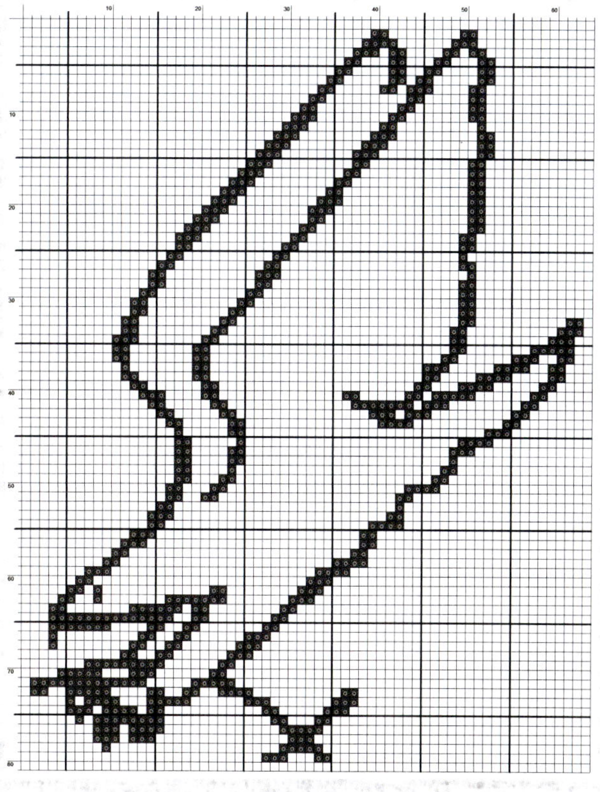

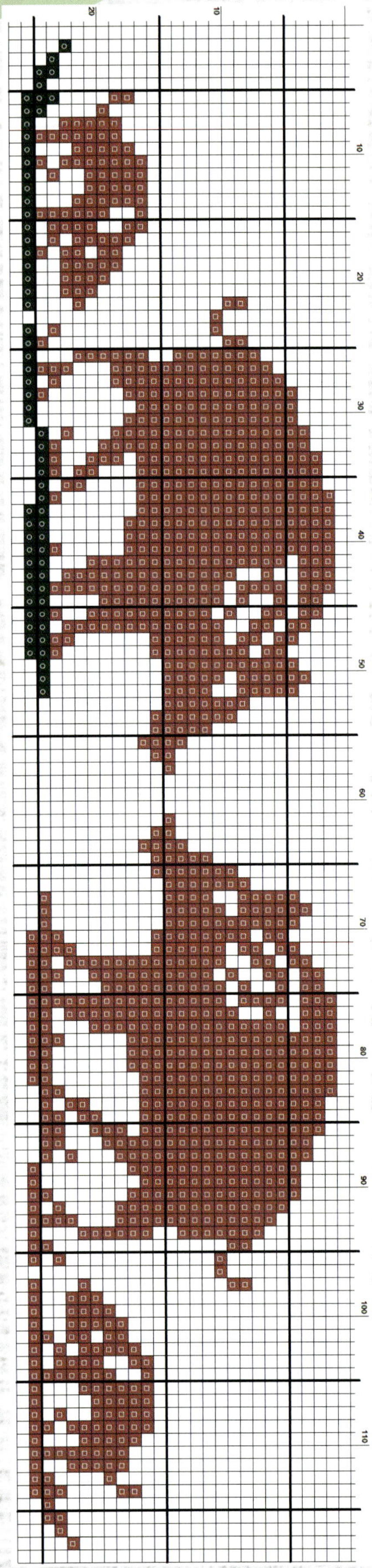

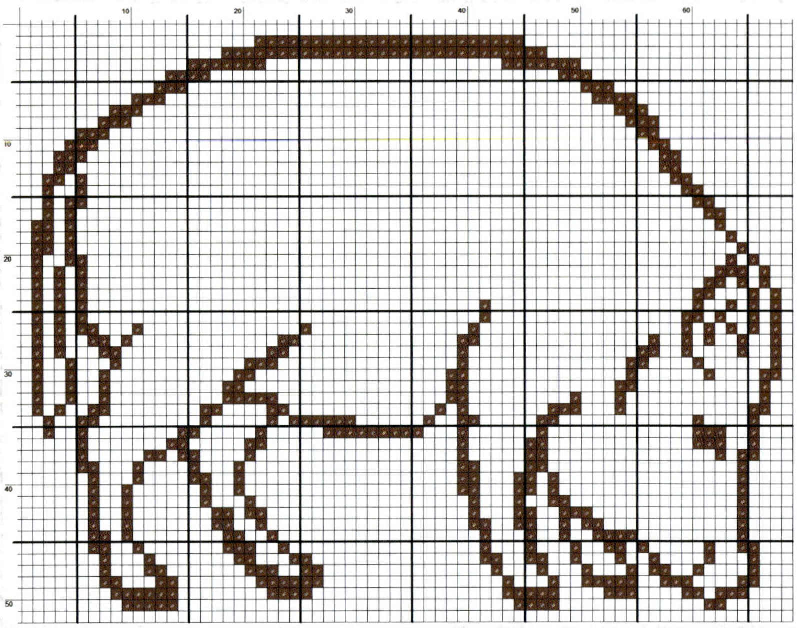

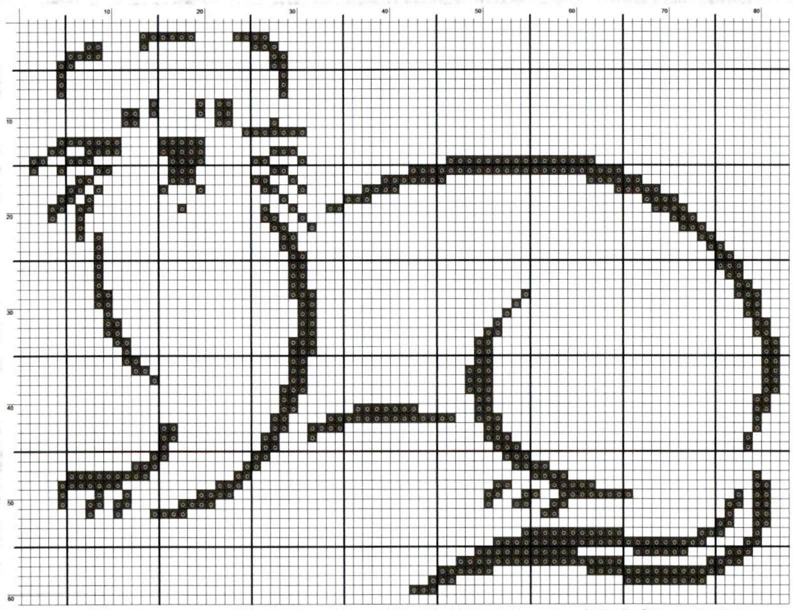

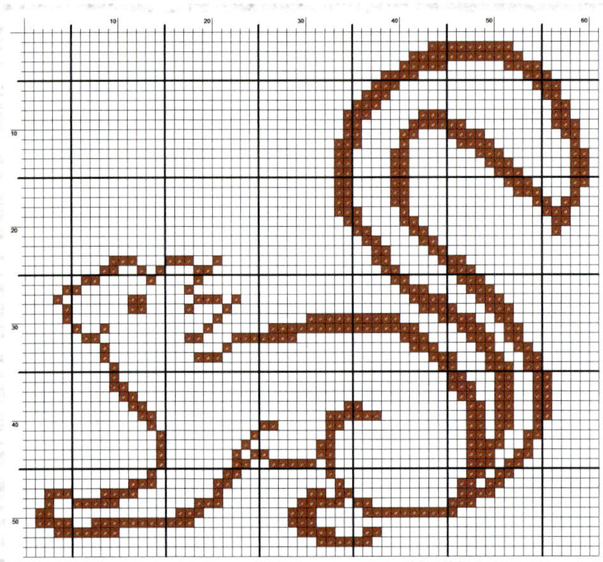

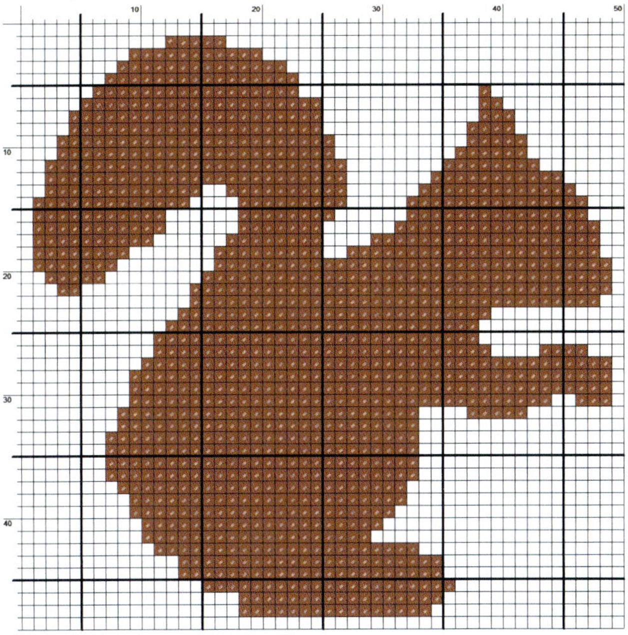

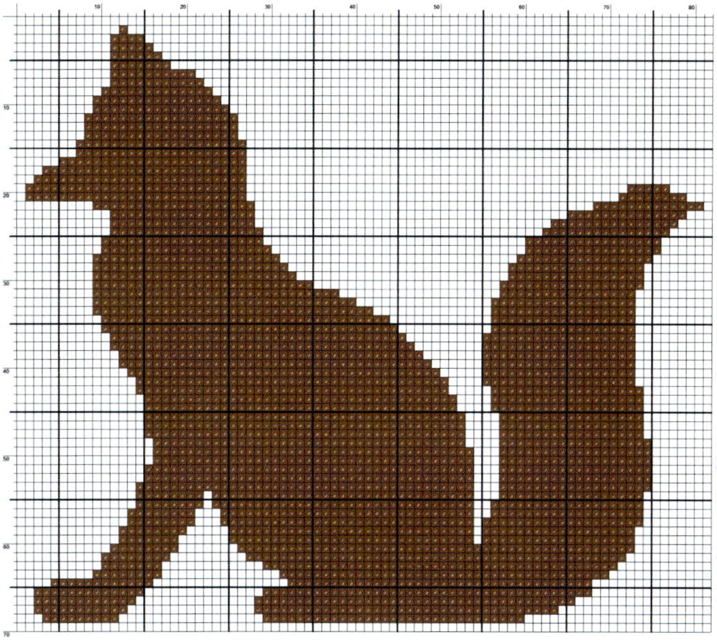

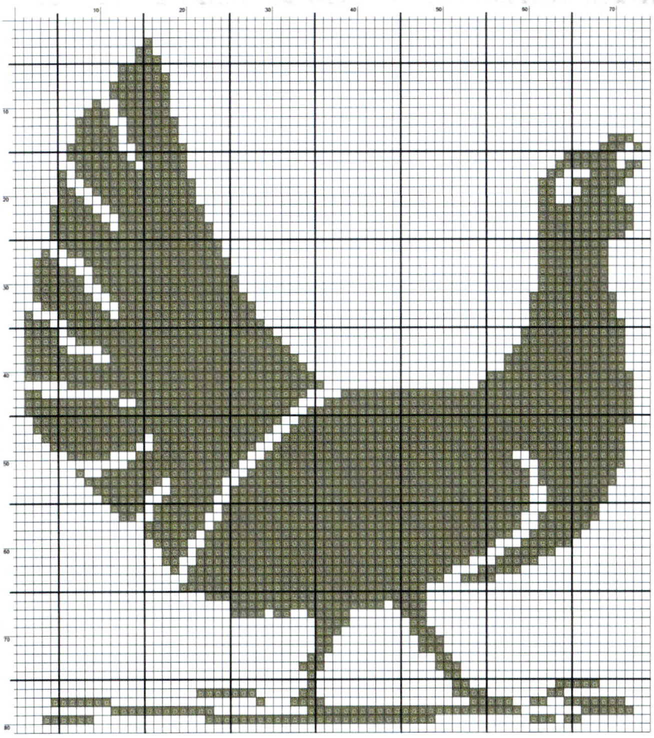

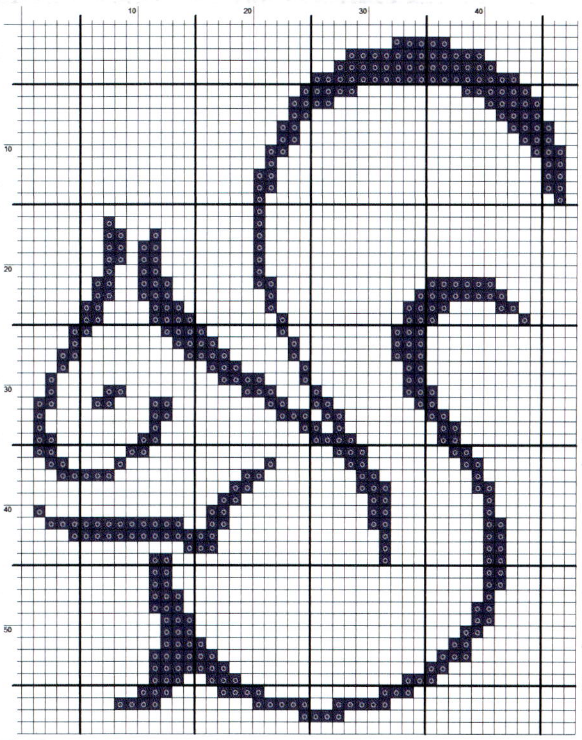

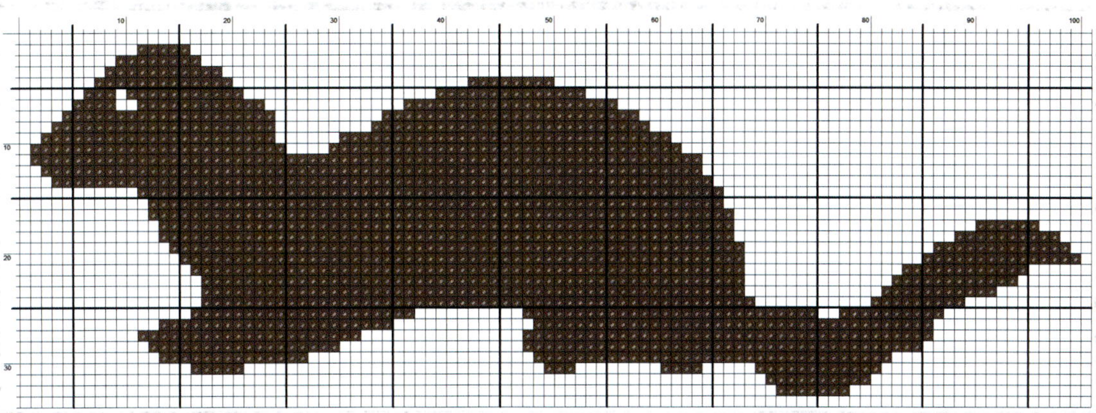

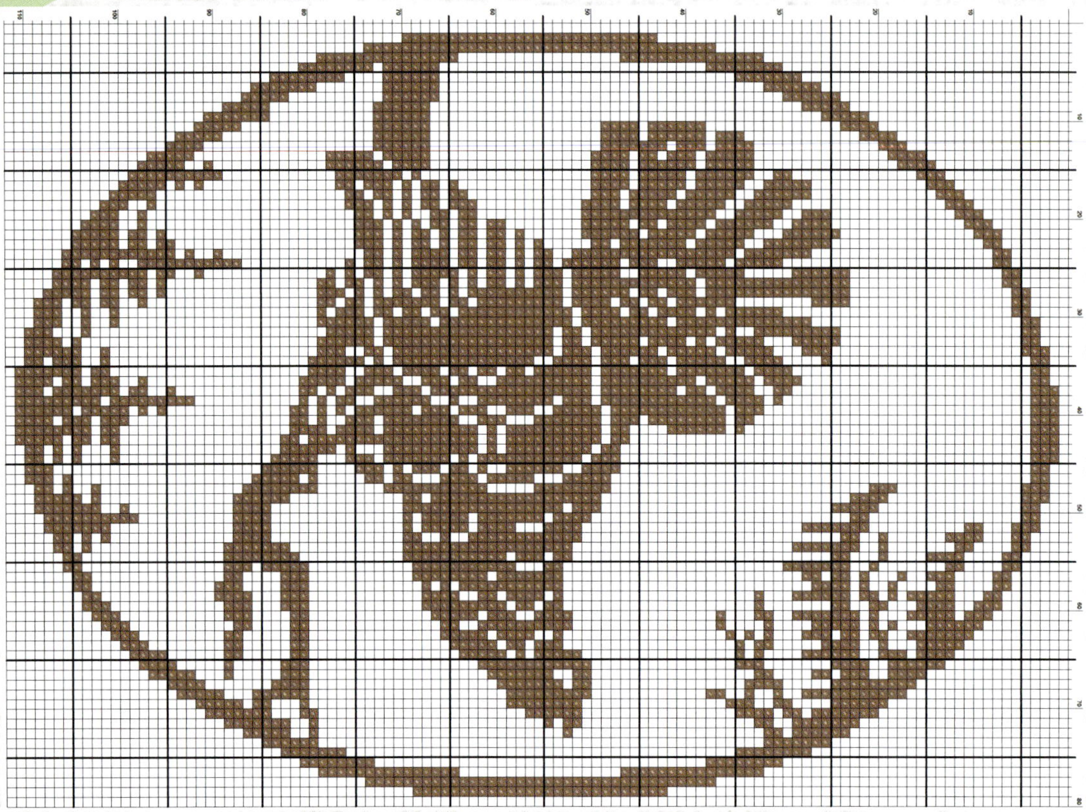

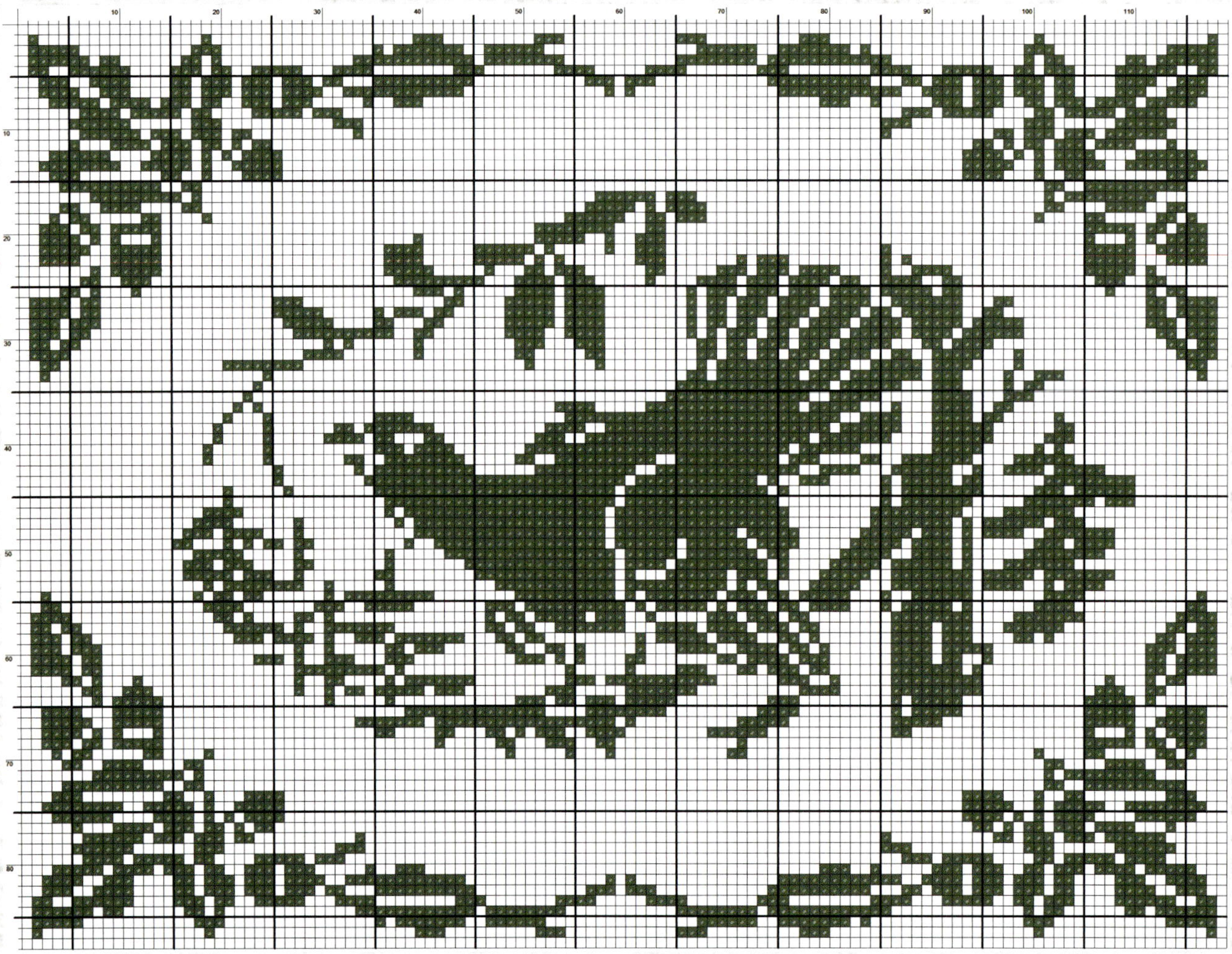

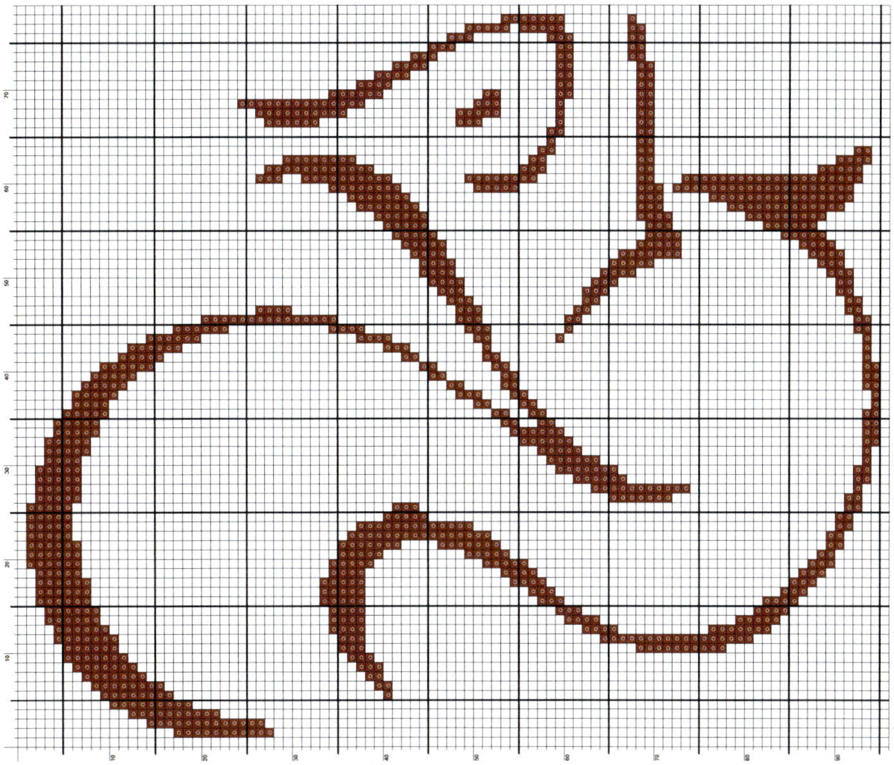

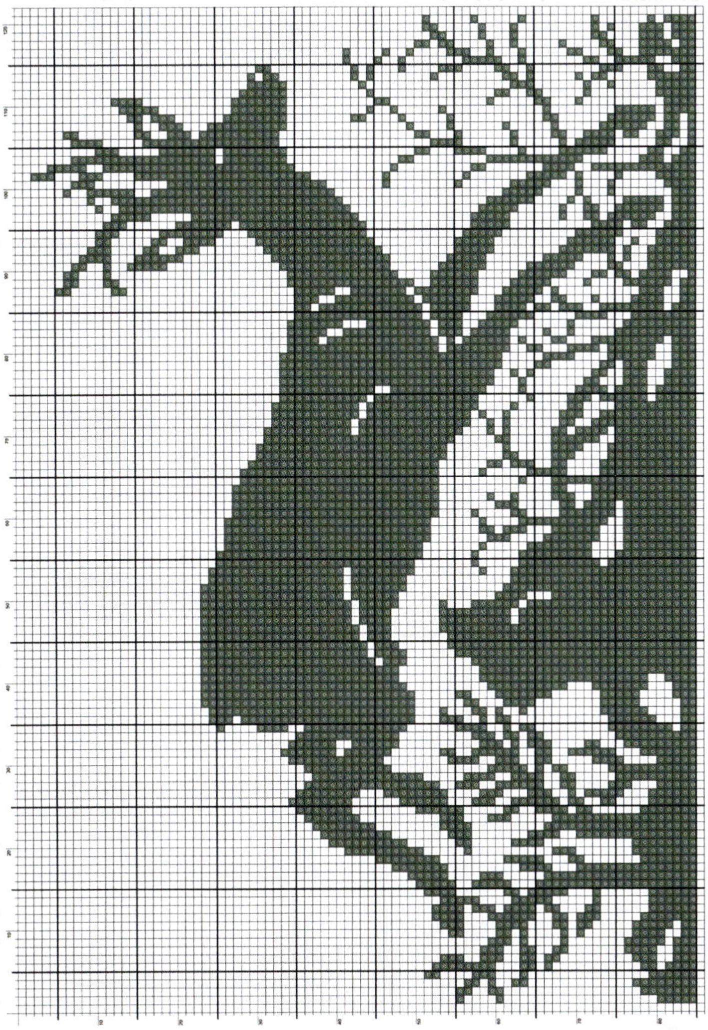

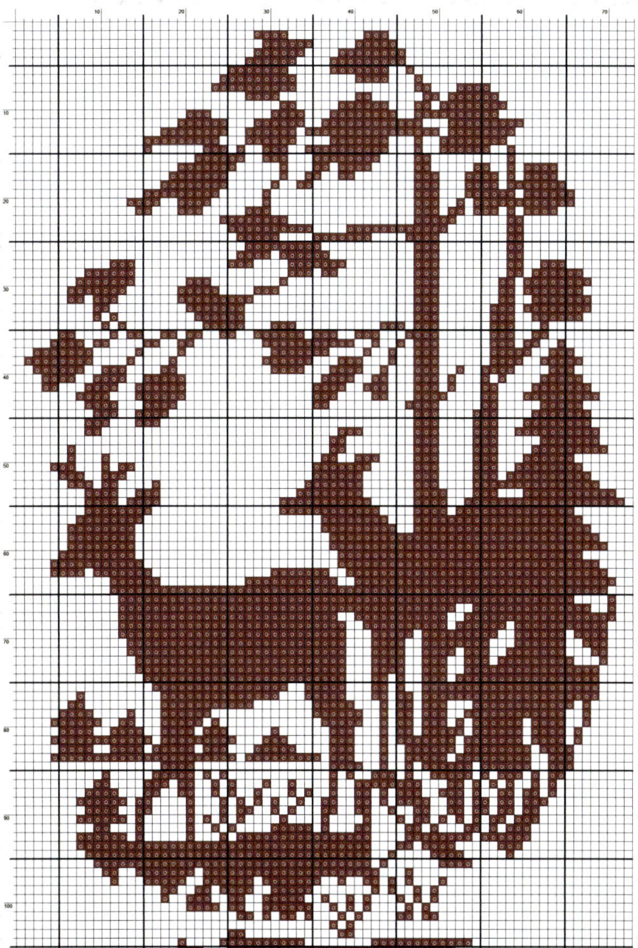

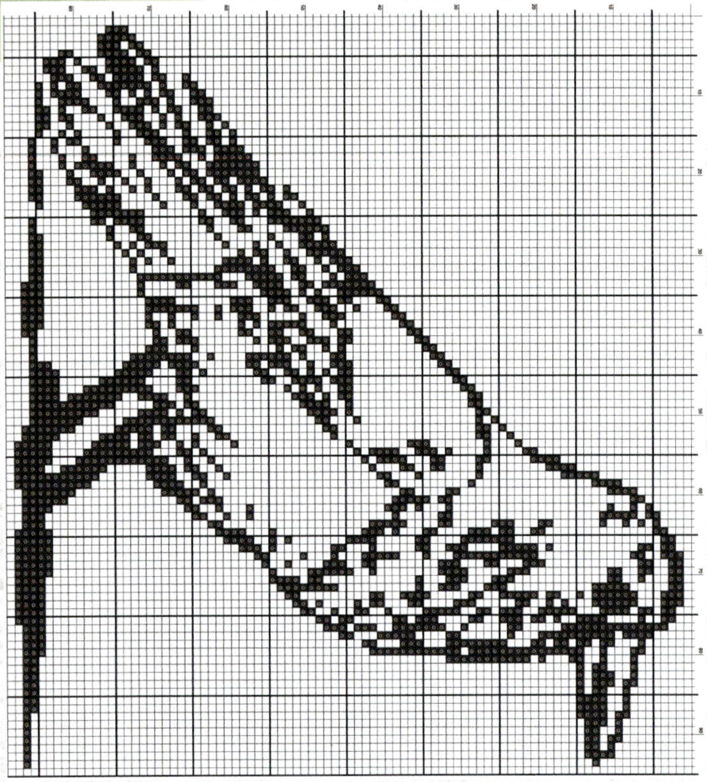

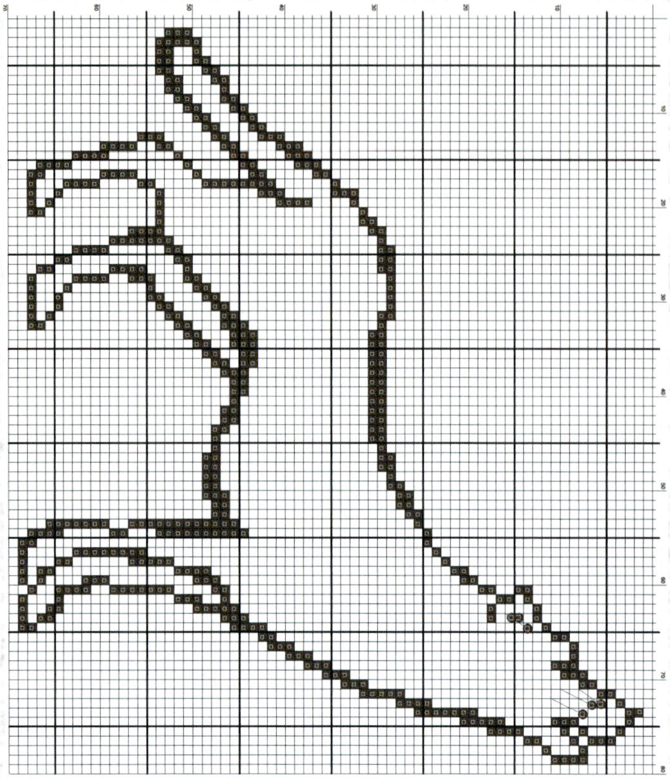

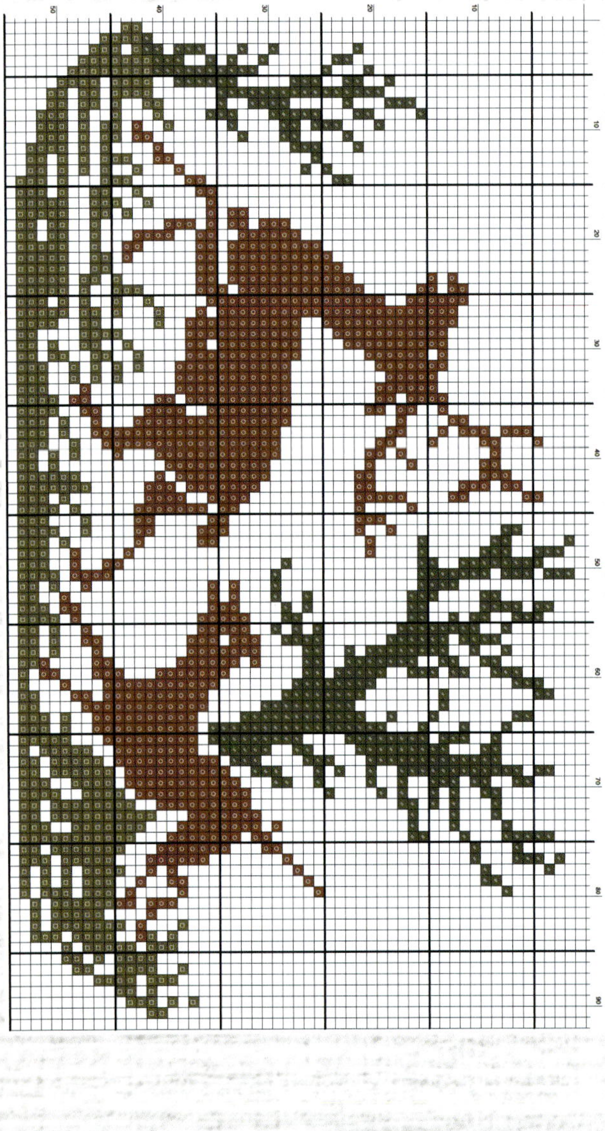

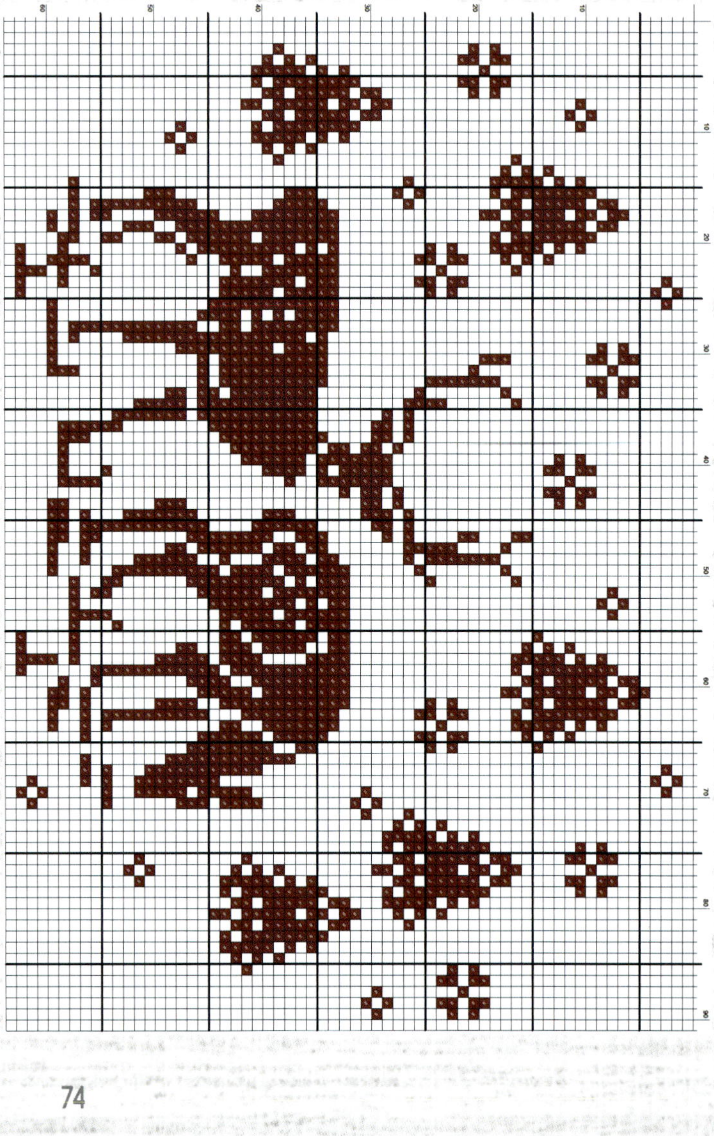

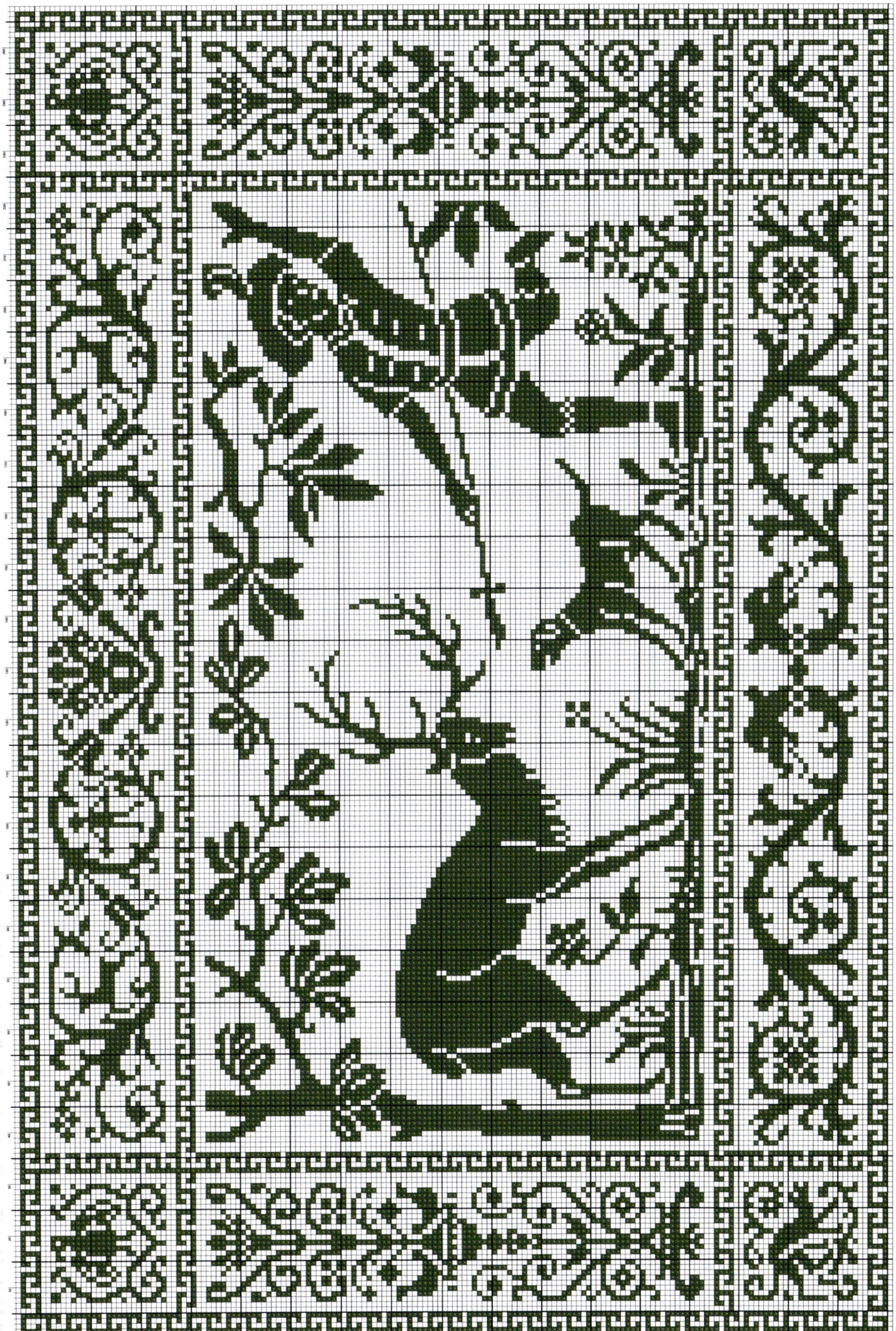

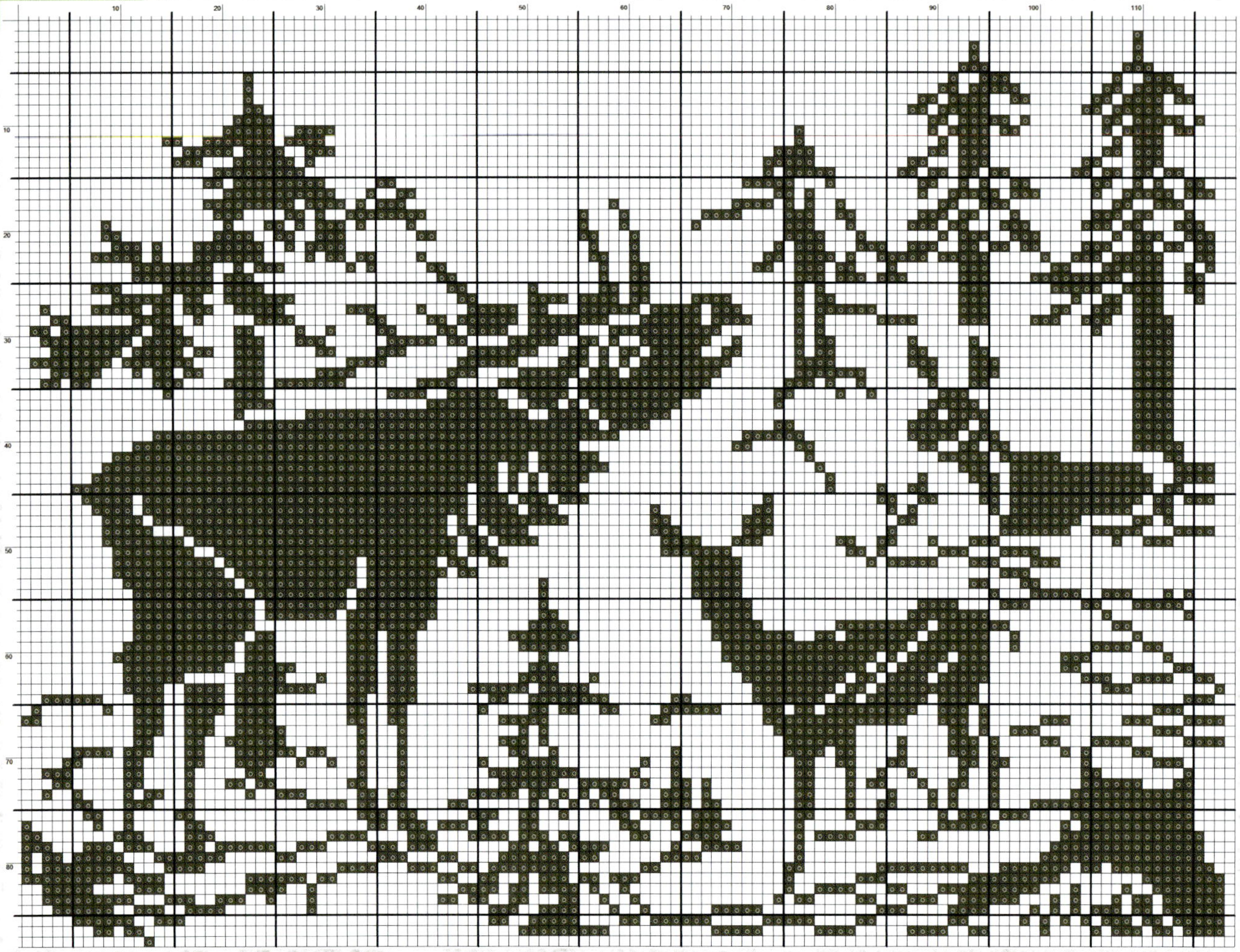

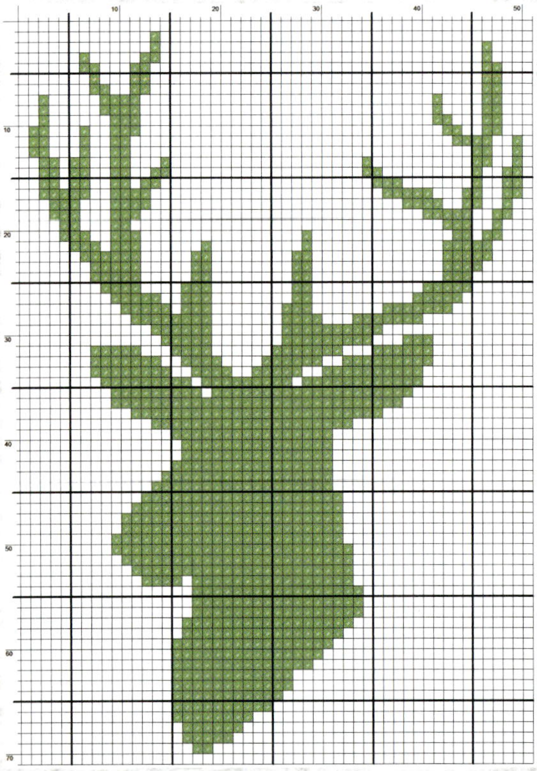

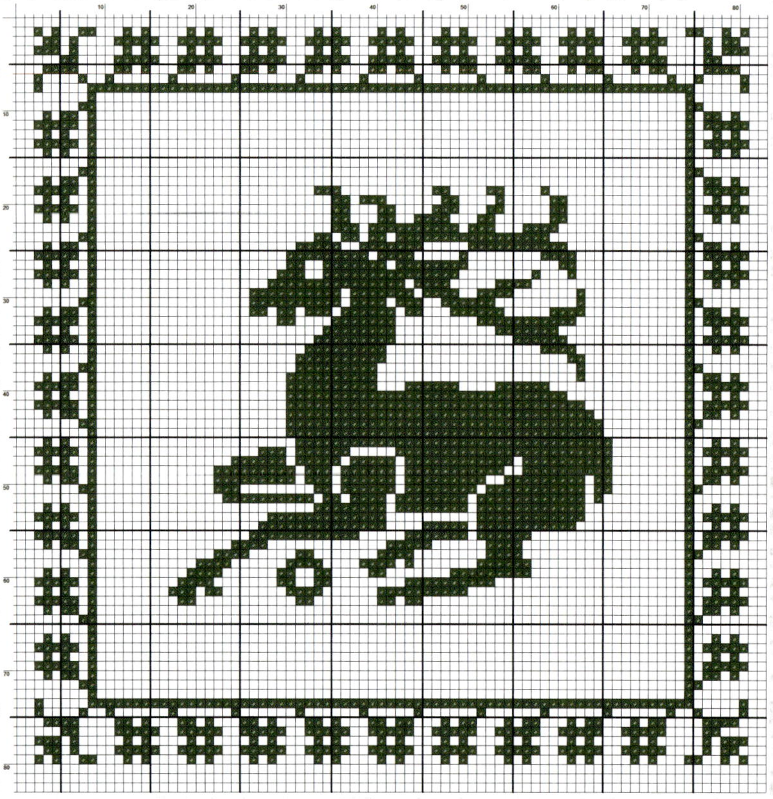

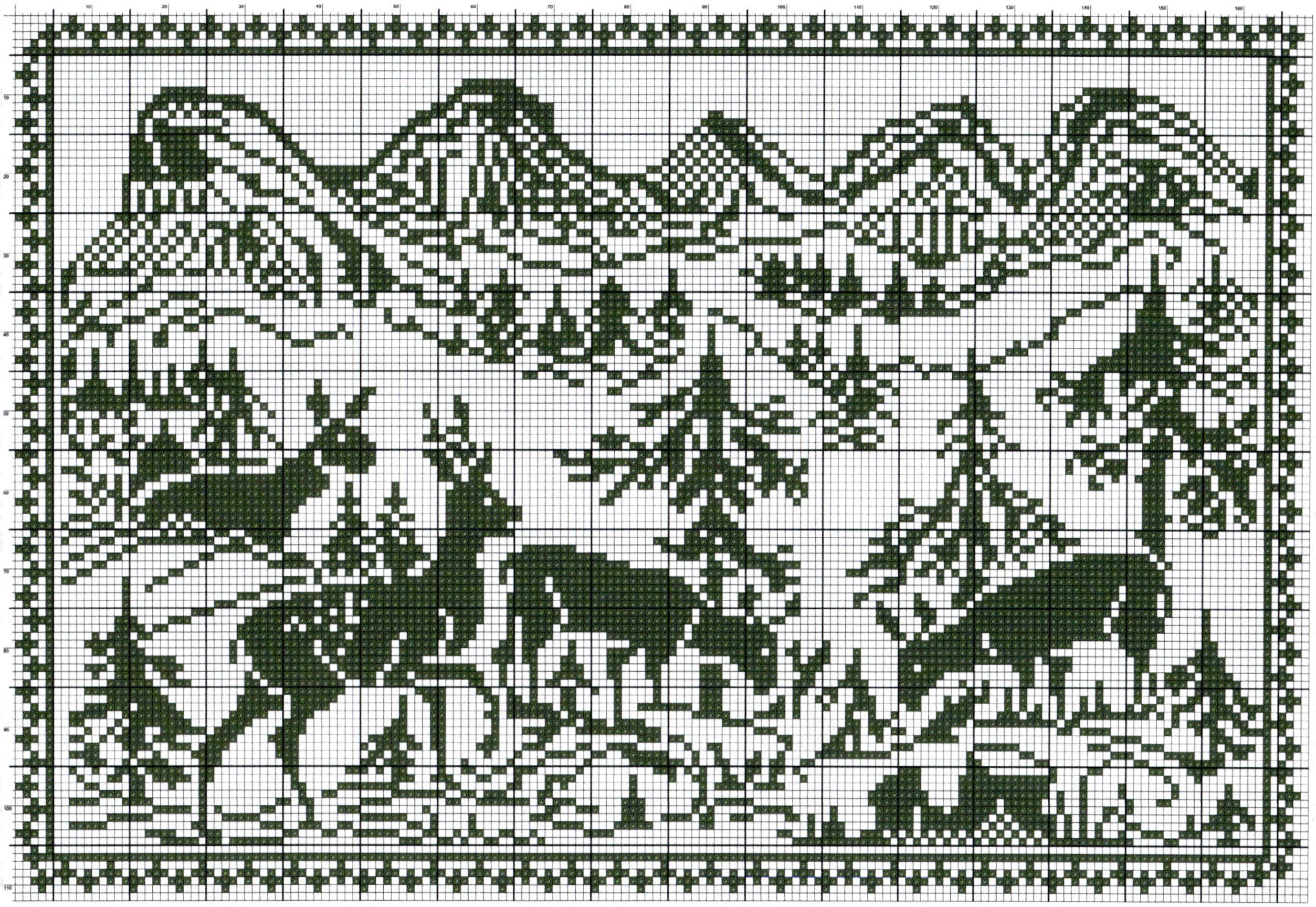

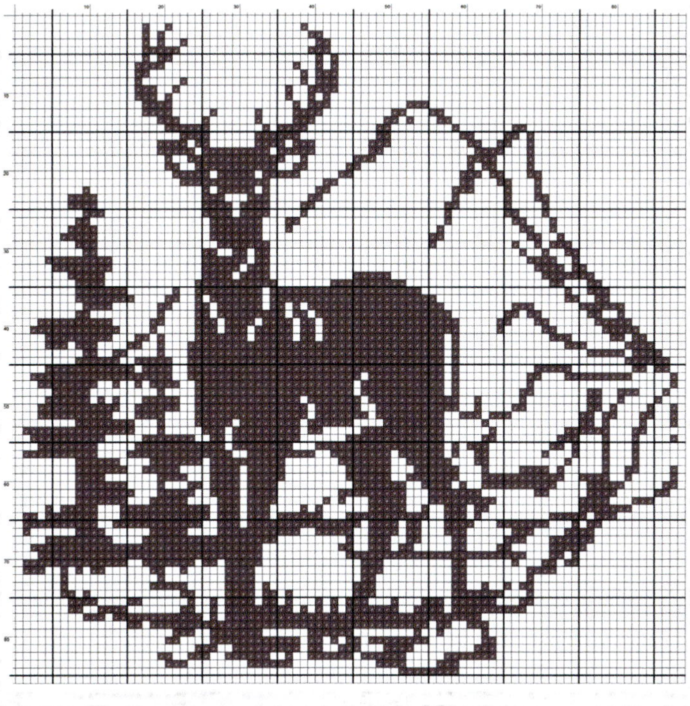

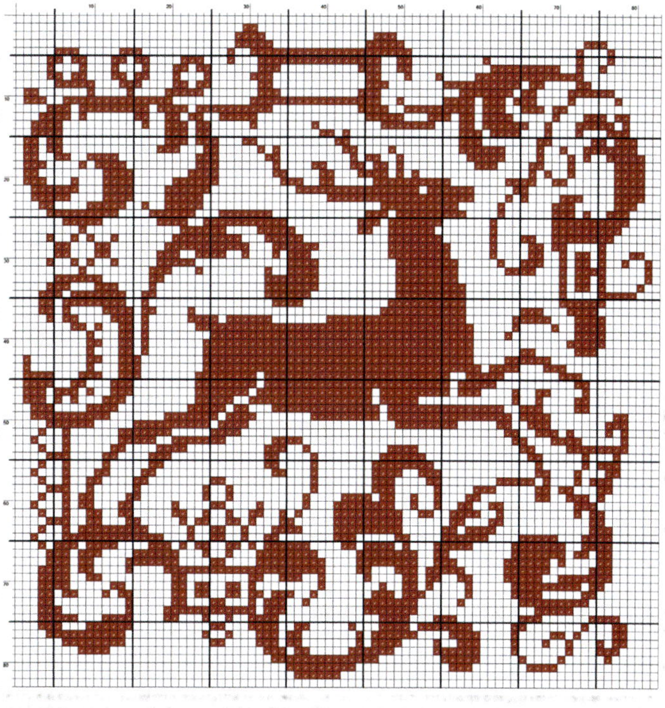

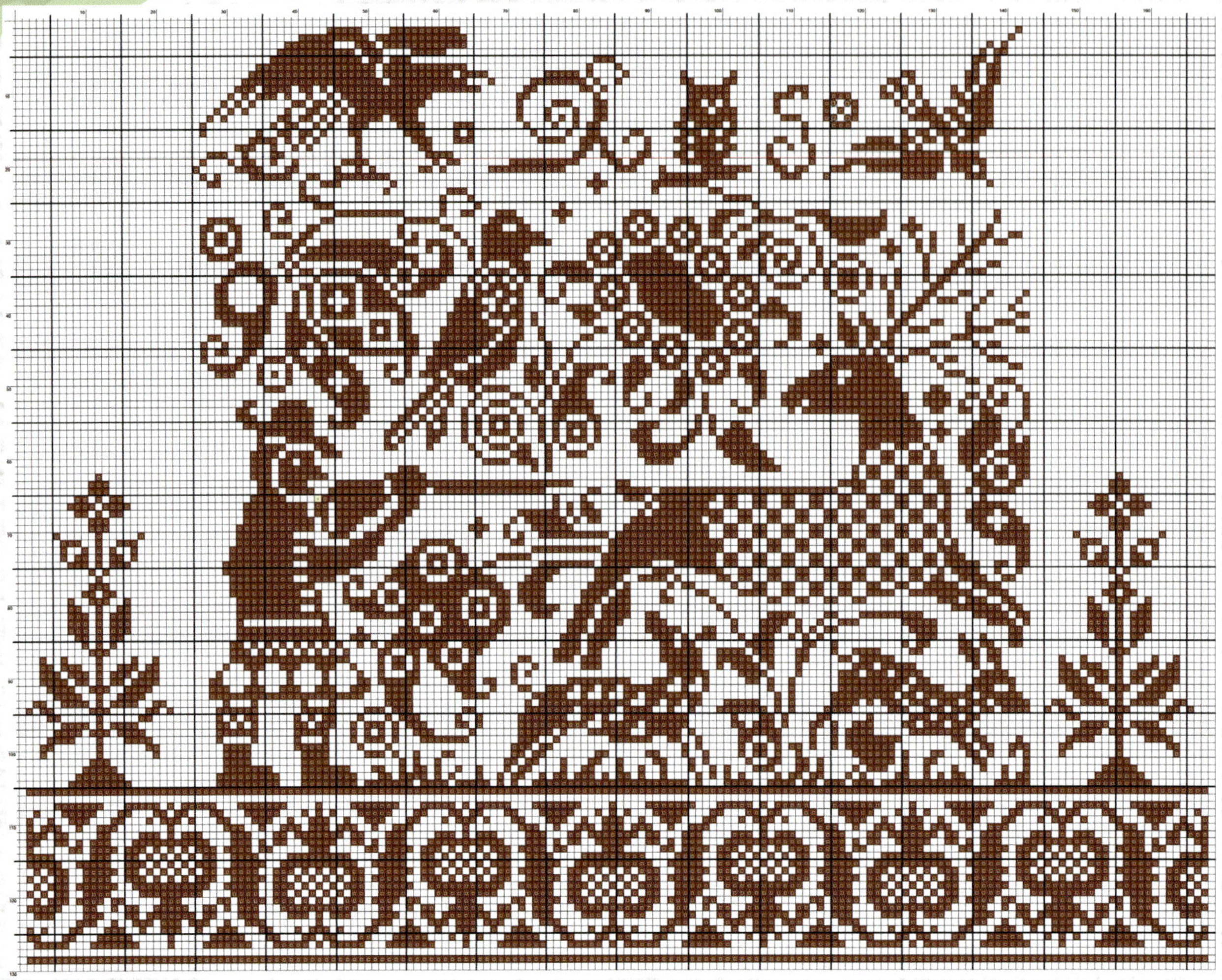

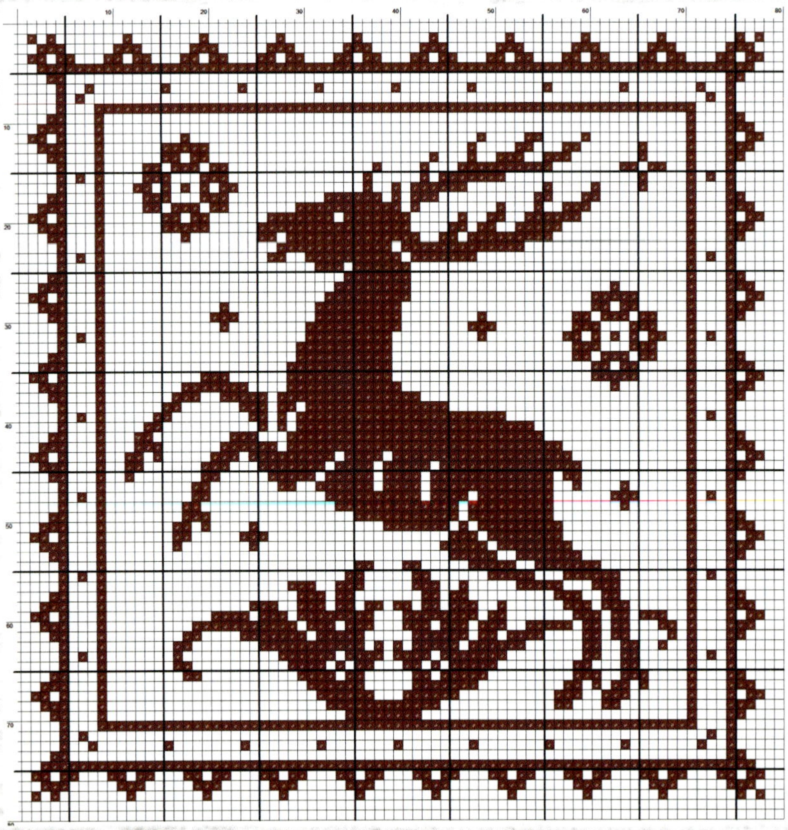

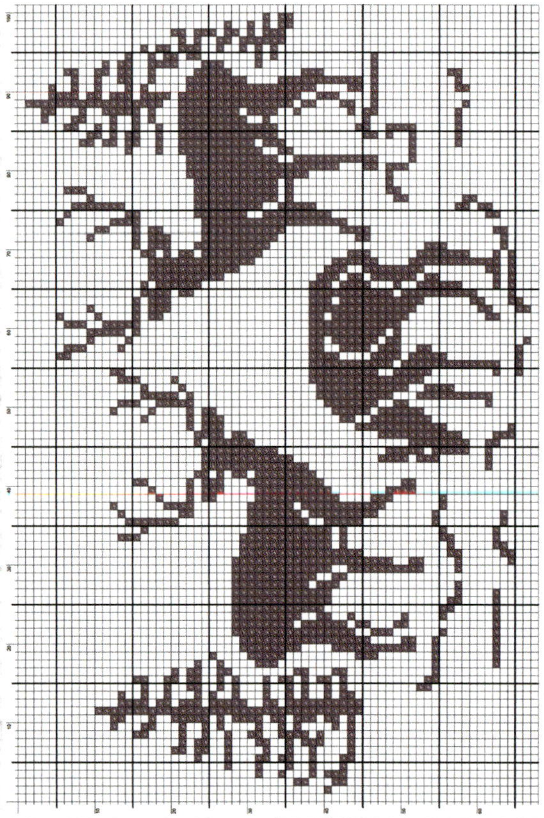

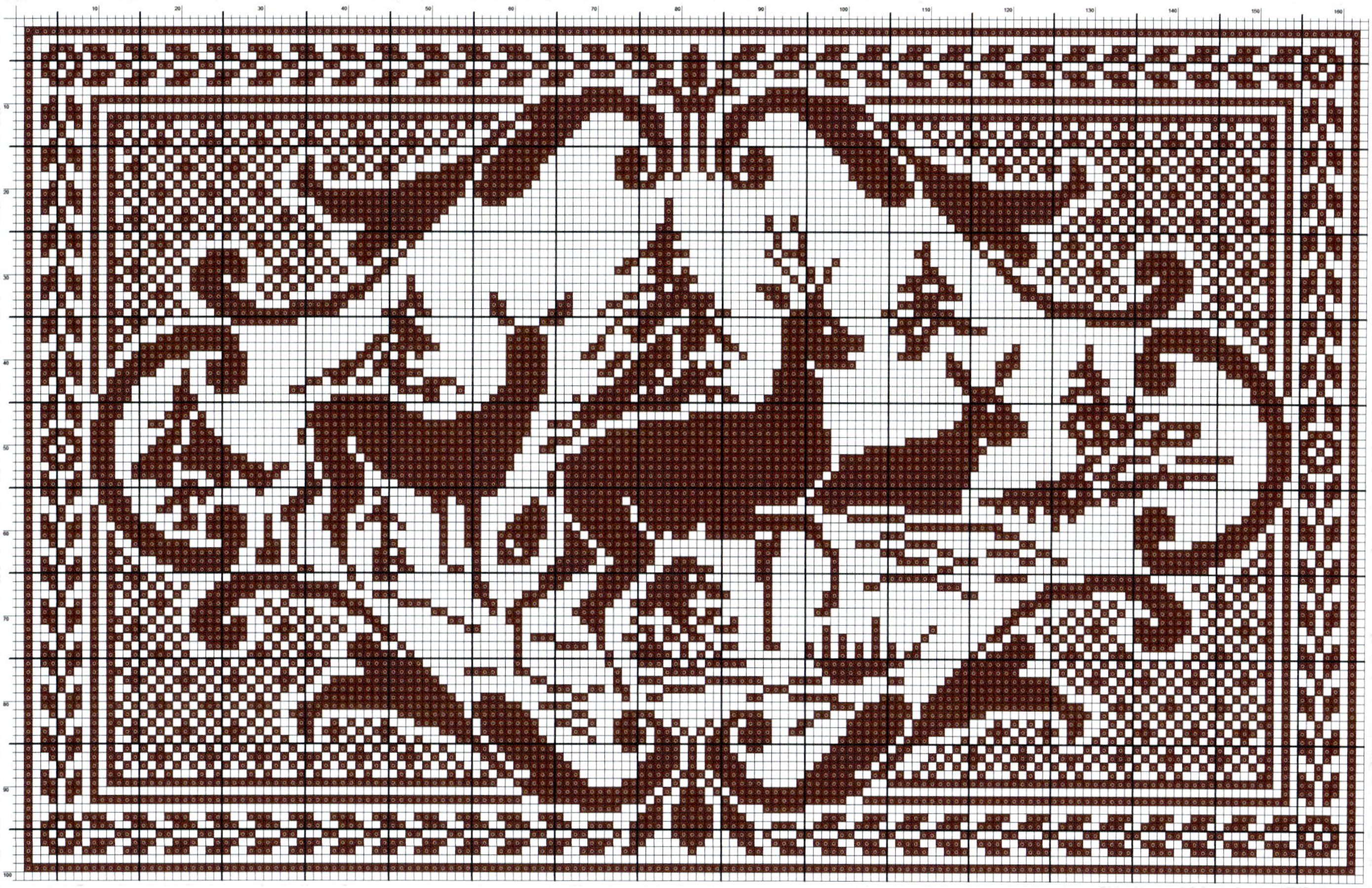

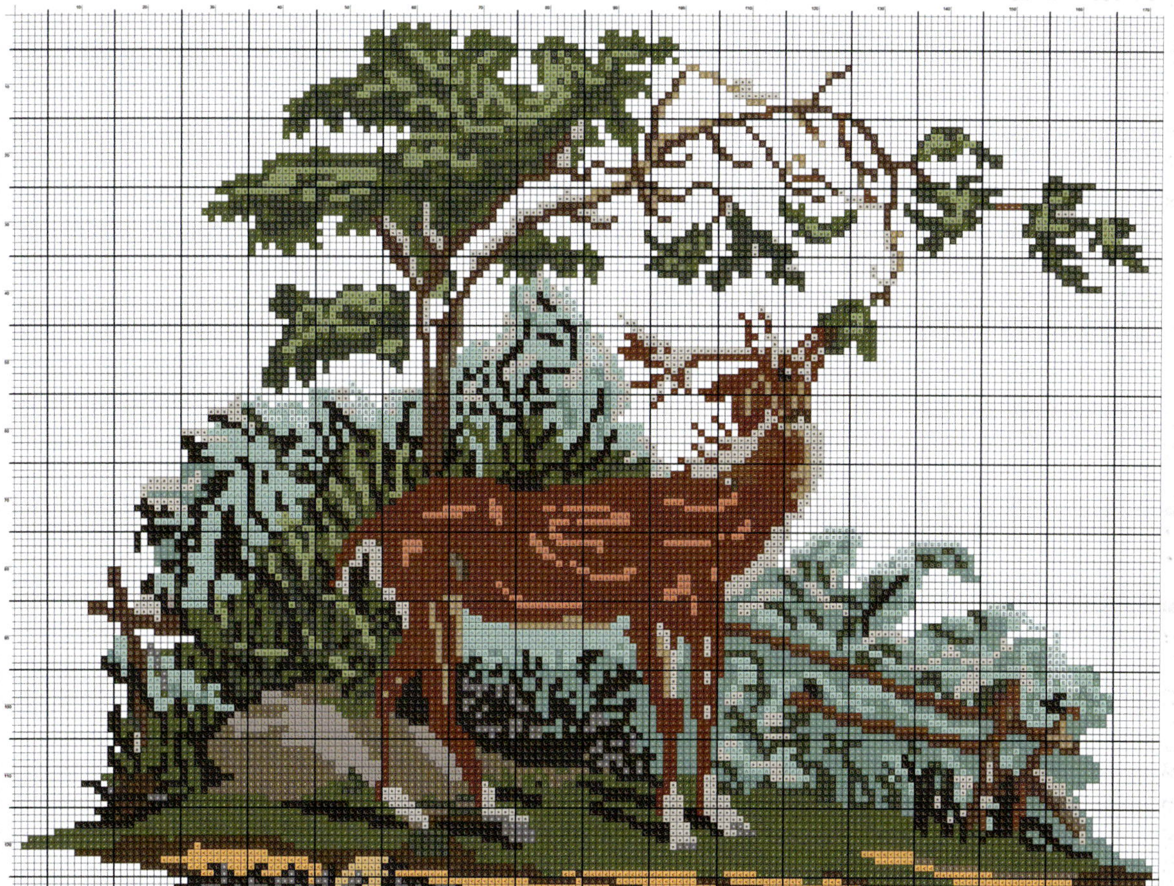

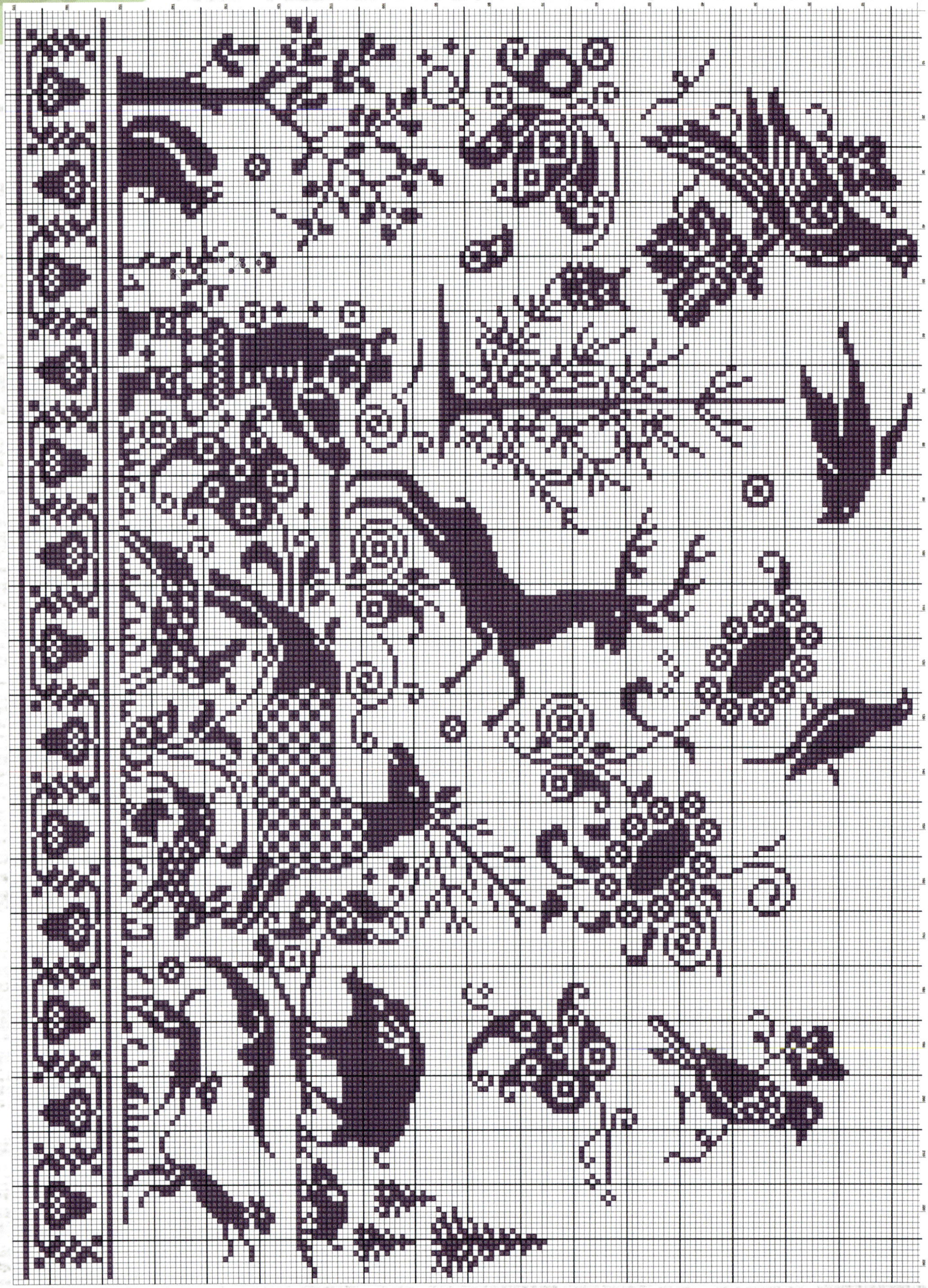

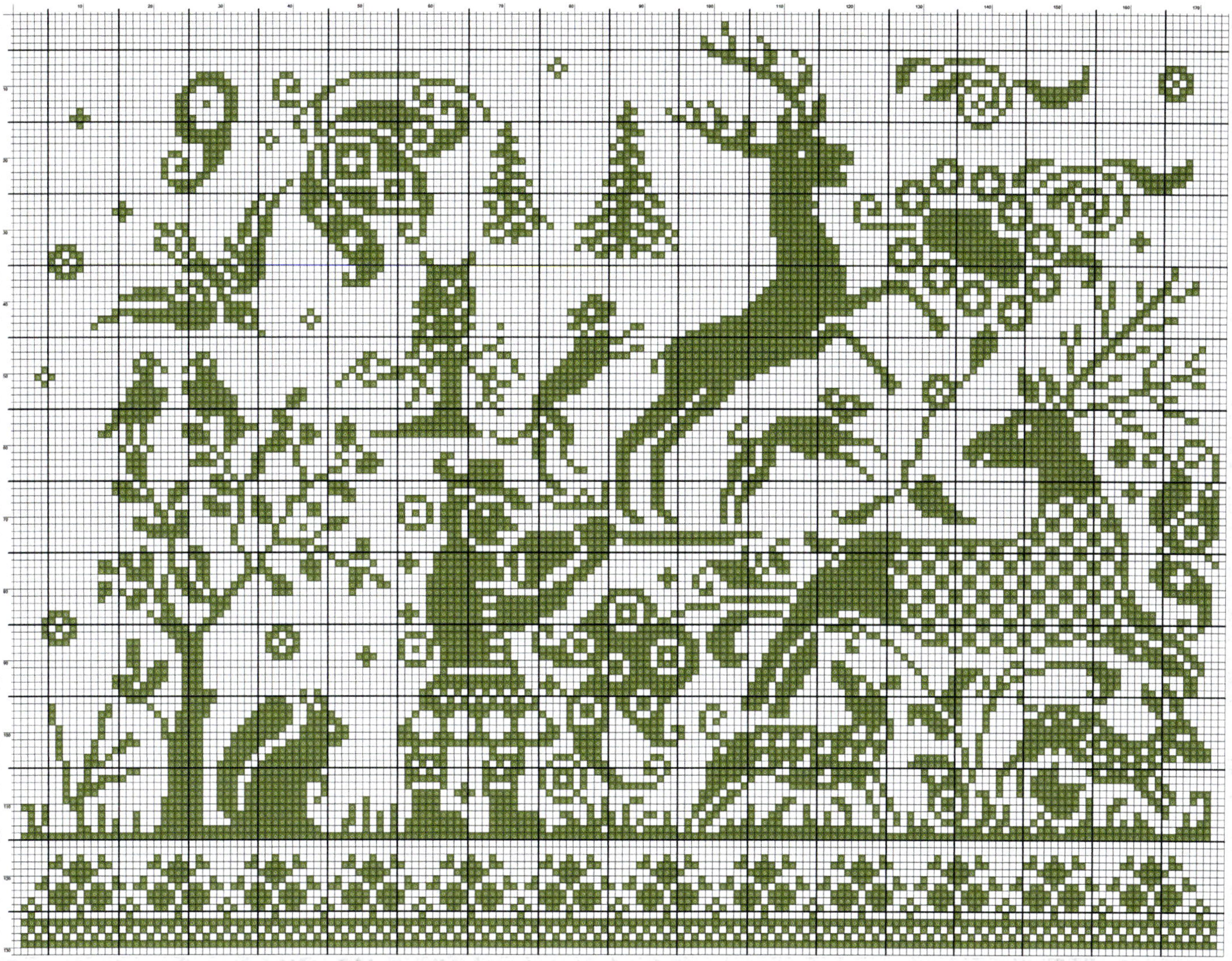

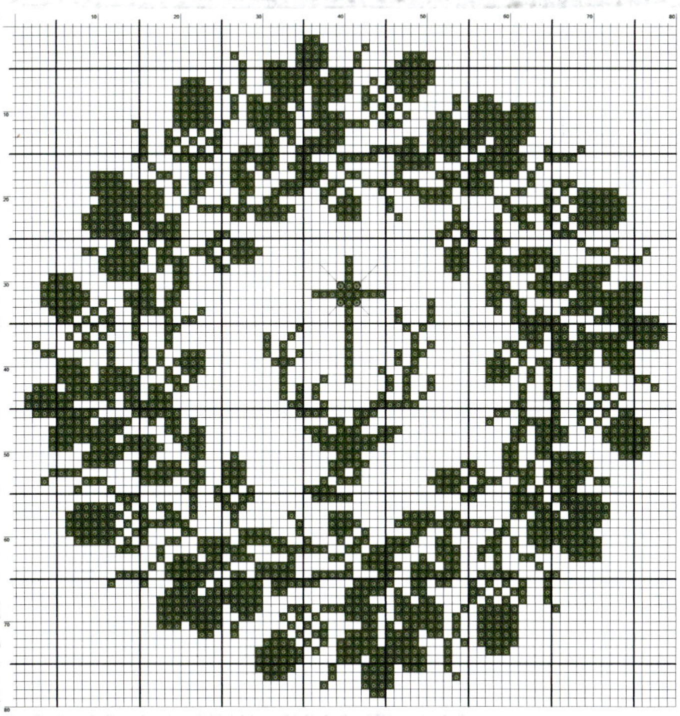

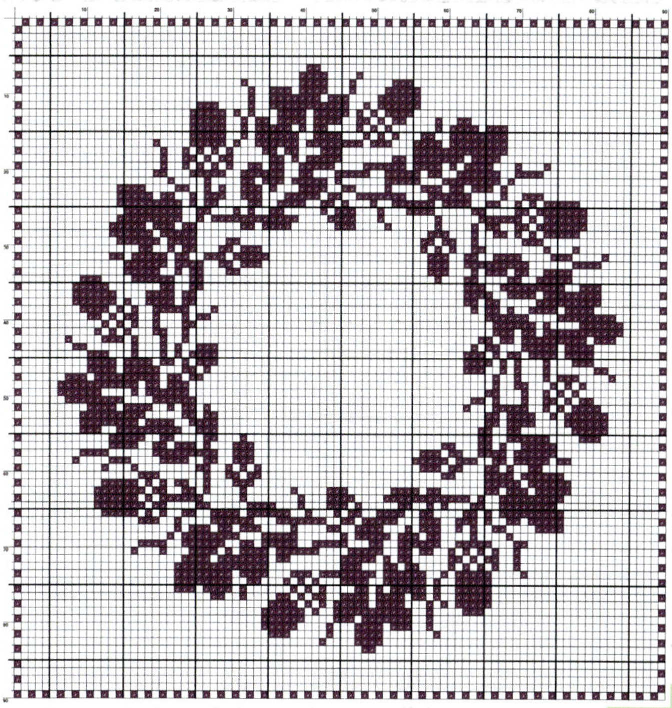

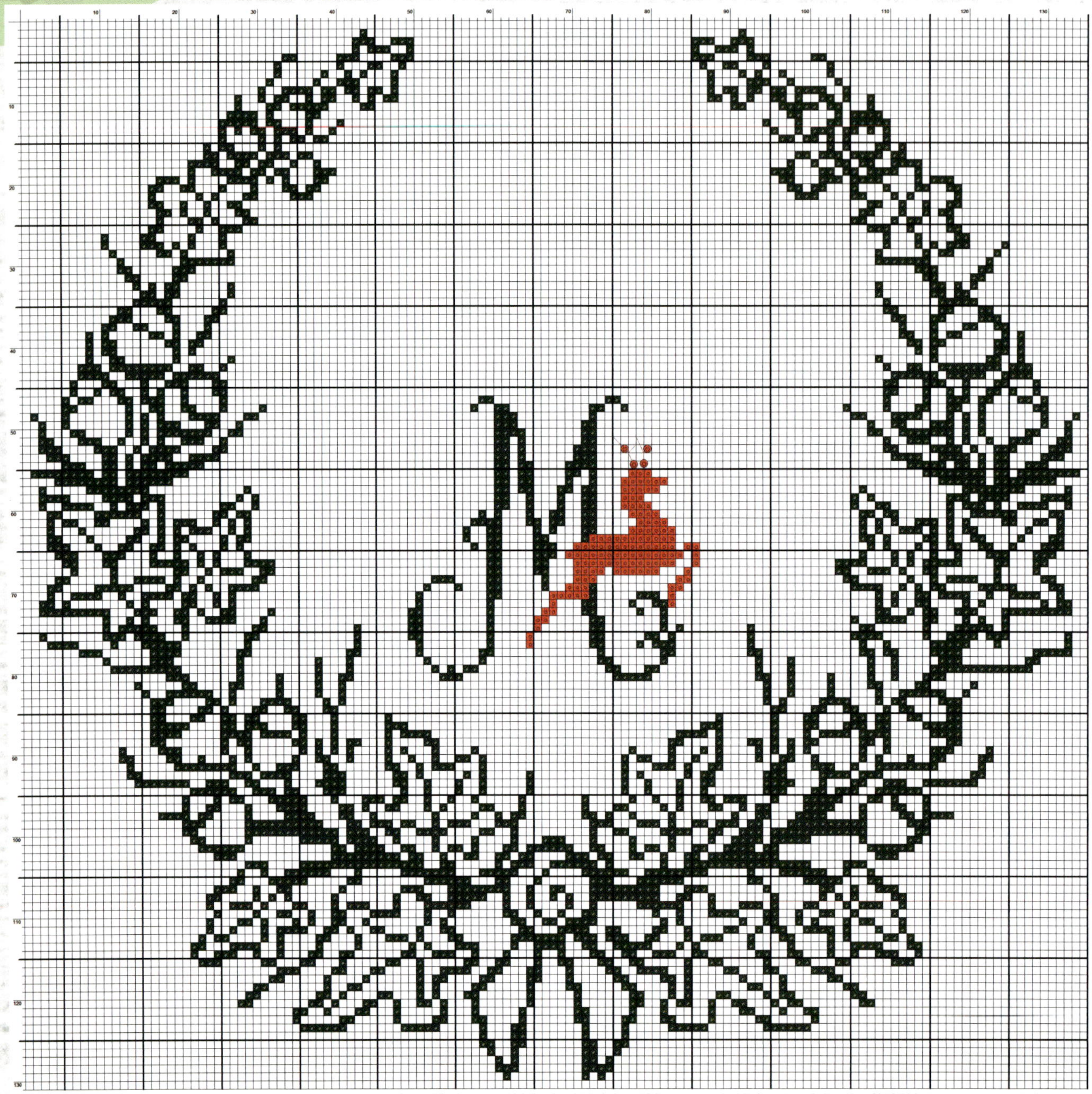

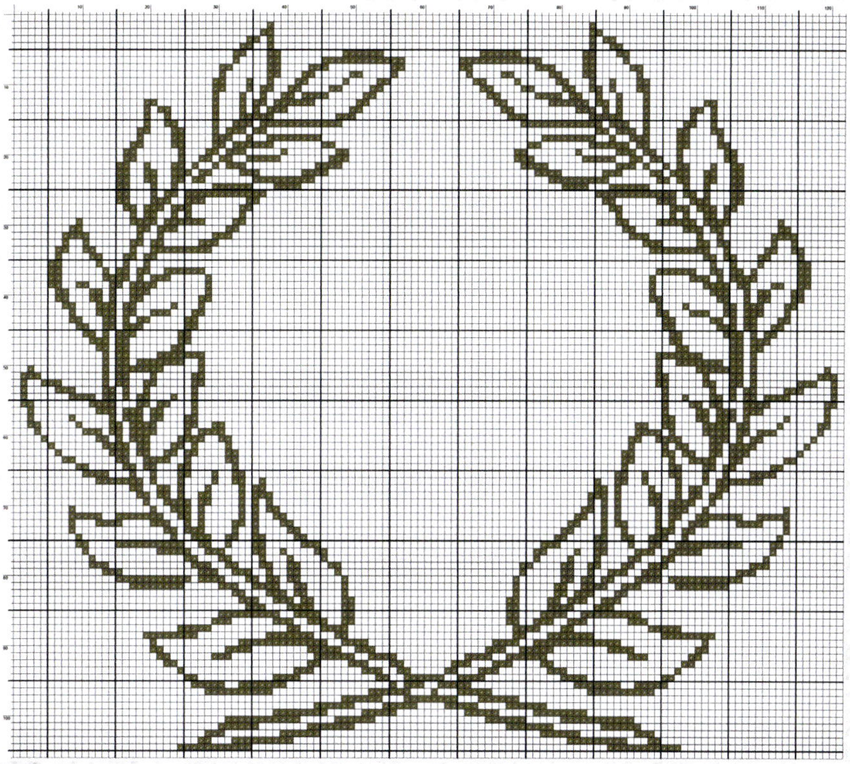

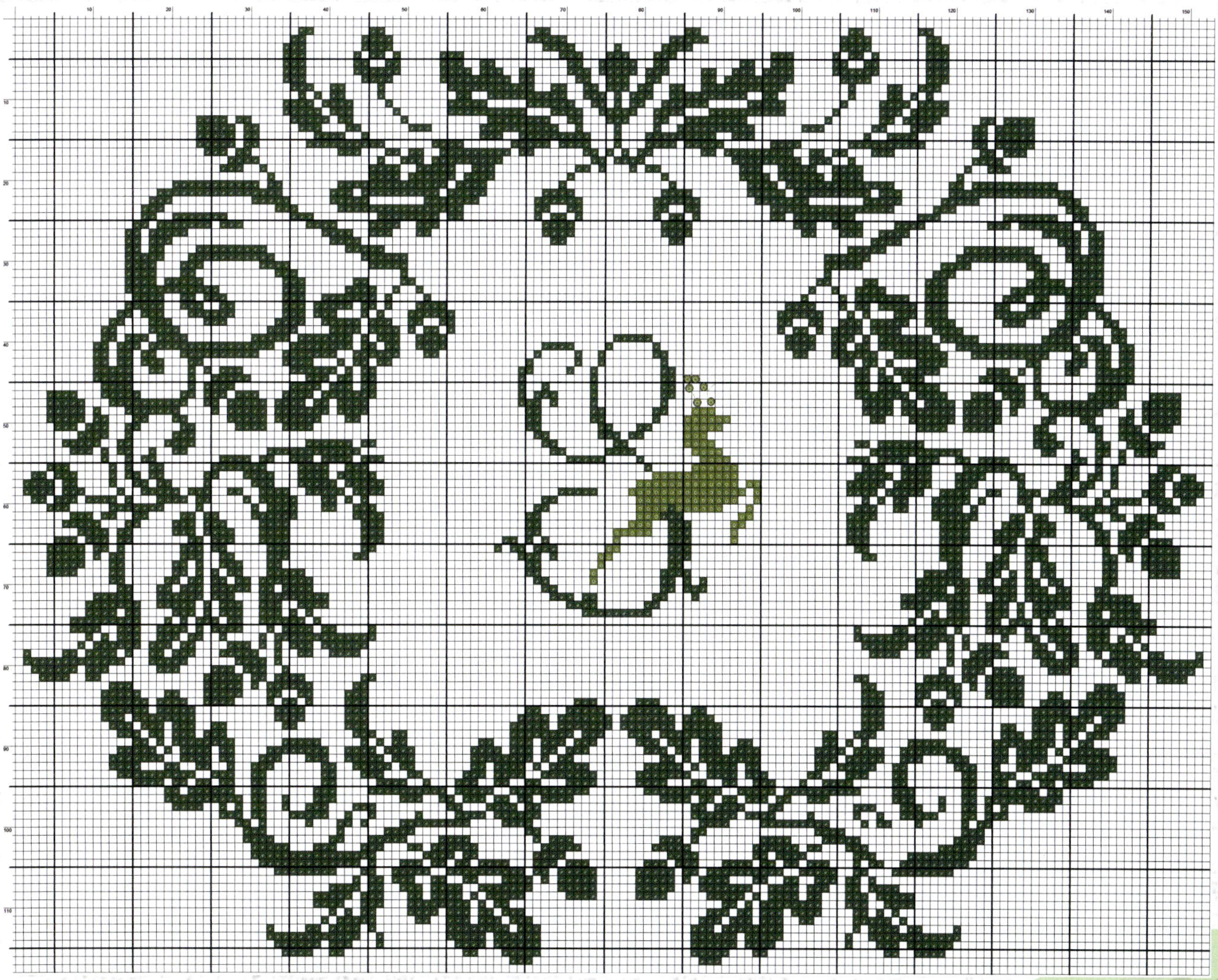

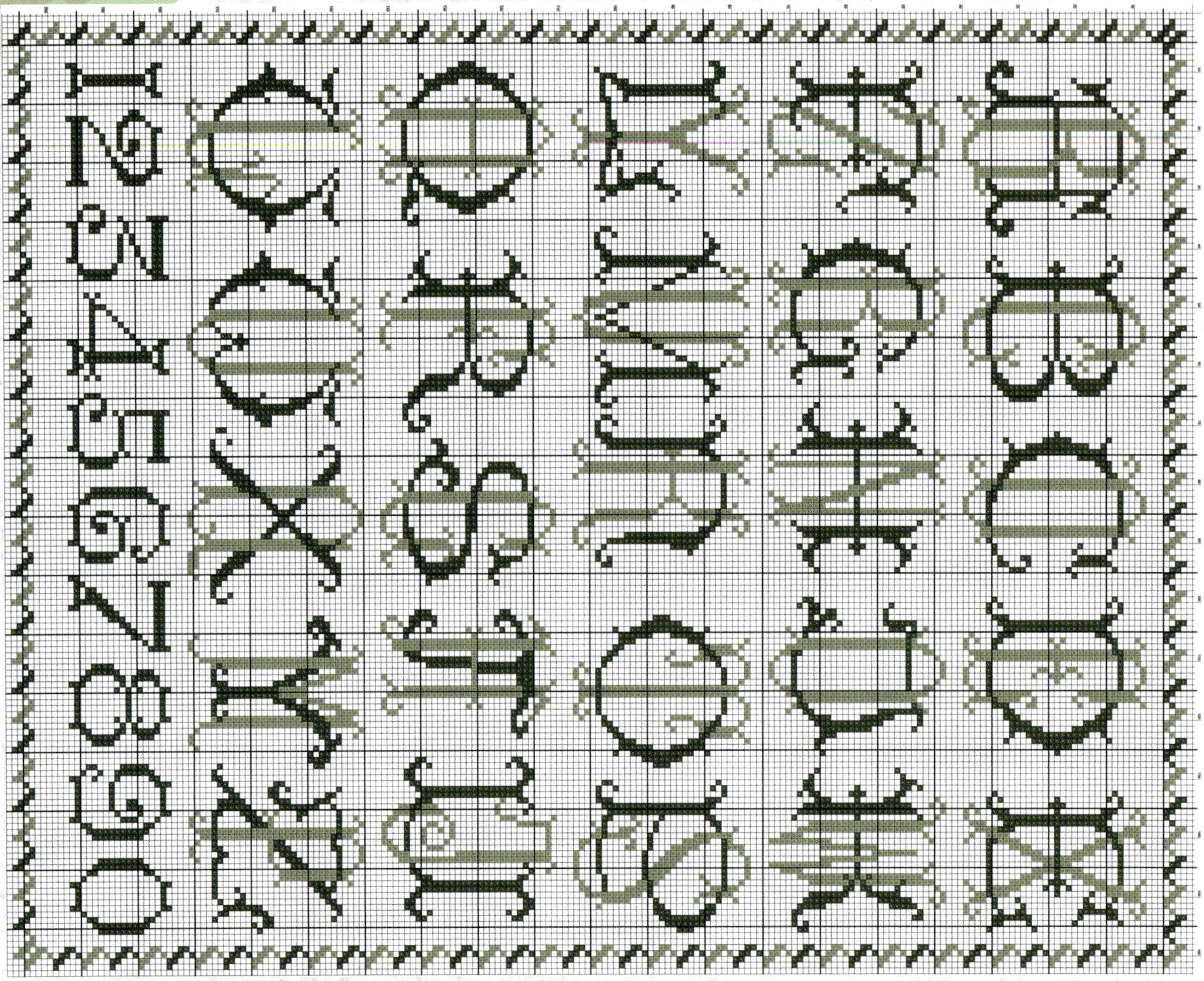

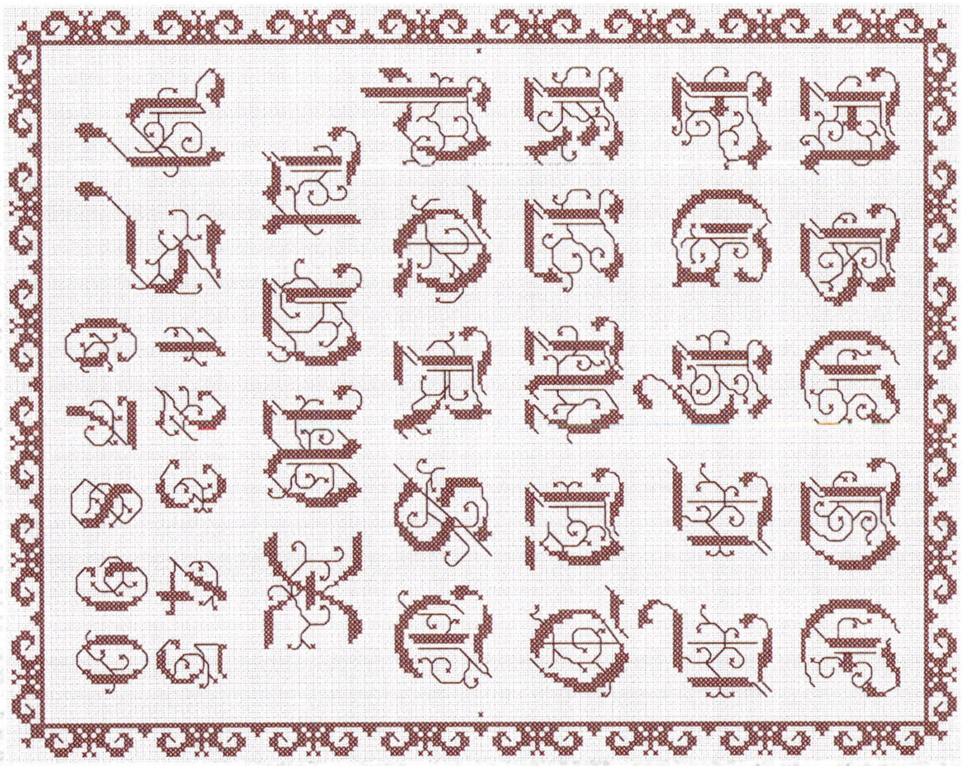

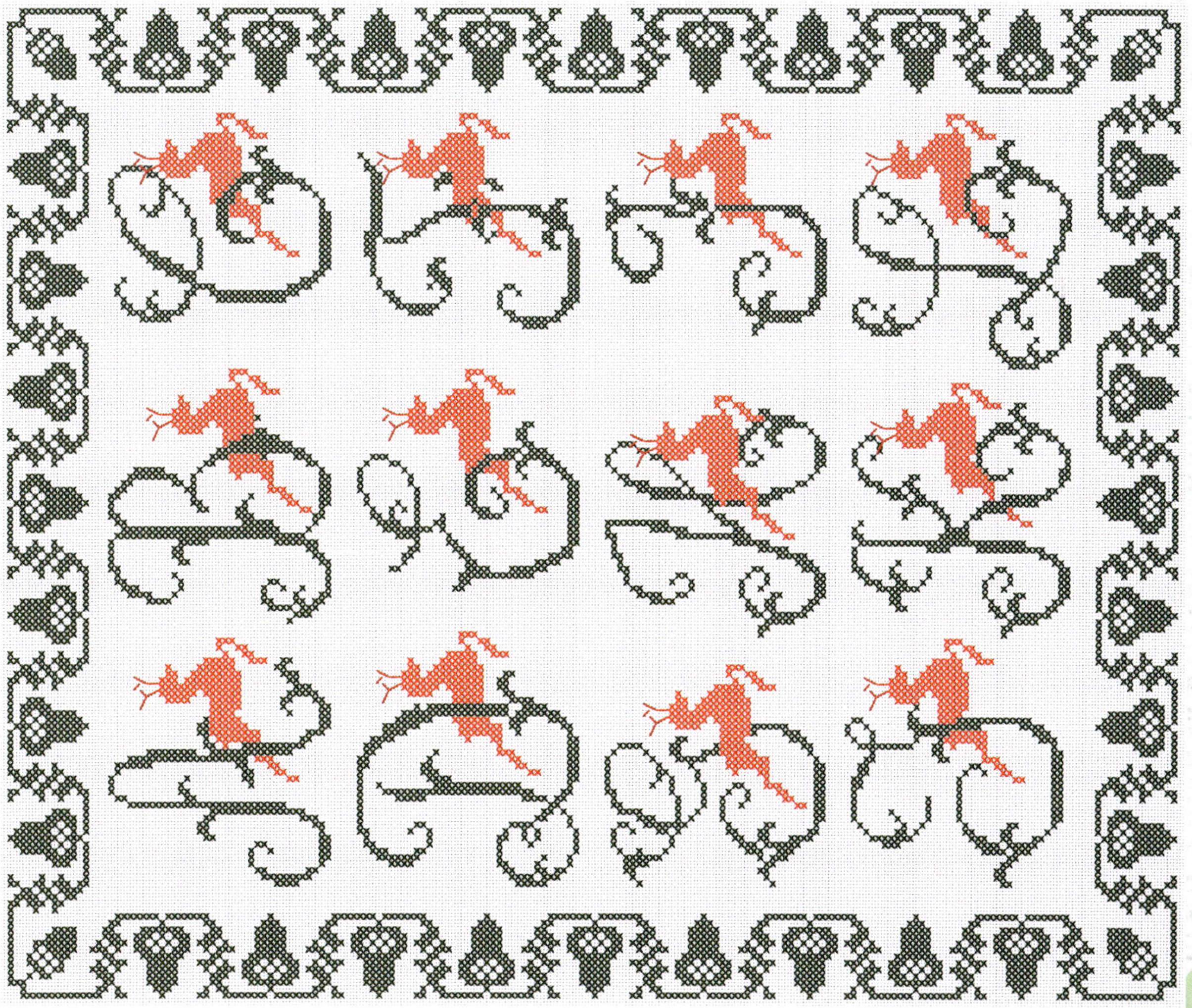

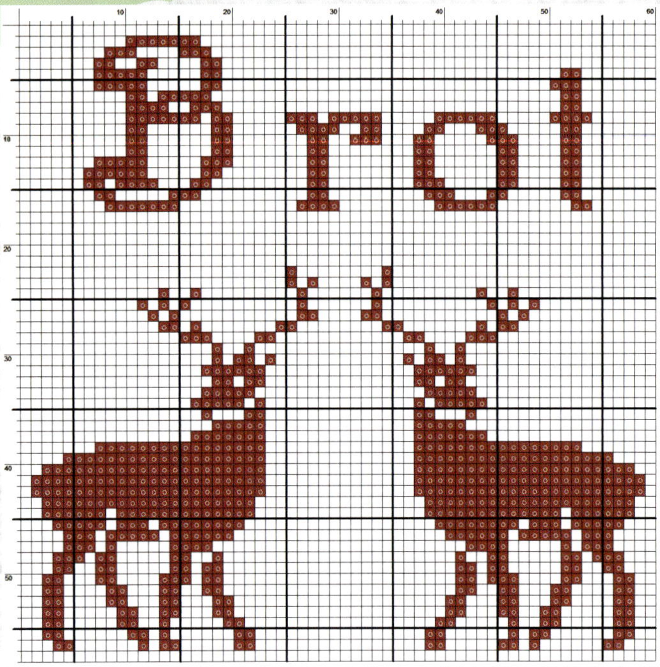
Brol

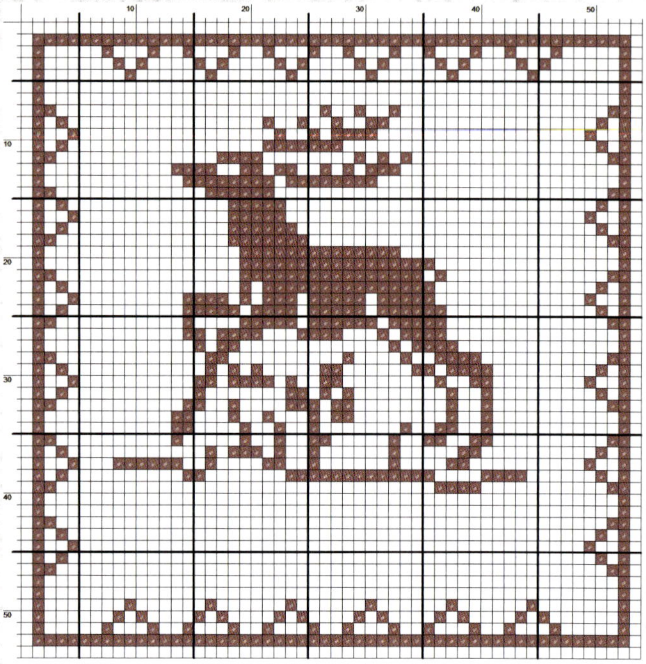

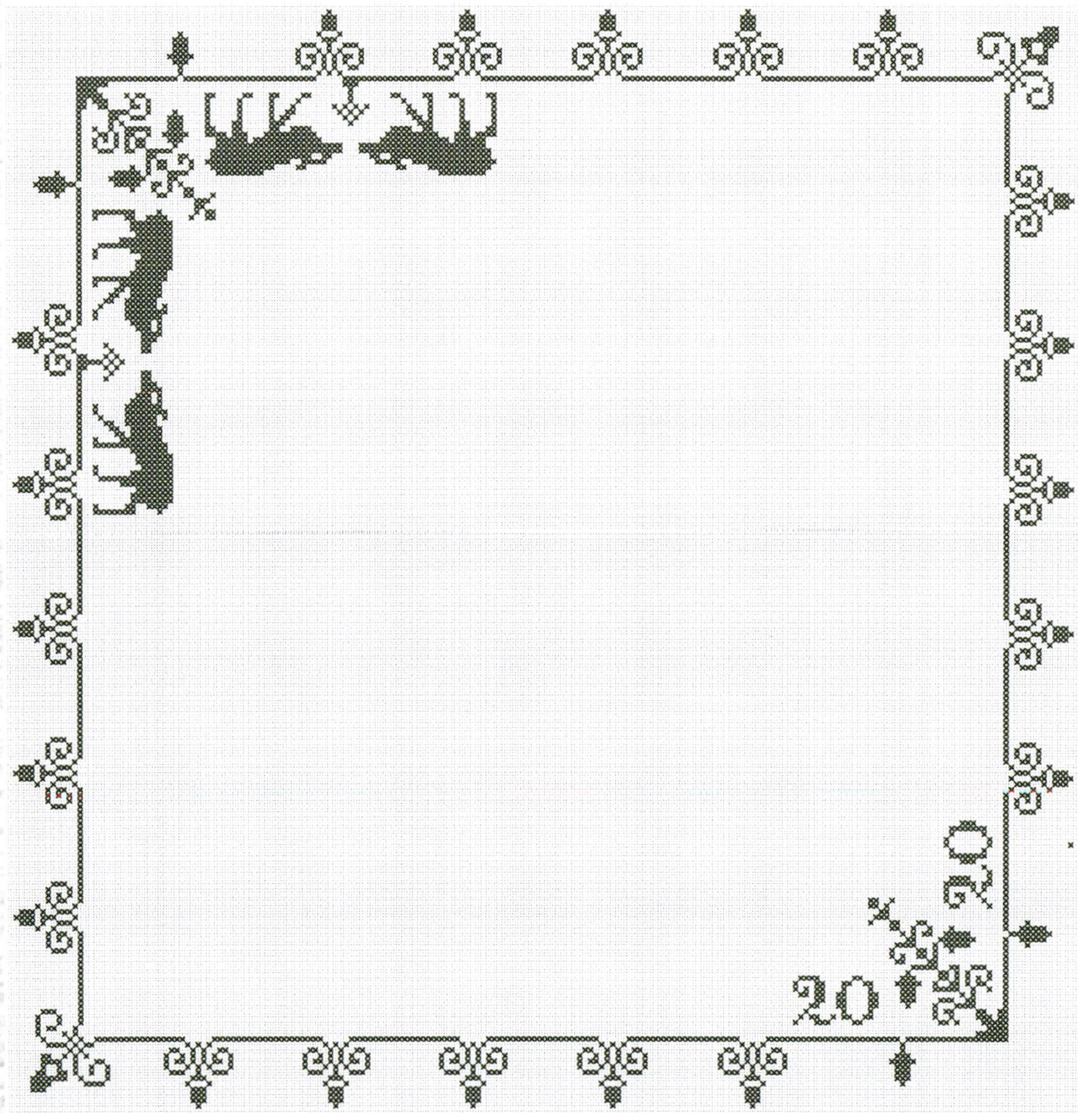
20
20

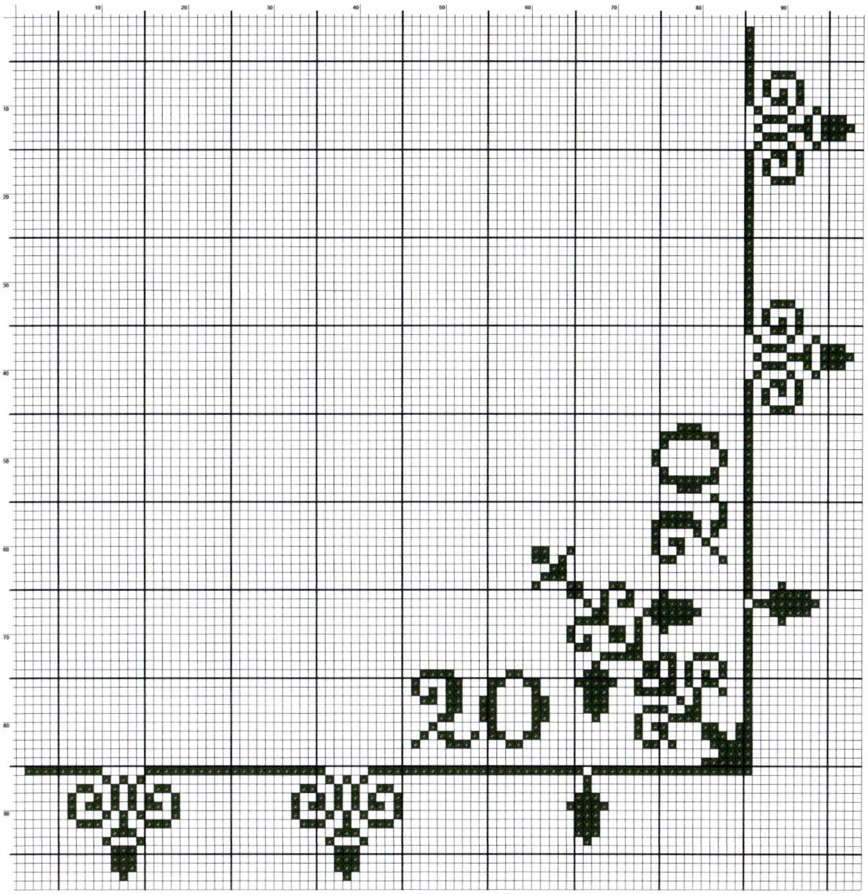

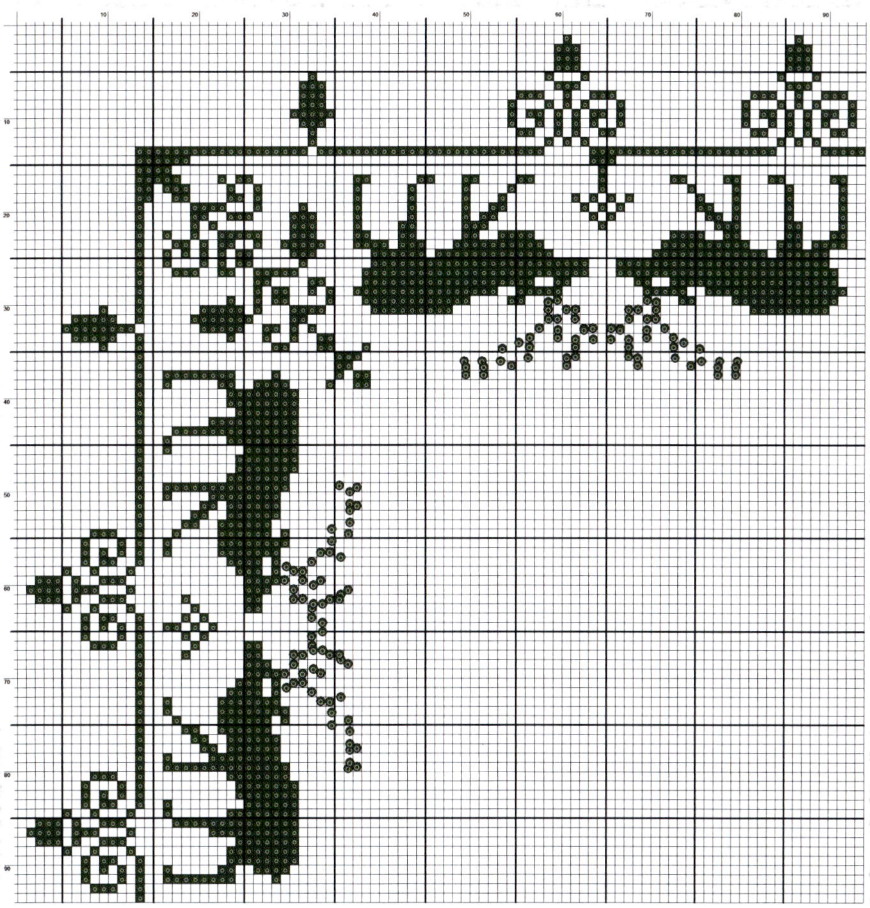

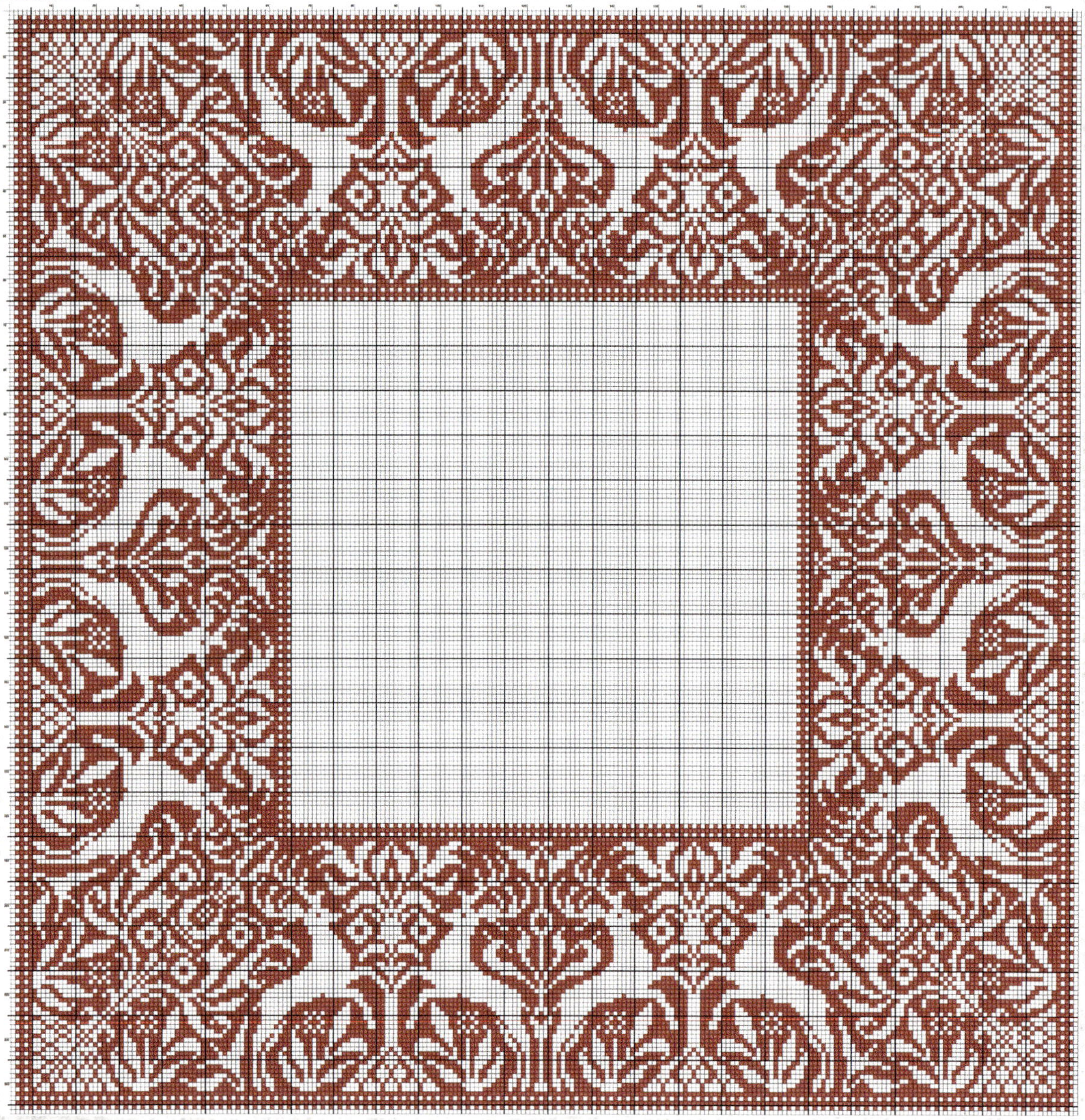

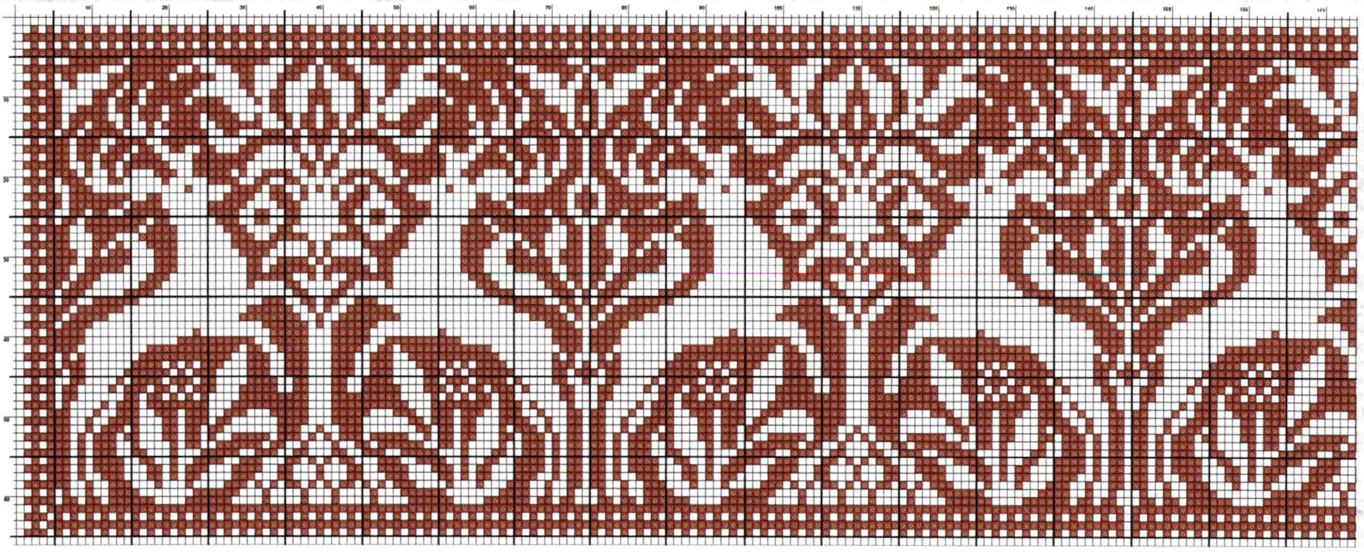

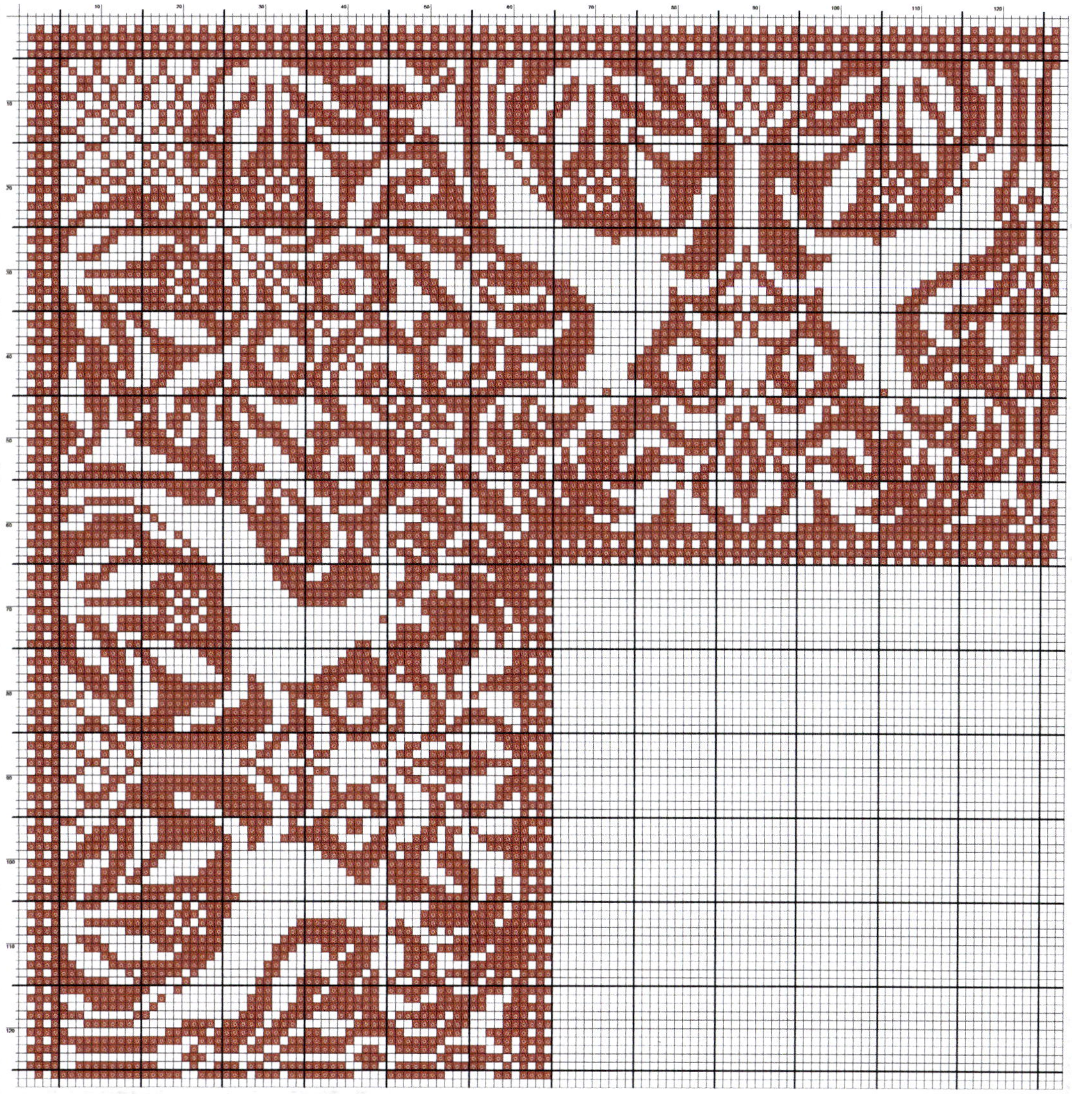

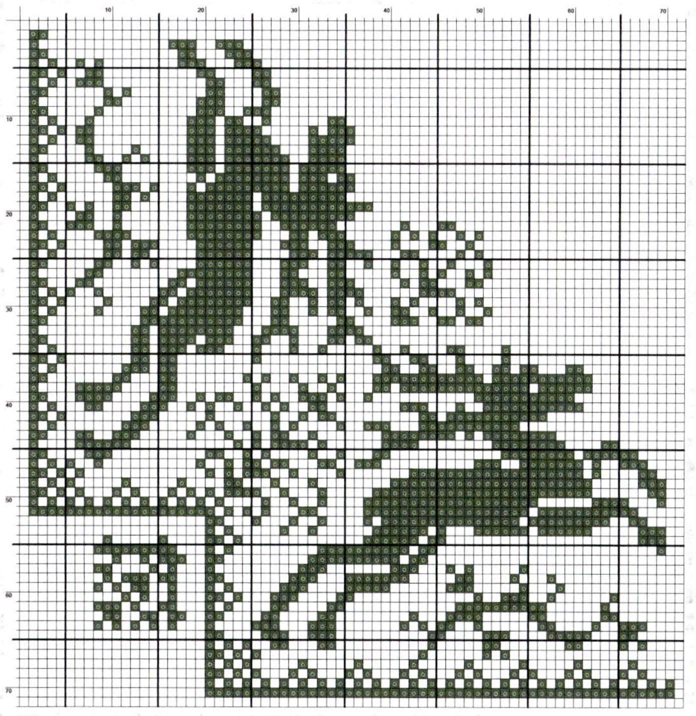

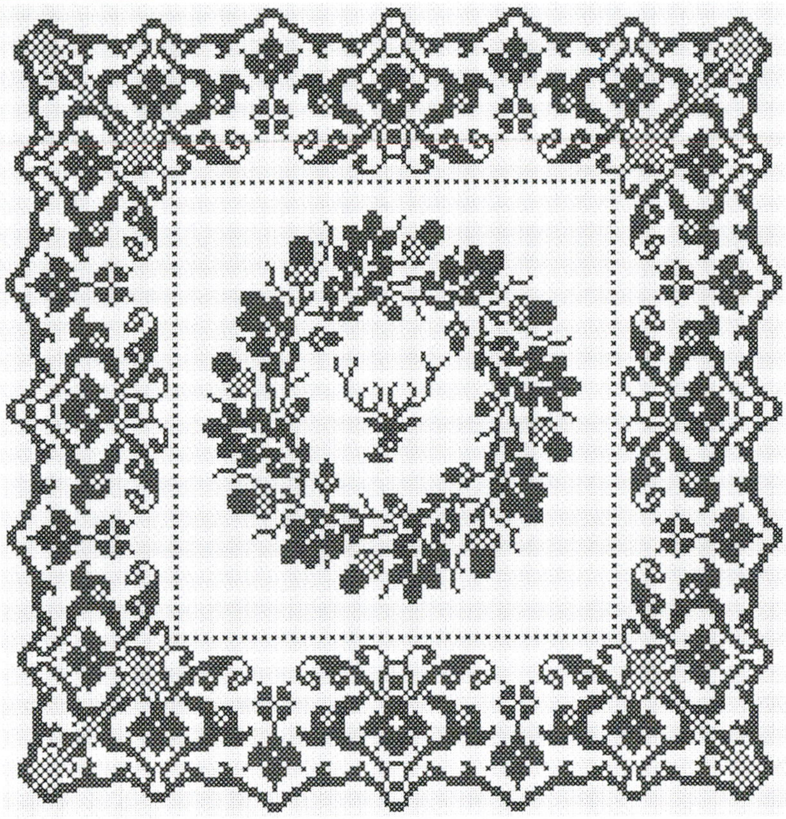

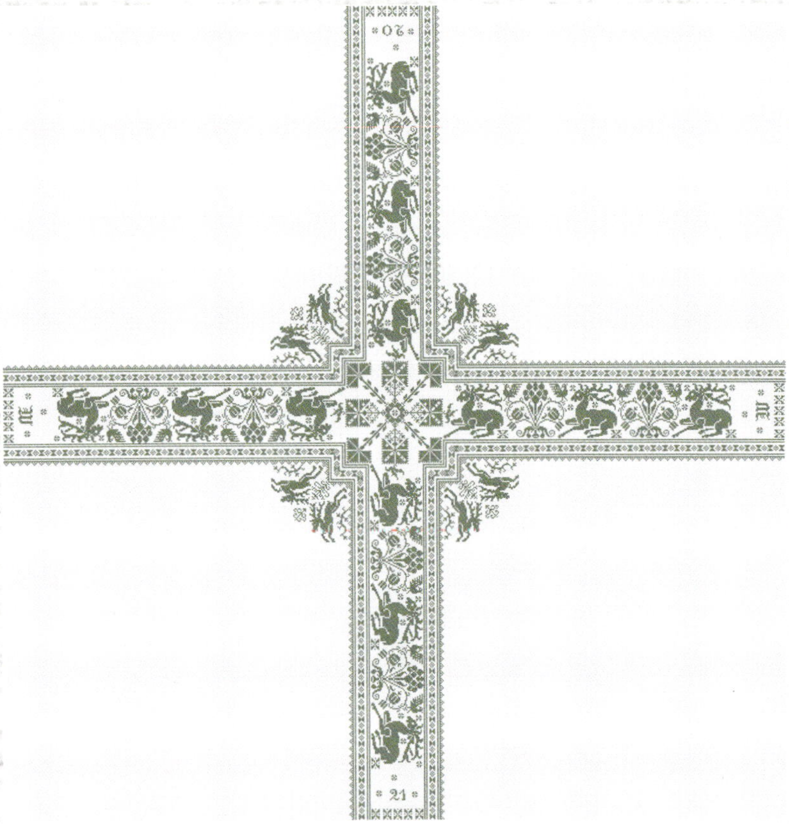

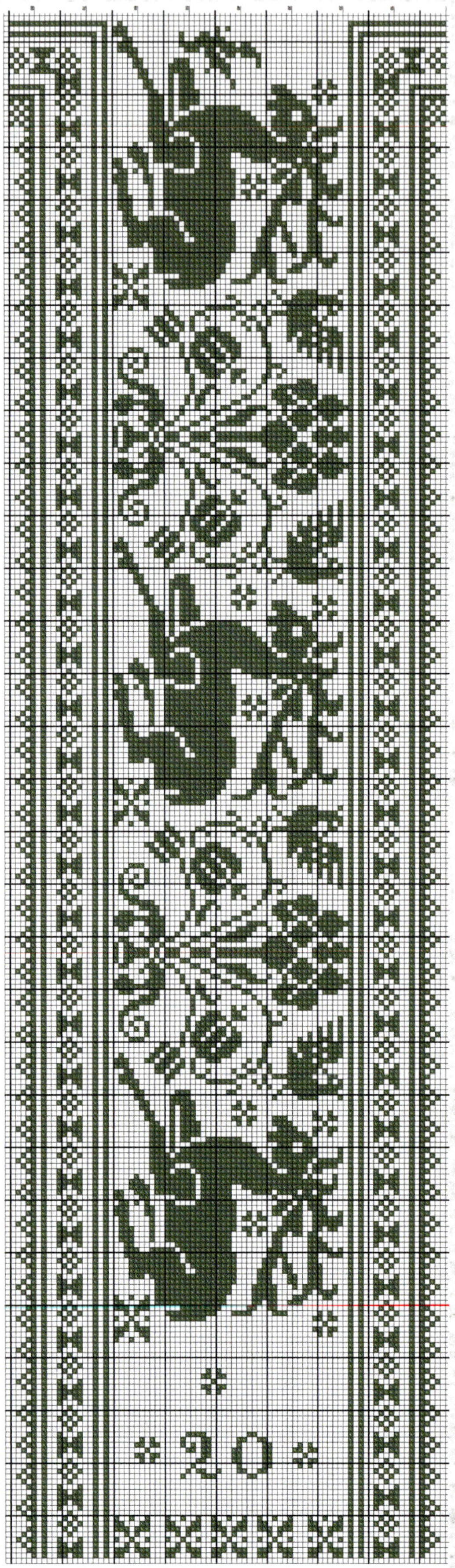
20

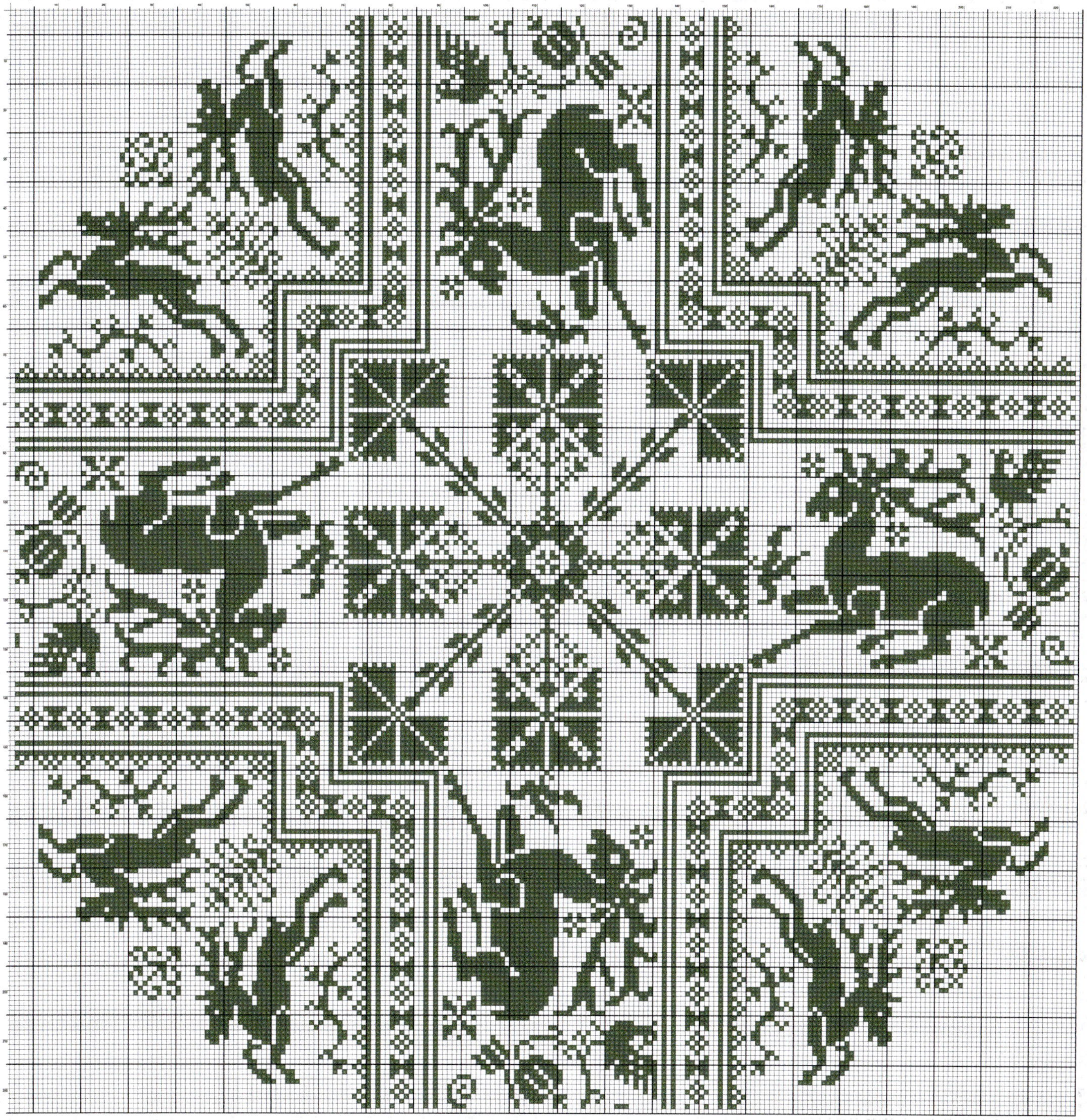

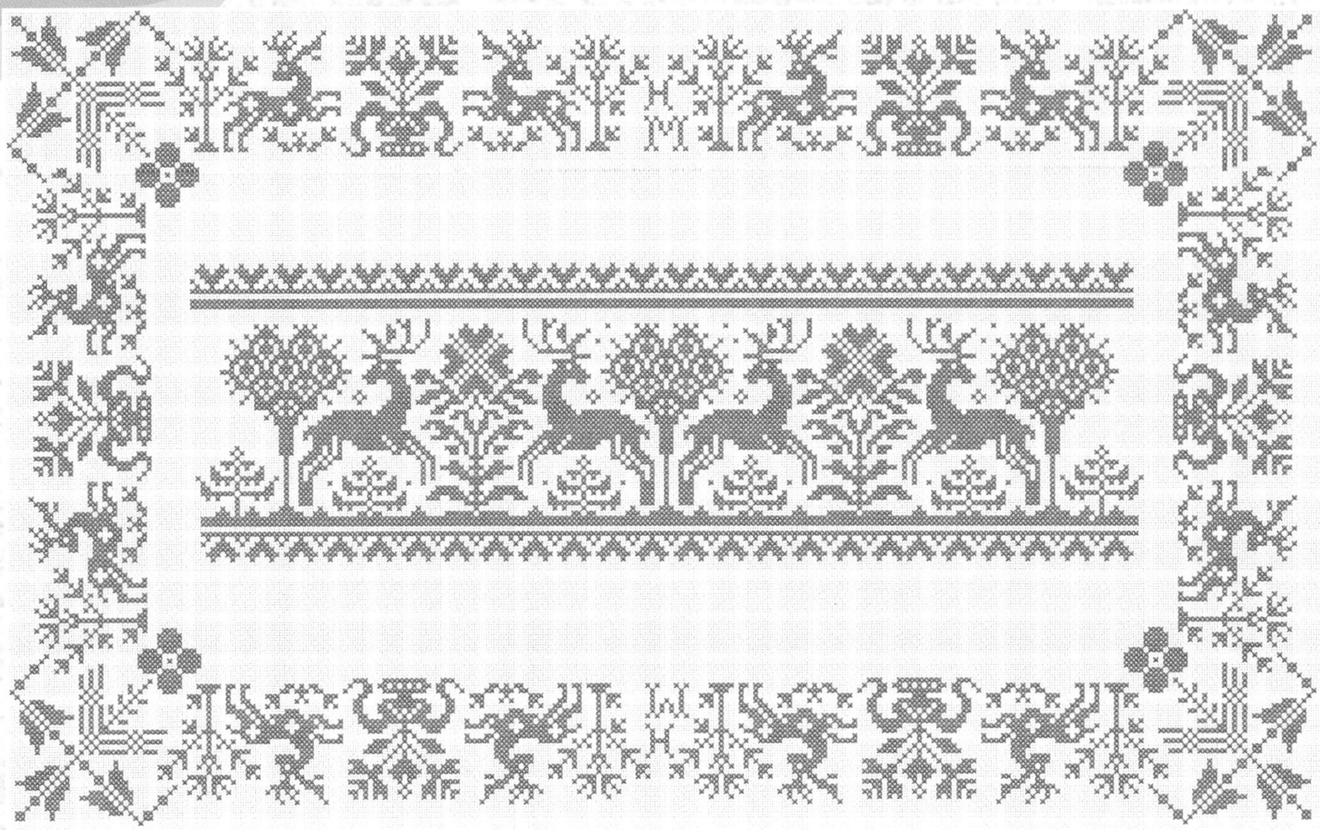

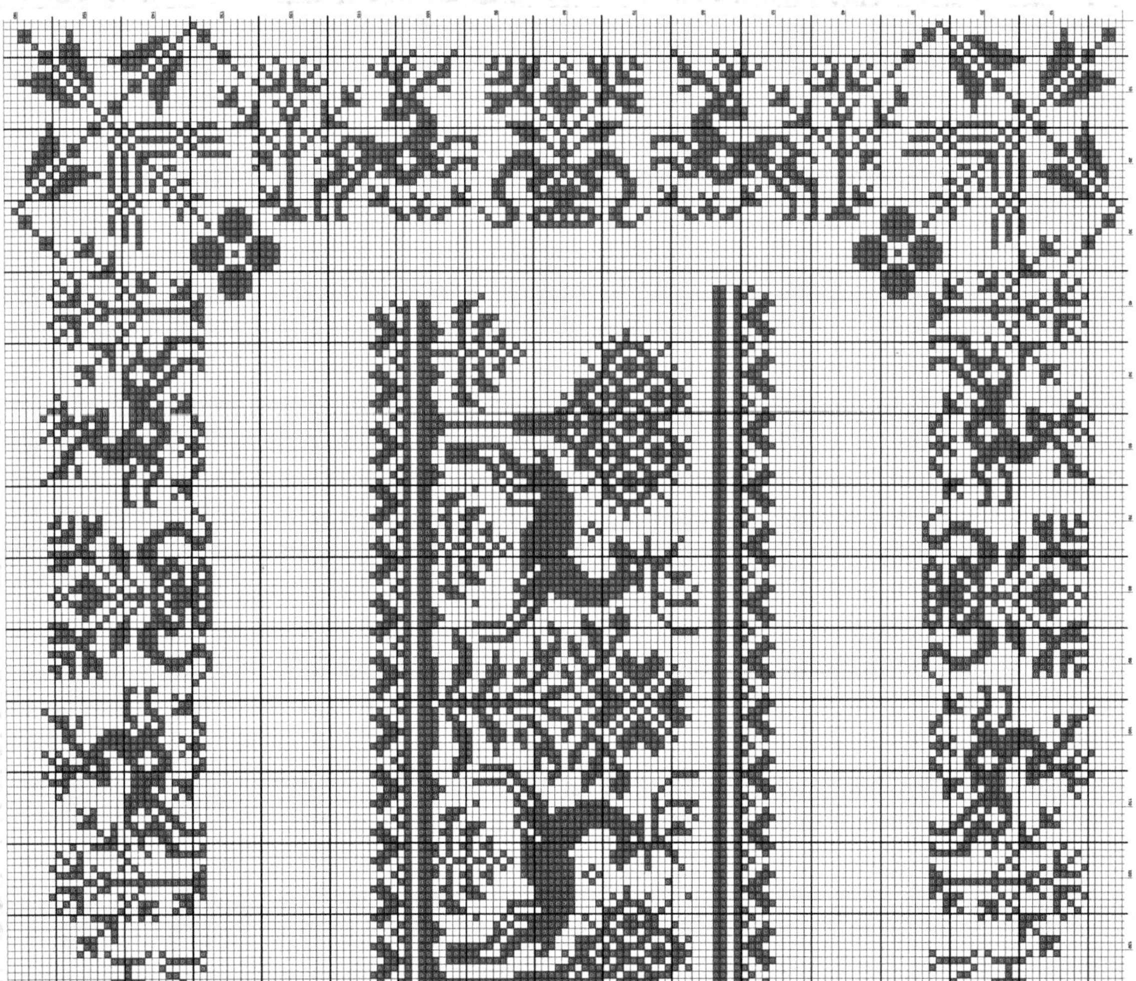

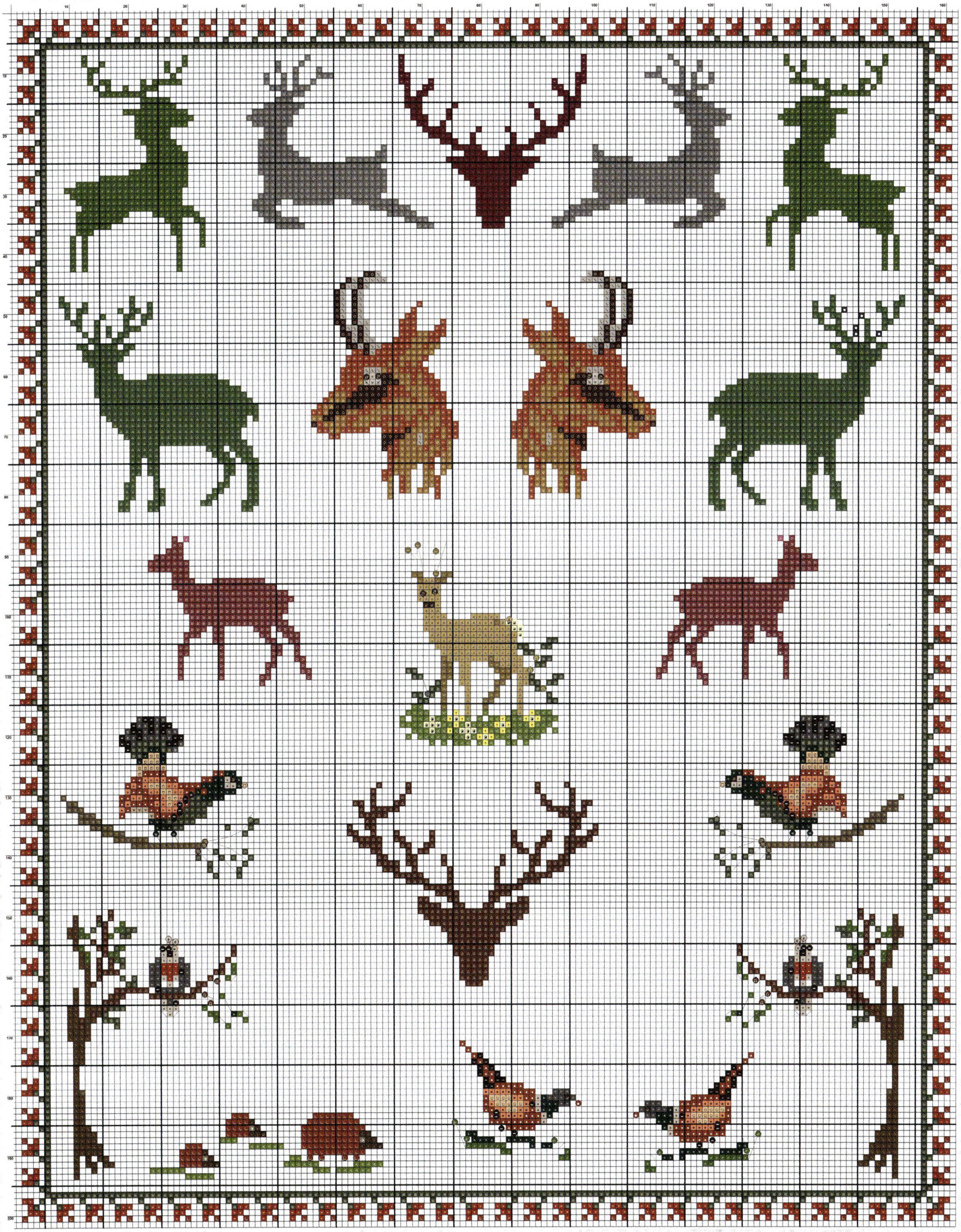

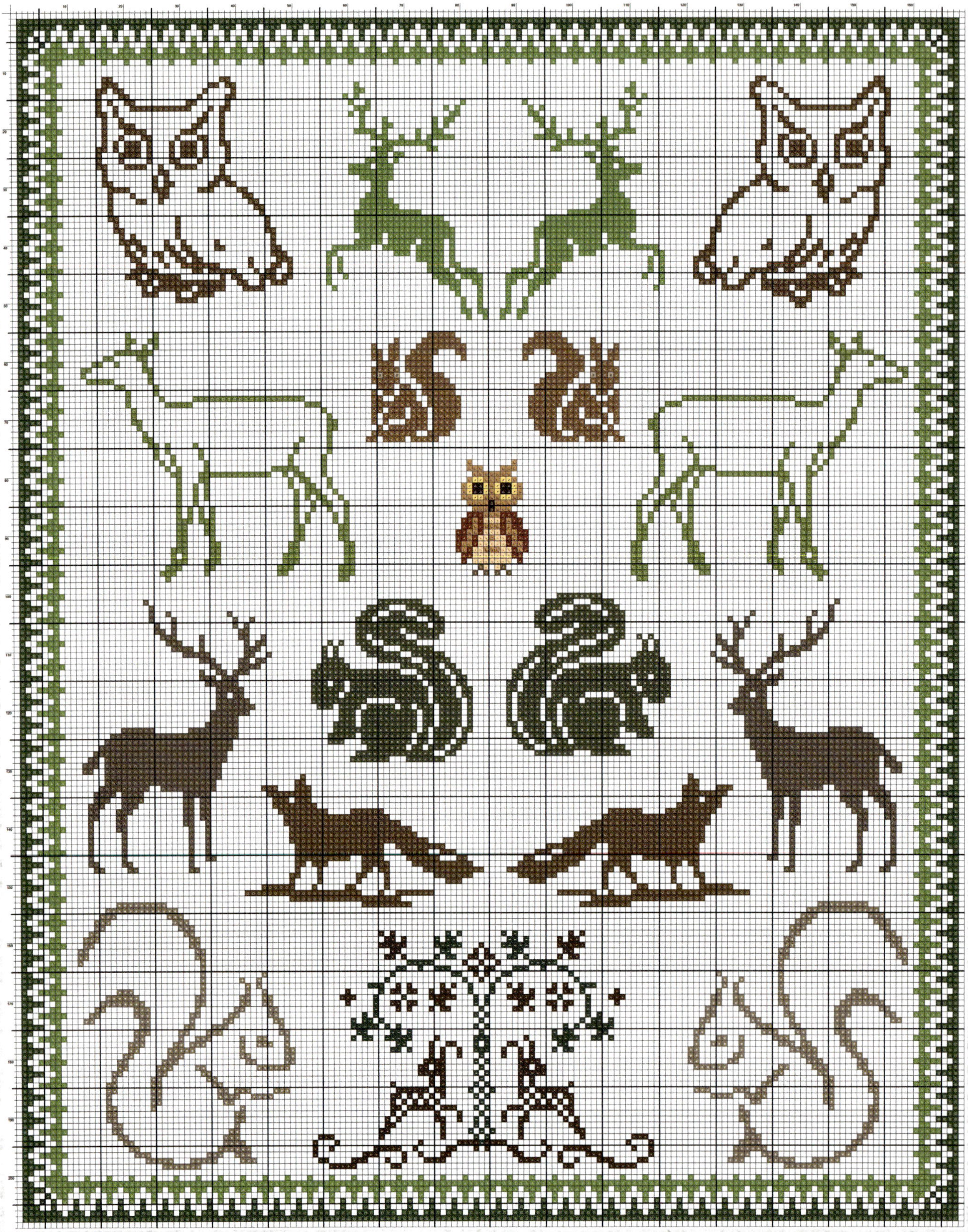

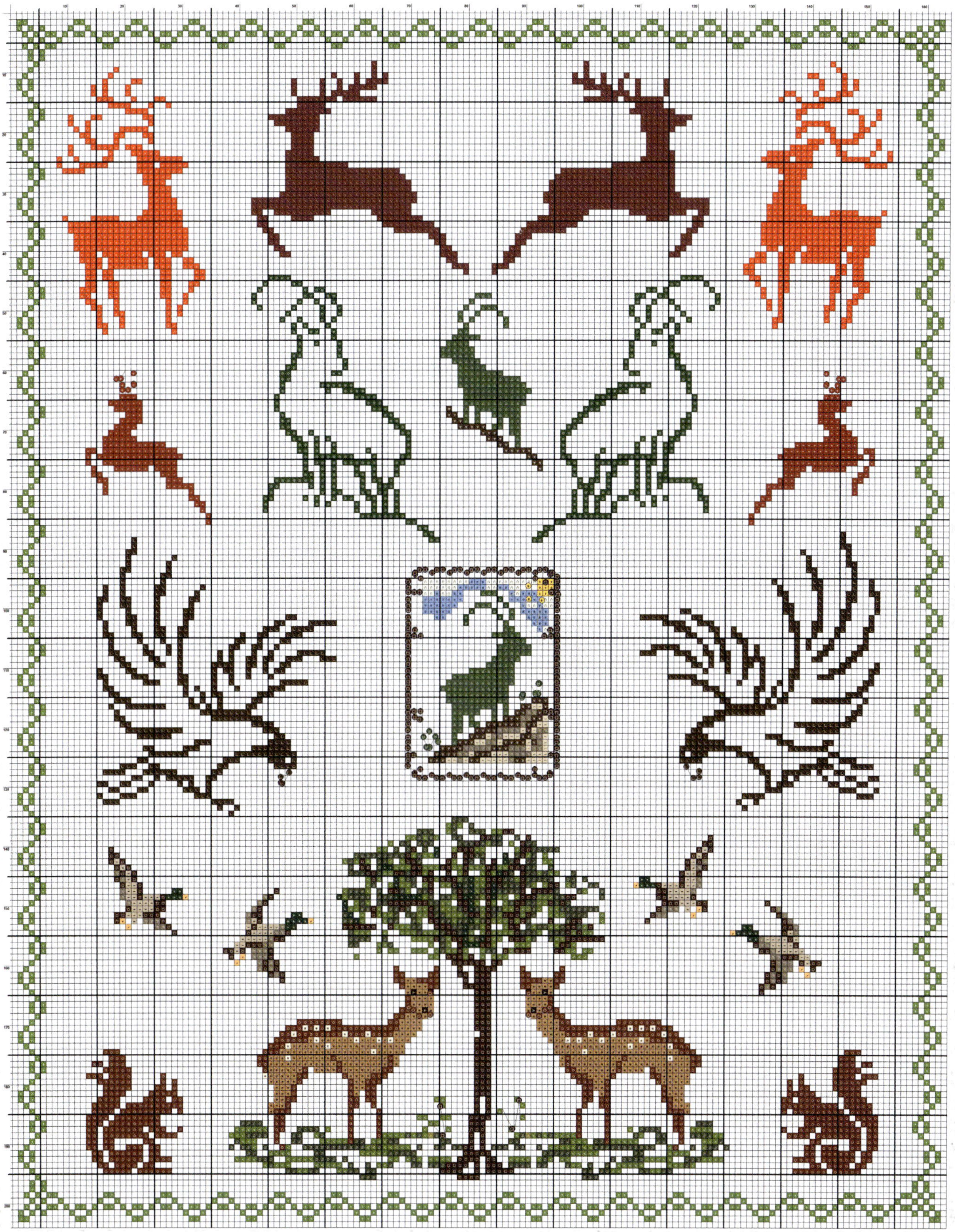

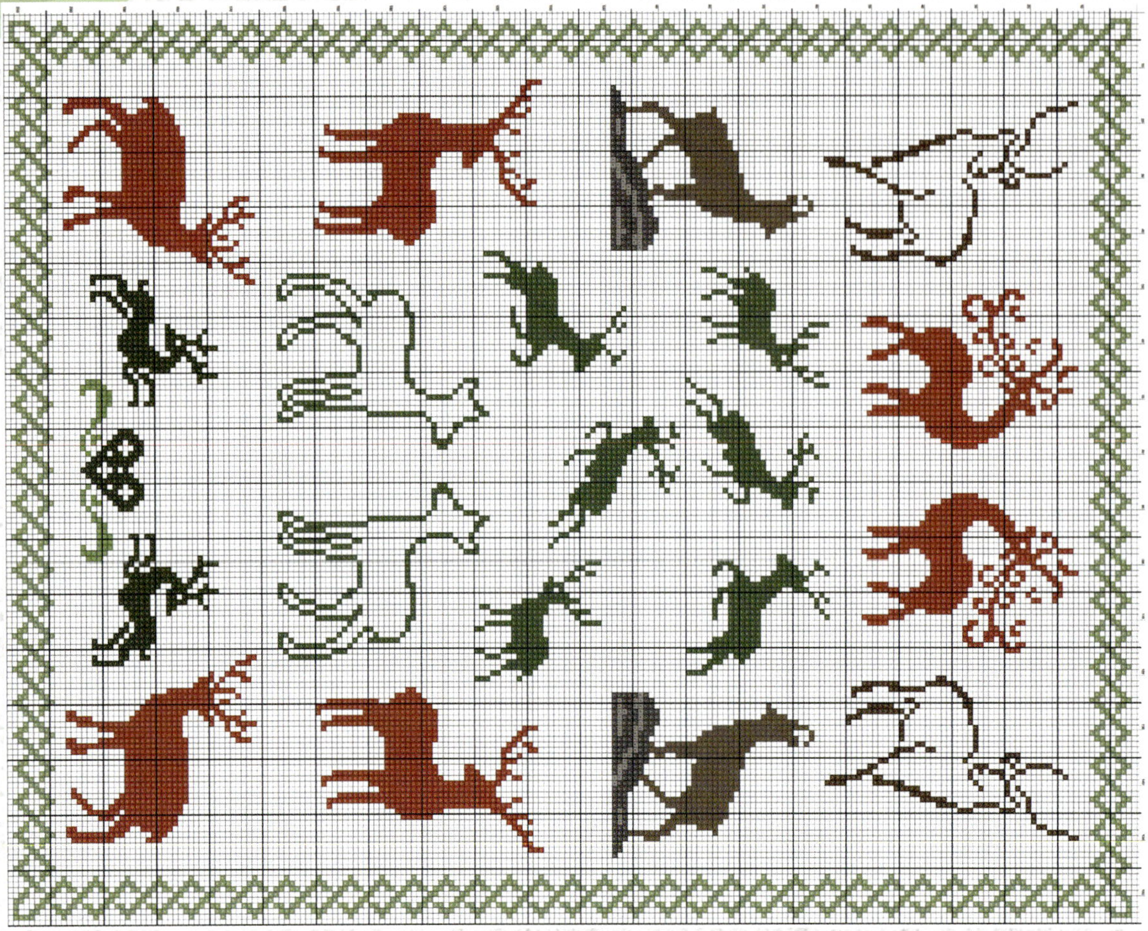

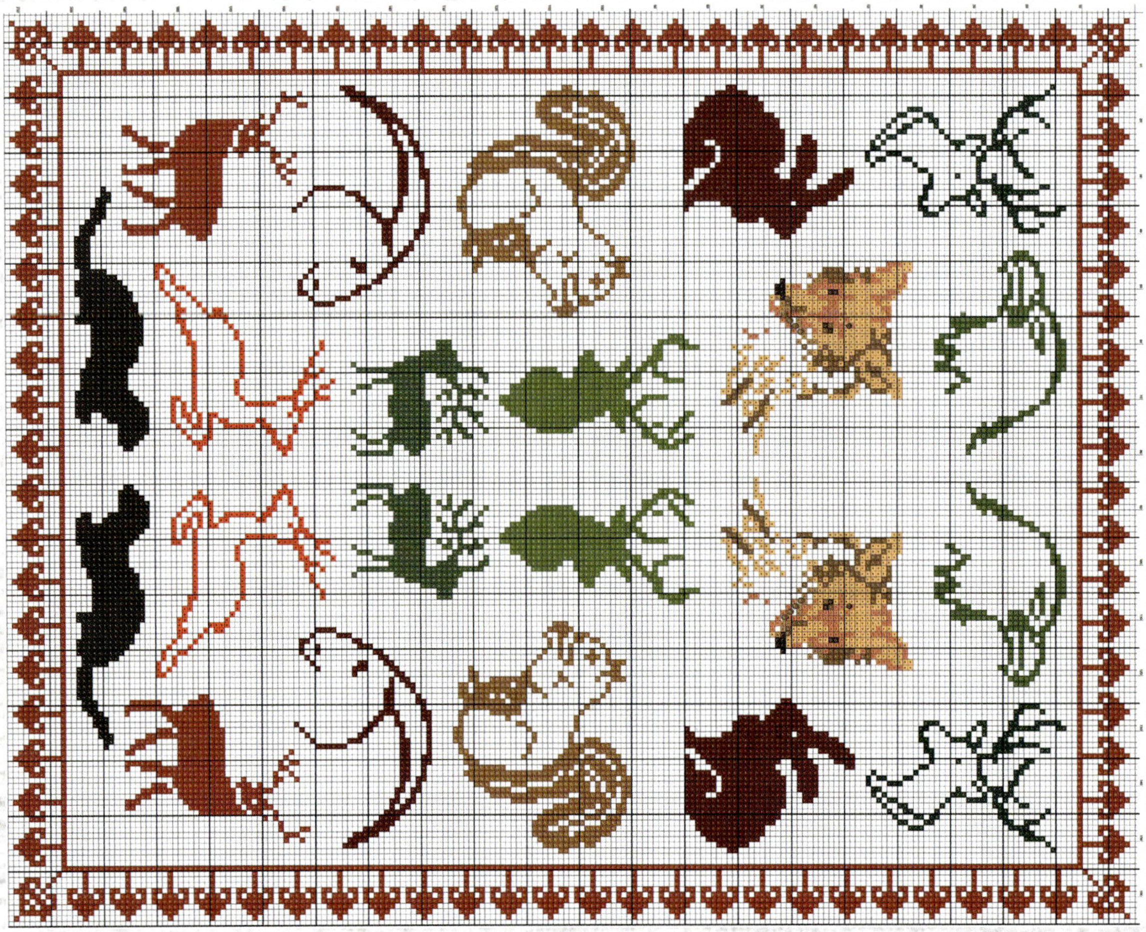